고려시대 기록과 국가운영

Records Management in Goryeo Dynasty

Kang, Eun-Kyong

연세국학총서 89

고려시대 기록과 국가운영

강 은 경

혜안

강은경

1998년 연세대학교 사학과 박사학위 취득
2000년 한국국가기록연구원·명지대학교 공동부설 한국기록관리학교육원 졸업
2000~2001년 『한국학술진흥재단 20년사』 집필위원
2001년 연세대학교 연세기록보존소 연구원
2003~2005년 연세대학교 국학연구원 연구교수 역임
연세대, 청운대, 협성대 등에서 강의
현 충북대학교 중원문화연구소 전임연구원

주요 논저

『한국고중세사사전』(공저, 1995, 가람기획), 『高麗時代 戶長層 硏究』(2002, 혜안), 「고려후기 신돈의 정치개혁과 이상국가」(2000), 「고려시대 지방사회의 祭儀와 공동체의식」(2003), 「고려시대 祀典의 制定과 運用」(2004), 「고려시대의 국가, 지역 차원 제의와 개인적 신앙」(2005), 「고려시대 본관에서의 정주와 타향으로의 이동」(2006)

연세국학총서 89

고려시대 기록과 국가운영

강은경 지음

2007년 4월 25일 초판 1쇄 발행

펴낸이·오일주
펴낸곳·도서출판 혜안
등록번호·제22-471호
등록일자·1993년 7월 30일

⊕ 121-836 서울시 마포구 서교동 326-26번지 102호
전화·3141-3711~2 / 팩시밀리·3141-3710
E-Mail hyeanpub@hanmail.net

ISBN 978-89-8494-306-3   93910
값 24,000원

책머리에

　두근거리는 마음으로 첫 번째 전공 서적인 『高麗時代 戶長層 研究』를 2002년 연말에 냈는데, 어느 새 4년이 흘러 또 한 권의 전공 서적을 내게 되었다. 다시 시작한 주제가 바로 '기록'이다.

　우리는 기록이 넘치는 시대를 살고 있다. 온갖 매체를 통해 미처 다 보지 못한 수많은 기록들이 생산되었다가 사라진다. 그럼에도 정작 필요한 기록은 찾기 어려워 문제의 해결을 종종 미루게 된다.

　일본은 식민지 지배기간에 자행했던 한국 여성들의 종군위안부 차출을 기록이 없다는 이유로 오랫동안 정부 차원에서 보상하기를 거부했으며, 1980년 광주학살의 책임자에 대한 물적 증거의 기록은 여전히 찾지 못하고 있다. 뿐만 아니라 전직 대통령을 비롯해서 많은 정치인을 법정에 세웠으나, 죄목을 증명하지 못해서 결국 흐지부지 끝나고 만다. 그것은 기록을 하되 보존하지 못했기 때문이다.

　지금도 각 행정기관에서는 사소한 일도 문서 결재를 통해 결정하고 있어 문서가 쌓이고 있지만 이를 제대로 정리, 보관하고 있는지는 의문이다. 각 기관의 새로운 책임자는 전임자의 기록을 통해 일을 파악하지 못하고, 다시 새롭게 공부해야 하는 실정이라고 한다. 또 각 지방 행정기관의 공무원들은 동일한 목적으로 동일한 나라를 방문하여 각기 동일한 자료를 요구하기도 한다. 그 자료가 공유되지 않기 때문이다.

기록은 현 문제의 열쇠이면서 과거를 이해하는 틀이기도 하다. 기록에 관심을 갖게 된 것은 기록이 빈약한 고려시대를 연구하면서부터였다. 고려에서도 조선과 같이 건국 초부터 '사관'을 두어 '실록'을 남겼음에도 기록은 왜 그렇게 적은 부분만 남았을까. 박사과정에 들어와서야 고려사 연구에 절대적인 사료로 인용되는 『고려사』와 『고려사절요』가 어느 판본인지 모른 채 金科玉條로 인용했던 무지함에 부끄러웠다. 몇 편 없는 고문서나 묘지명에 대해서도 연구가 거의 되어 있지 않음을 발견한 것도 그때이다.

기록에 새로운 시각을 갖게 된 것은 실제의 기억이 있기 때문이다. 1999년에 1년 동안 새로운 세계와 만났던 것이다. 1996년 12월 31일자로 통과된 법률 제5242호 '공공기관의 정보공개에 관한 법률'에 의거하여 한국국가기록원과 명지대학교가 공동 부설한 '한국기록관리학교육원'의 추억이다. 많은 역사학 박사는 물론이고 다른 전공자들과 만나서 '기록'을 검토하고 공부하게 된 새로운 장이었다. 비록 10개의 강좌를 수업한 게 전부였지만, 함께 그룹을 만들어 기록관리학 관련 법률과 전공 분야를 공부했던 것은 더 없이 즐거운 시간이었다. 그렇게 해서 고려의 기록을 다시 보고 검토하게 된 것이다.

그리하여 2003년에 「고려시대 공문서의 전달체계와 지방행정운영」을 발표하였고, 2004년에는 「『高麗史』 刑法志 公牒相通式에 나타난 지방통치구조」, 「고려시대 기록보존체제」, 「고려시기 공문서 관리체계에서 胥吏의 地位」 등을 발표하였으며, 2005년에는 「고려시대 국가의 기록물 보존과 개인의 생활 - 對民發給文書를 중심으로 - 」를 발표하였다.

하지만 바로 그 여름에 쓰러져 거의 1년 동안을 쉬어야 했다. 두 달 만에 병원에서는 벗어났는데, 체력을 회복하는 데에 보다 많은 시간이 필요했다. 이제 이전의 치열했던 남은 기록으로 마무리할 기회가 주어져 감사한다. 기록은 역시 국가뿐 아니라 개인의 일생을 운영할 수 있는 소중한 자료임에 틀림없다.

이렇게 자신 있게 컴퓨터 앞에 앉으니 아팠을 때에 원근각처에서 후원해준 많은 선배들과 후배들, 국학연구원의 동료들, 그리고 친구들의 이름이 하나하나 떠오른다. 사실 나에게는 아팠던 기억이 거의 남아 있지 않다. 병원에서의 기억이 대부분 상실되었기 때문이다. 하지만 아버님의 충실한 '기록' 덕분에 그 이름들을 소중히 간직하고 있다.

2003년부터 연세대 국학연구원에서 불러주어, 다시 공부할 수 있는 자리를 얻고 새로운 힘으로 출발했던 기억을 빼놓을 수 없다. 이 자리를 빌어 연구에 매진할 수 있도록 해준 김도형 선생님과 하일식 선생님께 감사의 인사를 전한다. 덕분에 새로운 주제에 관심을 갖게 되었고, 또 하나의 주제를 과제로 안게 되었다. 건강을 잃어 쉬어야 했던 사람을 포기하지 않고 연구에 동참시켜주신 충북대 신영우 선생님께도 감사의 인사를 전한다. 또한 많은 동문들의 후원까지 받도록 해주신 최윤오 선생님의 노력도 잊을 수 없다.

늘 자신했던 건강이 무너진 뒤에, 오히려 전력을 다해 옆자리를 지켜주신 부모님께는 감히 감사하다는 말조차 꺼낼 수 없다. 안타까워하며 기도해 준 형제들에게도 인사를 전하고 싶다. 언제나 날짜에 밀려 허둥대는 필자의 원고를 변함없는 성실함으로 완성시켜준 혜안의 식구들에게는 빚진 심정이다.

감히 다시 책을 쓰리라고 생각도 못했던 그 시절에, 힘을 주고 격려해준 모든 사람들에게 이 자리를 빌어서 새해의 큰 절을 드린다.

2007년 새해에 상도동에서

차 례

표차례 |

제1장 서 론

1. 연구목적 및 필요성

고려시대는 신라 통일기 말에 각 지방에서 등장한 새로운 정치세력이 권력을 쥐고 국가를 운영했던 시기이다. 따라서 이른바 이들 '地方豪族'을 중앙정치에 편제하는 과정으로서 지방통치체제의 개편과 정비는 국가의 성격을 논하는 데 중요한 주제의 하나였다.

고려의 지방행정구역은 지방관이 파견된 지역보다 파견되지 못한 '屬縣'이 더 많았으며, 지방관이 파견된 지역도 3京, 大都護, 州牧, 郡縣, 鎭에 이르기까지 각각 等差가 있었다. 편차가 심한 이들을 지역별로 통괄할 수 있는 상급의 지방관이 아직 자리 잡지 못했던 상황에서 중앙 정부는 지방행정에 어떻게 관여하고 중앙의 정책을 관철시킬 수 있었을까. 또 다양한 지방행정구역은 서로 어떠한 서열로 연계되었을까. 여러 가지 의문이 연구 진행에서 주요 논점이 되었다.[1]

이와 관련해서 정치기구나 관직제도 등의 측면에서 많은 논란이 벌

---

[1] 이러한 의문을 해명하는 관점에서 고려시대 지방제도에 관한 연구는 많은 성과를 거두었다. 초기에는 주로 전체적인 구조에 관심이 집중되었으나, 점차 지방행정기관이 실제로 어떻게 운영되었는지에 관한 연구에도 상당한 진전이 있었다. 연구 동향은 박종기, 「군현제 연구론」, 『고려의 지방사회』, 푸른역사, 2002 및 구산우, 「연구 현황」, 『高麗前期鄕村支配體制硏究』, 혜안, 2003 참조.

어지고 있지만, 더 이상의 큰 진전이 보인다고 하기는 어렵다. 그것은
현재 남아 있는 사료에 나타난 정치기구나 관직제도 등 통치구조의 틀
만으로는 이해할 수 없는 부분이 많기 때문이 아닐까 생각한다. 이제
이 부분을 해명하기 위해서는 새로운 접근이 필요하다. 본서에서는 국
가를 운영하는 수단의 하나로서 통치의 실질적인 내용을 이루는 記錄,
특히 그 범주를 좁혀 '공문서'에 주목하려고 한다.[2]

'記錄'이라 함은 좁은 의미로는 文字로 표기하는 행위나 표기한 것
을 말하지만, 넓은 의미로 보면 문자가 나오기 전부터 자신의 경험을
기억하기 위해 남긴 여러 가지 형식까지도 포함된다고 할 수 있다. 구
석기시대의 동굴벽화를 비롯해서 口述로 기억을 전승했던 메모리 맨
(memory-man) 또는 리멤브런서(remembrancer)의 존재가 그것이다.[3] 인간
은 자신들이 아는 것을 기억하기 원했고, 기억은 정보 축적의 가장 오
래된 수단이었다. 초기에 기억은 口傳을 통해 전달되었던 것이다. 이

---

2) 본고에서는 '공문서'를 "국왕이나 관아들 사이에서 공식적인 의사 전달 매체
   로 왕래되었던 국왕문서와 관문서를 일컫는다."는 기존의 연구에서 정의한
   개념으로 사용하였다. 김상호, 「조선시대의 공문서 관리」, 『서지학연구』 창간
   호, 서지학회, 1986 ; 『기록보존론』, 아세아문화사, 1999, 100쪽 참조.

3) James Gregory Bradsher and Michele F. Pacificodml, "History of Archives
   Administration", *Managing Archives and Archival Institutions*, Mansell, London, 1988, 18
   쪽에 의하면 초기 인류는 그들의 역사를 인식하고 그것을 남길 수단을 취했
   는데, 기원전 3천년의 수메르의 'Nar'처럼 종족의 지도자이거나 제사장, 또는
   음유시인 등에게는 자기 종족의 지난 경험을 기억할 책임이 부여되어 口傳을
   통해 과거의 문화를 생생하게 유지하였다는 것이다. 또 Luciana Duranti, "The
   Odyssey of Records Managers", *Canadian Archival Studies and the Rediscovery of Province*,
   The Scarecrow Press, Metuchen, 1993, 29~30쪽에 따르면 전문적인 기록 관리자
   (keepers of records)는 최초의 사회적 집단과 같이 오래되었으며, 가장 오래된
   고대사회의 기록 관리자(keepers of records)는 '리멤브런서(remembrancer)'였다고
   한다. 이들은 규칙이나 계약, 판결 등을 외워서 그 후손에게 전달하는 임무를
   부여받아, 활동과 교역의 기억을 보존하는 기초적인 기능을 할 수 있었다.

후 文字가 등장하면서 수메르, 이집트, 페르시아, 그리스, 로마 등의 고
대국가는 행정운영을 위해 記錄을 생산할 뿐 아니라, 이미 생산된 기
록물을 정리, 보존하여 국가 운영에 필요한 현실적인 정보를 얻도록
하였다.4)

고대사회에서는 기록물을 평가 선별하여 영구 보존하는 체계가 발
달하지는 못했다. 다만 극히 일부 지역에서 초보적인 단계이지만 역사
서의 편찬이 이루어지고 있었다. 중국의 경우 4천년 전 첫 왕조인 하나
라 때부터 공문서 기록물을 보존했으며, 이후 각 왕조는 자신들의 史
庫를 지었고 새로운 왕은 이전 왕의 實錄을 편찬하였다. 서기 50년이
되면 중국의 한나라는 역사편찬국을 설립하여 왕조의 기록을 보존하
고 이전 왕조의 역사를 쓰도록 하였다. 이후 새로운 왕조는 전 왕조의
역사를 서술하는 전통이 세워졌던 것이다.5)

고대국가 이래 중앙 정부의 각 기관은 업무 수행을 위해 公的 記錄
을 생산하였고, 記錄은 국가를 통치하는 주요한 수단이 되었다. 국가
가 체계적으로 운영되려면 중앙 정부의 정책과 그에 따른 시행방책이
중앙과 지방의 각 행정기관에 전달되고, 그 실행 여부를 확인할 수 있
는 기관의 보고가 이루어져야 한다. 이를 위해 중앙과 지방의 어느 관
청이나 같은 형식으로 지시와 보고를 할 수 있는 행정체계가 마련되었
다. 아울러 효율적인 행정운영을 위해서는 무수히 생산된 記錄을 활용
하기 쉽게 정리, 보존도 해야 했다.

---

4) James Gregory Bradsher and Michele F. Pacificodml, 위의 논문, 19~21쪽에서는 수
   메르, 이집트, 페르시아 등의 국가에서는 중앙집권화를 이루면서 기록물도 국
   가통치에 필요한 자료가 중시되었던 반면에, 도시국가였던 그리스와 로마는
   소유권 또는 시민권 등 私的 필요에 의한 자료가 중시되었다고 한다. 고대
   메소포타미아 지역과 그리스, 로마의 기록보존체제에 관한 상세한 내용은
   Luciana Duranti, 위의 논문, 30~42쪽 참조.
5) James Gregory Bradsher and Michele F. Pacificodml, 위의 논문, 18~21쪽.

따라서 記錄의 생산과 정리, 보존과 활용의 여러 단계를 얼마나 체계적으로 구성하고 장악했는가는 국가가 記錄을 통해 확보할 수 있는 정보 및 지식의 양과 질에 직결되는 문제였다. 이러한 현실적인 필요성 때문에 국가마다 체계적인 記錄을 관리하는 제도를 갖추지 않을 수 없었다.

고려는 정치제도가 정비되기 이전의 건국 초부터 이미 史館을 설치하고 史官을 임명하였다. 이는 다른 제도와 달리 국초부터 본격적으로 국가의 공식적인 기록물을 관리하고 보존하는 체제를 갖추었음을 의미한다.[6] 그럼에도 현재까지 고려의 記錄에 관한 연구는 극히 소수밖에 없고, 그것도 주로 史官 및 史館 제도에만 집중되었다.[7] 더욱이 史

---

6) 金成俊, 「高麗七代實錄編纂과 史官」, 『민족문화논총』 1, 영남대 민족문화연구소, 1981, 73~74쪽 및 81~84쪽 참조. 이에 따르면 삼국시대까지는 博士의 개인적인 史書가 편찬되었고, 史館을 설치하여 국가 주도의 역사를 편찬한 것은 고려에 들어와서라고 한다. 즉 史館이 설치되어 본격적인 기록의 관리를 담당한 것은 고려시대에 이루어졌다고 보았다.

7) 이에 관해서는 다음의 논문을 참조하였다.
이현희, 「고려시대의 국사편찬과 사고의 기능」, 『국회도서관보』 13-5, 1976 ; 車勇杰, 「朝鮮王朝實錄의 編纂態度와 史官의 歷史意識」, 『한국사론』 6, 국사편찬위원회, 1979 ; 車勇杰, 「實錄·史官·史庫에 대하여」, 『史庫址調査報告書』, 국사편찬위원회, 1986 ; 金成俊, 「高麗七代實錄編纂과 史官」, 『민족문화논총』 1, 1981 ; 崔濟淑, 「高麗翰林院考」, 『한국사논총』 4, 성신여대, 1981 ; 車長燮, 「朝鮮前期의 史官」, 『경북사학』 6, 경북대 사학과, 1983 ; 鄭求福, 「고려시대의 史館과 실록편찬」, 『제3회 국제학술회의논문집』, 한국정신문화연구원, 1984 ; 鄭求福, 「朝鮮初期의 春秋館과 實錄編纂」, 『擇窩許善道先生停年紀念韓國史學論叢』, 일조각, 1992 ; 신수정, 「高麗前期의 史館制度」, 『성신사학』 6, 성신여대 사학회, 1988 ; 韓㳓劤, 「朝鮮前期 史官과 實錄編纂에 관한 연구」, 『진단학보』 66, 1988 ; 吳恒寧, 「史官制度 成立史의 제문제」, 『태동고전연구』 14, 한림대 태동고전연구소, 1997 ; 吳恒寧, 「여말선초 史官自薦制의 성립과 운영」, 『역사와 현실』 30, 한국역사연구회, 1998 ; 吳恒寧, 「朝鮮初期 史官制度 研究」, 고려대 박사학위논문, 1998 ; 金慶洙, 「朝鮮前期 兼任史官의 운영과 그 성격」, 『조선시대사학보』 5, 조선시대사학회, 1998 ; 金

官 및 史館에 대한 연구도 기록을 수집, 정리, 보존하는 기록 관리의 측면보다는 관료 임명과 행정기구 등 정치제도의 측면에서 접근되었을 뿐이다. 이같이 본격적인 연구가 거의 이루어지지 않은 상황에서 고려의 記錄은 이미 활용도가 끝난 고문서로 취급되고 있다. 그 기록이 국가운영의 현장에서 필요에 따라 생산되었던 현실은 간과되었던 것이다.[8]

慶洙, 「조선 전기 史官과 實錄 편찬에 대한 연구 - 현황과 과제」, 『사학연구』 62, 한국사학회, 2001 ; 金慶洙, 「조선전기 實錄 편찬에 대한 사학사적 고찰」, 『조선시대사학보』 20, 2002.

8) 고려시대 공문서에 관한 연구는 現傳 자료가 많은 功臣錄券과 告身에 집중되어 있으며, 주로 내용 분석에 치중되었다. 반면에 국가 통치와 행정 편의를 위해 공문서를 어떻게 생산, 정리, 보존했는지 그 관리체계에 관해서는 거의 연구된 바가 없다. 최근에 행정운영과 관련해서 공문서를 분석하는 시도가 이루어지고 있다. 공문서 관리에 관해서 참고한 연구는 다음과 같다.
김상호, 「조선시대의 공문서 관리」, 『서지학연구』 창간호, 1986/『기록보존론』, 아세아문화사, 1999 재수록 ; 남권희, 「架閣庫考」, 『서지학연구』 창간호, 1986 ; 양태진, 「왕조시대의 기록물 보존관리에 관한 고찰」, 『기록보존』 창간호, 국가기록원, 1987 ; 최연식, 「고려시대 국왕문서의 종류와 기능」, 『국사관논총』 87, 국사편찬위원회, 1999 ; 朴宰佑, 「고려전기 政策提案의 주체와 提案過程」, 『진단학보』 88, 1999 ; 朴宰佑, 「고려전기 국정의 결정과 시행」, 『한국사연구』 121, 2003 ; 朴宰佑, 「15세기 인사문서의 양식 변화와 성격」, 『역사와 현실』 59, 2006 ; 朴宰佑, 「고려후기 所志의 처리절차와 立案 발급」, 『고문서연구』 29, 2006 ; 南權熙, 『高麗時代 記錄文化 硏究』, 청주고인쇄박물관, 2002 ; 윤경진, 「고려시기의 지방문서행정체계」, 『韓國古代中世古文書硏究(下)』, 서울대학교출판부, 2000 ; 윤경진, 「古文書 자료를 통해 본 고려의 지방행정체계」, 『한국문화』 25, 서울대 규장각한국학연구원, 2000 ; 윤경진, 「14-15세기 고문서 자료에 나타난 지방행정체계 - '陳省'의 발급과 송부체계를 중심으로」, 『고문서연구』 29, 한국고문서학회, 2006 ; 姜恩景, 「고려시대 공문서의 전달체계와 지방행정운영」, 『한국사연구』 122, 2003 ; 姜恩景, 「『高麗史』 刑法志 公牒相通式에 나타난 지방통치구조」, 『동방학지』 123, 연세대 국학연구원, 2004 ; 姜恩景, 「고려시대 기록보존체제」, 『문명연지』 5-1, 한국문명학회, 2004 ; 姜恩景, 「고려시기 공문서 관리체계에서 胥吏의 地位」, 『역사교육』 89, 2004 ; 姜恩景, 「고려시대 국가의 기록물 보존과 개인의 생활 - 대민발급

記錄이 국가의 행정운영 과정에서 생산되고 이용되었으며, 이후에도 필요에 따라 정리, 보존되었다는 사실은 그것을 가능하게 한 국가 차원의 운영체계가 있었음을 의미한다. 이제 국가의 기록관리 체계는 국가의 통치구조를 이해하기 위한 하나의 방법으로서 접근할 필요가 있다. 특히 고려와 같이 현전하는 자료가 넉넉하지 못한 경우에는 더욱 그러하다고 생각한다.

2. 연구내용 및 방법

본 연구는 고려 국가의 성격을 그 '기록' 체계에 초점을 맞추어 접근하고자 한다. 이에 국가 차원에서 오늘날까지 전하는 각종 기록물, 즉 다양한 공문서를 기록의 생산, 정리, 보존, 활용의 단계로 나누어 살펴보려 한다. 이러한 단계는 현대 국가기록 관리체계에서 통상적으로 이루어지는 기록 체계의 분류이기도 하다.

고대사회 이후 문명의 선진화를 이룬 민족들은 국가를 다스리는 데 사용했던 각종의 문서를 나름대로의 방법으로 보존하며 활용하였다. 전통적인 국가의 기록관리가 본격적으로 현대화한 것은 프랑스 혁명의 영향이라 볼 수 있다. 이때에 이전에 분산되어 있던 기록관리 기구가 중앙의 공공 기록관리소로 변환되었기 때문이다. 19세기 후반 이후 인구와 공공 기록이 급증하면서, 행정기구가 복잡해지고 기술의 발달에 따라 기록의 양적 증가는 급격히 상승하였다. 따라서 기록관리도 단순한 관리와 보존에서 질적·양적 종합관리로 변환하게 되었던 것이다.[9]

문서를 중심으로」, 『학림』 25·26합, 연세대 사학연구회, 2005.
9) James Gregory Bradsher and Michele F. Pacificodml, 앞의 논문, 25~29쪽.

이에 20세기에 들어오면 현대적인 기록관리의 개념이 성립되기 시
작하였다. 미국에서는 1930년대 및 1940년대에 현대적 기록관리가 성
립되었고,10) 이를 기초로 하여 서술된 저서가 셀렌버그(T. R. Schellenberg)
의 연구라고 할 수 있다.11) 이에 따르면 기록의 라이프사이클을 크게
세 단계로 나누는데, 첫째 활용(active) 또는 현용(current) 단계, 둘째 준
활용(semi-active) 또는 반현용(semi-current) 단계, 셋째 비활용(inactive) 또
는 비현용(non-current) 단계 등이다. 이 중 활용 또는 현용 단계를 다시
세부 단계로 나눈 것이 기록의 생산 단계, 종결과 정리 단계, 보관 단
계 등이라고 할 수 있으며 준활용 단계는 이관 단계, 문서고 보관 단
계, 활용 단계, 평가선별·폐기 단계 등의 네 가지 세부단계로 나눌 수
있다.12)

본 연구에서는 이러한 개념 중 기록의 생산 분야, 정리 분야, 보존
분야를 추출하여 고려시대 문서를 이해하는 틀로 사용하였다. 그리고
이러한 연구를 바탕으로 당시 문서를 통해 이루려고 했던 행정운영,
한 걸음 나아가 국가운영의 성격을 살펴보려고 한다.

먼저 기록이 발생하는 생산 분야를 다룬 것이 제2장의 '기록의 생산
과 관리'이다. 여기에서는 記錄을 생산하는 초기 단계에서 국가가 어
떠한 규정을 마련하여 관리하고 있었으며, 그러한 관리를 위해 다양한
인적 자원을 어떻게 육성, 배치하였는지 살펴보려 한다.

---

10) 1889년에 미국 연방의회에서 '기록물 처리에 관한 법률(General Records Disposal
 Act)'이 제정되었고, 1934년에는 국립 기록관을 설치하여 기록의 이관 및 평가
 선별의 의무를 부과하였다.
11) *Modern Archives : Principle and Techniques*, the University of Chicago Press, Chicago,
 1957 및 *The Management of Archives*, Washington D.C. : National Archives and Records
 Service, 1984.
12) T. R. Schellenberg, 위의 책, 제2장 참조. 세 번째 단계는 영구 보존되는 문서의
 경우이므로, 고려시대 문서의 활용 단계에는 해당하지 않아서 제외하였다.

고려 국가의 행정체계가 정비되면서 그에 걸맞은 공문서 규정도 마련되었을 것이다. 국가가 체계적으로 운영되려면 중앙 정부의 정책과 시행방침이 지방행정기관에 전달되고 그 시행에 대한 보고가 이루어져야 하며, 어느 기관이나 같은 형식의 문서를 작성하고 정해진 방식대로 교류해야 하기 때문이다. 이에 書式뿐 아니라 전달방식에 관해서도 일정한 규정이 필요하였음이 분명하다. 공문서 규정이 제정되었다는 것은 전국적으로 보편화된 방식이 통용될 수 있는 행정체계가 있었음을 의미한다. 본서에서는 이를 밝히기 위해 현전하는 고려시대 공문서 규정인 『高麗史』刑法志의 '公牒相通式'을 집중적으로 분석하려고 한다.

그런데 실질적인 행정운영이 문서를 통해 이루어지려면, 그 문서를 작성하고 발송하는 데 일정한 격식이 마련되어야 함은 물론이고, 무엇보다 중요한 것은 이러한 여러 격식과 규정을 숙지하고 적용할 수 있는 실무 담당자를 배치하는 것이다. 아무리 좋은 제도를 마련하여도 이를 실행할 인력이 확보되지 않으면 그것은 무용지물이 된다. 고려국가는 어떠한 방법으로 문서를 관리할 인적 자원을 확보했는지 살펴볼 필요가 있다.

이와 관련하여 가장 고급 인력인 科擧 출신의 文翰官을 어떻게 육성하고 보존했으며, 국자감에 별도로 書學을 두고 明書業 등을 통해 선발한 인적자원에 대해서도 검토하려 한다. 특히 공문서를 생산, 정리, 보존하는 관리체계에서 이를 전담했던 관원으로 등장했던 胥吏의 모습을 보다 입체적으로 그려보려 한다. 고려의 胥吏는 단순히 문서를 작성하는 실무자에 불과했는가. 공문서를 통해 이들이 담당했던 구체적인 역할을 살펴봄으로써, 그것이 문서생산 과정에서 어떠한 의미가 있었는지 파악할 수 있다면 더욱 의미 있는 작업이 될 것이다.

한편 이같이 중앙의 文翰官과 明書業, 그리고 서리직 등 문서 담당자로 진출할 수 있는 자들은 누구였으며 어떻게 형성되었을까. 본 연구는 이들의 거대한 토대로서 존재했던 지방사회의 鄕吏에 주목하였다. 그 중에서도 戶長層은 邑司를 중심으로 지방행정을 전담하였는데, 오랜 세월에 걸쳐 대대로 익히고 닦은 이들의 능력이 고려의 기록 생산에서 어떠한 역할을 하였는지 살펴보려 한다.

어느 국가나 필요에 따라 기록을 생산하는 것은 불가피한 일이다. 하지만 국가의 행정체계에 따라서 한번 생산된 記錄을 어떻게 정리하고 관리하는가는 다양한 형태를 드러내기 마련이다. 이 분야에 대한 연구를 제3장에서 '기록의 정리와 보존'으로 함께 묶어 다루려고 한다. 작성된 기록물은 체계 있게 정리되어야 편리하게 활용할 수 있는데, 고려 정부는 어떠한 방법으로 문서를 정리하고 보존했을까. 행정운영상의 필요에 따라 정리, 보존되었던 문서를 중심으로 그 정리 방식, 보존 연한 등의 원칙이 어떠했는지 분석하려고 한다.

고려의 모든 중앙행정기관에는 법률상 胥吏를 일정 인원을 정하여 배치하였는데, 각 기관의 기록 정리에서 바로 이들의 이름이 명기된 名貼이 있었다는 점이 두드러진다. 그것은 문서 작성에서 서리의 역할이 중요했을 뿐 아니라, 동시에 기록을 정리하는 방식에서도 이들의 역할에 주목할 필요가 있음을 보여준다.

우리나라 記錄의 정리 과정에서 빼놓을 수 없는 것이 實錄의 편찬이다. 前王代의 각종 기록물을 모두 모으고 취사선택하여 편년에 따라 하나의 자료로 만드는 작업인데, 이렇게 만든 '實錄'을 국가 차원에서 철저히 보존하도록 하였다. 따라서 실록의 편찬은 기록을 정리하는 수단이면서 동시에 기록을 보존하는 방법이기도 했다.

그렇다면 국가 차원에서 행정 기록을 보존하기 위해 어떠한 기구를 설치하여 운영했는지 살펴볼 필요가 있다. 고려에서는 국초부터 史館을 설치하여 '政事를 기록하는 일을 관장하도록 하였다'고 하지만, 史

館은 記錄을 담당한 것만은 아니었으리라 생각한다. 史館에는 기록물을 보존하기 위한 구체적인 행동지침이 존재했는지도 밝혀보려고 한다.

또한 국가의 중요한 기록물을 보존하는 일은 史館 외에도 架閣庫 등 다른 기관이 함께 담당하였던 사실로 시선을 확대하고자 한다. 특히 새로이 설립된 가각고가 주목되는데, 가각고가 어떤 역할을 담당하였으며 史館과는 무엇이 달랐는지도 알아보아야 한다. 가각고는 史館과는 달리 공문서를 거두어 저장하는 일만 전담하였던 점도 눈에 띄는 사항이라고 할 수 있다.

중앙뿐 아니라 각 지방의 행정기관에도 가각고와 같이 중요 문서를 보존하는 별도의 기구나 장소가 있었으며, 기록을 담당한 관리로서 司錄이 설치되어 있었다. 중앙 정부는 이를 통해 지방의 기록물까지 관리하였던 것으로 보인다. 司錄에는 중앙의 史官과 같이 역사의 기록뿐 아니라 그 기록의 보존 업무가 맡겨졌던 것으로 추정된다. 이러한 기록보존체제에 의해 결국 고려의 기록이 어느 정도 보존되었는지 그 실태를 살펴보려 한다.

고려가 멸망한 지 이미 6백여 년이 지난 오늘날, 現傳하는 공문서는 매우 드물다. 다만 국가의 행정기관이 개인이나 사찰에 발급한 문서가 原文書 또는 轉寫, 轉載, 抄錄 등의 형태로 전하는 것이 간간이 발견될 뿐이다. 이에 국가 차원에서 보존하여 남긴 기록뿐 아니라 對民發給文書를 중심으로 국가의 기록물 관리를 살펴보려 한다. 당사자에게 오늘날까지 전하고 있다는 것은 이들 문서가 영구 보존의 성격을 띠었음을 입증하는 좋은 사례라고 볼 수 있기 때문이다.

이같이 국가 차원에서 행정기구와 담당 관리를 두어 기록을 생산, 정리, 보존하는 것은 궁극적으로 국가운영에 활용하기 위해서임은 말할 것도 없다. 제4장은 '기록의 전달과 행정운영'이라 하여 생산된 기록이 어떻게 상호 전달되며 어떠한 기능을 담당했는지 다루려고 한다.

고려시대에도 중앙과 지방의 각 행정기관에서 생산된 기록물이 업무에 따라 서로 교류되었다. 기록물은 중앙관청 사이에서, 중앙과 지방관청 사이에서, 지방관청들 사이에서, 또 지방관청과 중앙에서 그때그때 파견된 다양한 別銜 사이에서도 授受되었다. 기관 사이에서 각종 기록이 교류되었다는 것은 그들 상호간에 업무의 지시와 시행 상황의 보고, 그리고 업무 협조가 이루어졌음을 나타낸다.

이에 지방행정기관에서 공적 업무를 수행하기 위해 중앙 또는 지방기관에 발송하거나, 또는 이들 기관으로부터 수신했던 문서의 授受 관계를 분석해보면 공문 교류를 관장하던 기관이 어떤 것이었으며, 중앙과 지방의 명령 및 보고 체계가 어떠했는지 파악할 수 있으리라 생각한다.

아울러 공문 교류를 가능하게 했던 전송방법도 살펴보려고 한다. 문서의 전달은 단순히 교통의 문제가 아니었다. 그 중요도에 따라 문서의 포장과 전달 속도가 달랐을 것이다. 이같이 중앙과 지방관청 사이에서 이루어졌던 문서의 전달체계를 분석함으로써, 정부가 전국의 행정을 어떻게 운영했는지 밝히고자 한다.

본 연구를 충분히 진행하기 위해서는 『高麗史』 『高麗史節要』 등의 역사서뿐 아니라, 실제로 당시 생산되어 행정운영에 사용된 각종 기록물을 분석하는 작업이 이루어져야 한다. 하지만 현재 전하는 기록물로는 고려시대 기록관리의 전체 체계를 살펴보기에 한계가 많다. 고려의 공문서 중 1차 사료인 原文書 형태로 남은 것은 淸州牧官文書, 국보 131호 호적, 張良守紅牌, 尹光㻇奴婢許與文記, 송광사 노비문기 등 손으로 꼽을 정도로 극히 적다. 따라서 원문서뿐 아니라 역사서, 문집, 금석문 등에 비교적 여러 편 남아 있는 轉寫文書도 최대한 원문의 형태를 복원하여 이용하려고 한다.

이는 記錄의 管理를 통해 국가의 운영체계를 살펴보려고 하는 연구 방법이라고 할 수 있다. 이와 같이 새로운 관점에서 국가의 통치구조를 밝히려는 접근방법이 일정한 성과를 거둔다면, 다음과 같은 효과를 기대할 수 있다.

첫째, 기록의 관리를 담당하는 풍부한 人的 資源을 통해 고려사회의 성격을 밝힐 수 있으리라 생각한다.

국가의 기록은 행정의 절차와 과정으로서 결국 사회와 국가를 움직이는 힘이 되었을 것이다. 기록을 담당하는 人的 資源은 곳곳에 배치되었는데, 최고위의 文翰官을 비롯해서 그 아래의 明書業 出身者, 그리고 각종 胥吏 등 다양하였다. 이들은 어떻게 충원되었으며 기록관리 체계에서 어떠한 대우를 받았는지 분석한다면, 고려사회를 움직이는 기층세력을 짐작할 수 있을 것이다.

둘째, 여전히 논란이 되고 있는 고려의 통치구조를 좀 더 명확히 할 수 있는 발판을 마련할 수 있으리라 생각한다.

고려의 통치구조에서 가장 의문이 되는 것은 다양한 편차가 존재하는 지방행정구역과 지방관이 존재하는 상황에서, 국가는 지방행정에 어떻게 관여하고 그 정책을 관철시킬 수 있었을까 하는 점이다. 이와 관련하여 主縣과 屬縣은 어떤 관계이며, 지방관이 파견되지 않은 지역은 과연 鄕吏에게 통치가 위임되었는지, 또 지방관 중 界首官은 어떠한 역할을 담당했는지 등 풀리지 않은 문제가 산적해 있다. 하지만 이들의 공문서 교류 규정이나 現傳하는 실제 기록물을 통해 記錄의 유통구조를 분석한다면 그 명령체계 또는 행정체계에서의 상호관계를 파악할 수 있을 것이다.

셋째, 아직 초보적인 단계이지만 본 연구에서 시도된 바와 같이 記錄에 대한 새로운 접근방식이 적용된다면, 좀 더 많은 과거의 記錄들이 폭넓게 이용될 수 있을 것이다.

　이제까지 역사학 분야에서는 역사적 사실 입증에 필요한 경우 과거 시대의 記錄의 내용을 다루었다. 즉 記錄은 史料의 가치를 가질 뿐, 그것이 국가운영의 현장에서 필요에 따라 생산되었던 시대적 상황은 간과되었다. 하지만 記錄이 행정운영 과정에서 생산되고 이용되었으며, 필요에 따라 정리, 보존되었다는 사실에 주목하고 이를 국가 차원의 운영체계로서 이해한다면, 한 건의 記錄物이라도 보다 입체적으로 이용할 수 있을 것이다.

제2장 기록의 생산과 관리

1. 공문서 생산의 원칙

1) 공문서 양식의 제정과 公牒相通式

국가가 체계적으로 운영되려면 중앙 정부의 정책과 시행방침이 지방행정기관에 전달되고 그 시행에 대한 보고가 이루어져야 한다. 공문서의 교류는 행정운영의 실제적인 구현이라고 할 수 있다.

그런데 각 기관이 공문서를 교류하기 위해서는 어느 기관이나 내용에 따라, 기관의 지위에 따라 일정한 형식의 문서를 작성해야 한다. 書式뿐 아니라 전달방식에 관해서도 정해진 규정이 필요하였다.[1] 따라서 공문서 규정이 제정되었다는 것은 전국적으로 보편화된 방식이 통용될 수 있는 행정체계가 있었음을 의미한다. 공문서 규정은 실제의 행정운영에 사용되는 것이므로, 그때그때의 행정체계를 반영하여 제정 또는 개정되었다.

고려 국가의 행정체계가 정비되면서 그에 걸맞은 공문서 규정도 마련되어야 했다. 고려 초 언제부터 공문서 규정이 제정되었는지 알 수

---

1) 공문서 전달방식이라는 것은 중앙과 지방의 각 관청이 어떠한 경로를 통해서 공문을 발송하며 그 발송 수단은 어떤 것인지에 관한 규정을 의미한다. 이에 관해서는 강은경, 「고려시대 공문서의 전달체계와 지방행정운영」, 『韓國史硏究』 122, 2003 참조.

없으나, 최소한 성종 6년(987)에는 중앙과 지방의 公文書에 관한 규정
이 제정되어 있었다.

　가-(1) 李夢遊에게 명하여 中外奏狀 및 行移公文式을 詳定하도록 했
　　　다.[2]

　사료 가-(1)에서 奏狀은 일반적으로 관청이나 관료들이 '왕에게 아뢰
는 글'이므로,[3] 성종 6년에는 지방과 중앙에서 왕에게 보고하는 문서
의 書式이 정해졌음을 알 수 있다. 또한 기관 상호간에 공문을 교류할
때 필요한 격식인 行移公文式도 정해졌다. 물론 이전에도 그러한 격식
이 전혀 없었던 것은 아니었다. 하지만 이때에 이르러서 비로소 자세
히 정하도록(詳定) 한 것 같다. 이러한 조치는 성종 2년에 12牧에 상주
하는 지방관을 파견한 것과도 관련되는 것으로 보인다.[4] 이제 상주하
는 지방관을 중심으로 해서 중앙정부와 지방행정기관 사이에 명령의
전달과 보고를 위한 체계를 정비할 필요가 있었다.
　더욱이 이 일을 맡은 李夢遊는 당대 최고의 문인이었다. 이미 20여
년 전인 광종 16년(965)에 왕의 명령을 받아 경상도 문경현 희양산에
있는 鳳巖寺의 '靜眞大師圓悟塔碑[5]'를 찬진하였던 인물이다. 정진대

---

2) 『高麗史』卷3, 世家, 成宗 6年 8月 乙卯(연세대학교 동방학연구소 영인본, 上
　　冊, 70쪽~71쪽, 이하 책수와 쪽수는 영인본에 따름), "命李夢遊 詳定中外奏
　　狀 及行移公文式".

3) 朴宰佑, 「고려전기 政策提案의 주체와 提案過程」, 『진단학보』88, 1999, 64~
　　66쪽.

4) 『高麗史』卷3, 世家, 成宗 2年 2月 戊子, 上冊, 66쪽, "始置十二牧. 詔曰……
　　雖身居宮禁 而心遍蒸黎 迺食宵衣每求啓沃 聽卑視遠 冀籍賢良 爰憑方伯之
　　功 允叶閭閻之望, 茸虞書之十二牧 延周祚之八百年".

5) 「鳳巖寺 靜眞大師圓悟塔碑」, 『韓國金石全文』中世上(허흥식 편, 아세아문화
　　사, 1984), 377~390쪽 및 『新增東國輿地勝覽』권29, 慶尙道 聞慶縣, 佛宇 鳳

사는 태조와 관계를 맺은 이후 왕실의 도움을 계속 받았으며 광종 2년
(951)에는 王師로 부름을 받았고, 광종 7년에 죽자 문하승의 건의에 따
라 비를 세우게 되었다.6)

이 비문의 필자가 이몽유였다. 당시 그의 직책은 "奉議郎 正衛 翰林
學士 前守兵部卿 賜丹金魚袋"이었으므로, 종6품 상위에 해당하는 奉
議郎의 官階를 갖고7) 정4품에 해당되는 한림학사8)의 관직을 띠고 있
었던 것 같다. 官階보다 높은 관직인 한림학사를 수행하고 있었던 것
으로 보아 당시 최고의 문장가로 이름 높은 인물이었을 것이다.

그렇다면 20년 뒤인 성종대에는 상당히 고위 직책에 있었을 것으로
짐작된다. 후대의 崔滋는 이몽유를 "景宗·현종을 지나는 두어 대 사
이에 文으로 현달한" 사람으로 평가하고 있을 정도이다.9) 하지만 이몽
유는 단순히 글을 잘 짓는 문인만은 아니었다. 이몽유는 성종 2년, 5년,
6년 등 3회에 걸쳐 당시 과거 시행에서 지공거를 맡고 있어10) 관료로

巖寺, 아세아문화사, 1986 영인본, 518쪽 참조. 이에 의하면 정진대사는 신라
말기에 봉암사에 거주하며 신라 경애왕의 후원을 받았으며, 태조 18년(935)에
신라가 고려에 귀부한 이후에는 개경으로 찾아가 태조와 관계를 맺었던 것
같다. 광종 7년에 죽자 중앙정부에서는 장사지내는 데 많은 도움을 주었다고
한다.

6) 「鳳巖寺 靜眞大師圓悟塔碑」, 『韓國金石全文』 中世上, 377~390쪽. 정진대사
가 죽고 9년이나 지난 뒤에 비가 세워지는데, 비문에 의하면 석판을 구하기
어려웠다는 이야기를 자세히 전하고 있다.

7) 『高麗史』 卷77, 百官志 2, 文散階, 中冊, 701~702쪽 참조. 이에 따르면 위와
같은 문산계가 정리된 것은 문종 때라고 하므로 광종 때의 정확한 官階라고
할 수는 없다.

8) 『高麗史』 卷76, 百官志 1, 藝文館, 中冊, 667쪽 참조. 이에 따르면 太祖가 泰
封의 제도에 따라 元鳳省을 두었던 것을 뒤에 學士院으로 고쳤고 翰林學士
를 두었다고 하여, 顯宗 때 翰林院으로 고치기 전에 翰林學士가 존재했음을
보여주고 있다. 文宗 때에는 學士가 정4품이었다.

9) 『국역 동문선』 권84, 序, 續破閑集序, 민족문화추진회, 1969, 7책, 111~112쪽.

10) 『高麗史』 卷73, 選擧志 1, 科目 1 選場, 中冊, 595쪽, "成宗 2년 12월에 正匡

서도 크게 인정받았던 것으로 보인다.

후에 이몽유는 崔承老, 崔亮, 李知白, 徐熙 등과 함께 成宗廟에 配享되었다.[11] 함께 배향된 인물들의 면모를 보아 이몽유 역시 그에 못지않은 정치인이었다. 이몽유는 최고의 문인이면서 아울러 관료로서도 활약이 돋보였음을 알 수 있다. 그러한 인물이 공문서의 서식과 교류의 격식을 맡았다는 것은 당시 그 비중이 매우 높았음을 잘 나타낸다.

공문서의 양식은 이와 같이 당대 최고의 문관 손에서 재정비될 수 있었다. 아울러 이렇게 정비된 양식은 전국에 시행할 수 있는 터전이 마련되어 있었다.

德宗 초엽에 右散騎常侍 同知中樞院事로 전임되었다. 그가 왕에게 진언하기를 "성종 때에 중앙과 지방의 각 관청의 벽에는 모두 說苑의 六正, 六邪의 글과 漢나라에서 刺史에게 준 六條令 등을 써 붙였는데

崔承老, 左執政 李夢游, 兵官御事 劉言儒, 左丞 盧奕이 進士를 뽑고 왕이 覆試하여 甲科 姜殷川, 乙科 2명, 明經 1명에게 급제를 賜하였다.……(成宗) 5년 3월에 李夢游가 知貢擧가 되어 進士를 뽑고 崔英蘭 등에게 급제를 賜하였다. (成宗) 6년 3월에 李夢游가 知貢擧가 되어 進士를 뽑고 8월에 下敎하여 夢遊가 貢擧한 바 甲科 鄭又玄과 明經 1명, 卜業 1명, 醫業 2명, 明法業 2명에게 급제를 賜하였다."

11) 『高麗史』卷5, 世家, 顯宗 18年(1027) 4月 壬午, 上冊, 109쪽에 "……崔承老, 崔亮, 李知白, 徐熙, 李夢游를 成宗廟에 配享하였다"고 되어 있으며 뒤이어 『高麗史』卷5, 世家, 德宗 2年(1033) 10月 甲辰, 上冊, 119~120쪽에 "先代의 功臣 崔凝에게 司徒를, 劉新城에게 太傅를, 崔承老에게 大匡을, 崔亮에게 三重大匡을, 徐熙에게 太師를, 李知伯에게 大匡을, 李夢游에게 司空을, 韓彦恭에게 太傅를, 金承祚에게 司空을, 崔肅에게 太師를, 姜邯贊에게 大丞을, 崔沆에게 正匡을 추증하였다"라고 하였다. 또 『高麗史』卷60, 禮志 2, 吉禮 大祀 太廟 諦祫功臣配享於庭, 中冊, 354쪽에 "成宗室 太師內史令匡彬公崔亮·太師內史令文貞公崔承老·太尉內史令貞憲公李夢游·太師內史令章威公徐熙·司徒內史令李知白"이라고 하여 이몽유는 배향공신으로 계속 제사의 대상이 되었음을 보여준다.

이미 오랜 세월이 경과되었으니 그것을 고쳐 써 붙여 관직에 있는 자들이 잘못을 시정하고 올바른 정사를 하도록 알리는 것이 필요하다"고 하니 왕이 그 의견대로 시행하였다.[12]

위의 사료는 崔冲에 관련된 기록이다. 穆宗 8년(1005)에 과거에 장원급제한 이후 顯宗 때에는 拾遺, 補闕, 한림학사, 예부시랑, 간의대부 등 벼슬을 역임하였던 인물이다. 그가 급제 후 약 25년이 지난 덕종대(1031~1034) 초기에 올린 글이다.

여기서 성종 때에는 중앙과 지방의 각 행정기관에는 그 벽에 관리의 준칙사항을 써 붙였음을 알 수 있다. 이른바 "說苑의 6정 및 6사와 한나라 6조령"이었다는데, 비록 지방관을 파견한 곳은 얼마 되지 않으나 전국적으로 통일된 행정체계를 갖추려고 하였음을 보여준다. 그렇다면 공문서 규정을 일관되게 시행하는 것 역시 이와 같은 맥락에서 시행하려고 했음을 짐작할 수 있다.

공문서 규정은 실질적인 행정운영을 위해 제정되며, 특히 교류에 관한 규정은 그때그때 관청 상호간의 관계를 반영하는 것이므로 행정체계가 변화하면 그에 따라 다시 정비되어야 했다. 따라서 제도를 정비하기 시작한 성종 6년의 공문서 규정이 지속될 수는 없었다. 제도가 체계화됨에 따라 공문서 규정도 아울러 세분화되어야 했다.

성종대 이후 공문서 규정에 다시 문제가 제기된 것은 예종대였다.

가-(2) 예종 9년 6월에 禮儀詳定所에서 아뢰기를 "근래 조정간의 表·狀·書簡의 칭호가 바르지 않으니 이는 正名之義가 아닙니다. 신 등은 바라오니 무릇 表를 올리는 자는 聖上陛下라 칭하고, 箋을 올리는 자는 太子殿下라 칭하고, 諸王은 令公이라 하고, 中書令과 尙

---

12) 『高麗史』卷95, 列傳 8, 崔冲, 下冊, 117쪽.

書令은 太師令公이라 하고, 兩府 執政官은 太尉라 하고, 平章·司空·參政·樞密·僕射는 각각 현직에 따라 이를 칭하고, 3품 이하의 員僚는 모두 相公이라 칭할 수 없으니 마땅히 官名을 직접 부르게 하소서."라고 하였다.13)

(3) 文懿公이 편찬한 예종대의 內外制의 약간의 章目을 本朝 制誥의 規式으로 삼았다.14)

(4) 文懿公이 편찬한 中書門下摠省·吏·兵曹 및 行員의 姓名草押規式은 令文과 같지 않으며, 中書省에서 소장한 송, 요, 금나라 3국의 誥式도 각각 다르므로 마땅히 板本令文에 따라야 한다.15)

위의 사료 가-(2), 가-(3), 가-(4)는 모두 예종대의 공문서와 관련된 사항이다. 사료 가-(2)는 예종 9년(1114)에 禮儀詳定所에서 올린 것인데, 제기된 表·狀·書簡 등의 칭호는 조정에서 사용한 것이므로 공문서의 문제였다. 예의상정소는 예종 8년에 설치되었으며,16) 예종 11년에는 국가의 풍습을 儉朴하게 하고자 화려하고 사치한 朝廷과 士庶의 의복에 대하여 祖宗 때의 式例와 沿革에 의거해서 尊卑의 等分을 제정하는 임무를 맡았다.17)

공문서에서도 격식에 관한 여러 사항을 검토하였던 것 같다. 이어서

13) 『高麗史』 卷84, 刑法志 1, 公式 公牒相通式, 中冊, 839쪽.
14) 『補閑集』 卷下, 『高麗名賢集』, 성균관대학교 대동문화연구원 영인본, 2冊, 138쪽, "文懿公撰睿代內外制若干章目 爲本朝制誥規式".
15) 『補閑集』 卷下, 『高麗名賢集』 2冊, 138쪽, "文懿公所撰 中書門下摠省吏兵曹 及行員 姓名草押規式 與令文不同 中書所藏宋及遼金三國誥式 亦各異 宜從板本令文".
16) 『高麗史』 卷77, 百官志 2, 諸司都監各色, 中冊, 692쪽.
17) 『高麗史』 卷14, 世家, 睿宗 11年 4月 庚辰, 上冊, 282쪽.

여기서 칭호가 잘못 사용되고 있다고 지적하였는데, 그 사례를 보면 당시에는 관직에 따라 다양하게 칭호를 사용하는 書式이 있었음을 알 수 있다. 그러나 사례를 든 것처럼 칭호가 처음부터 그렇게 복잡하지는 않았을 것이다. 그렇다면 공문서 서식으로 규정되기 어려웠을 것이기 때문이다. 예종 때 문제로 지적되는 것도 너무 복잡하여 규정대로 지키기 어려웠기 때문으로 보인다. 즉 예종대 이전에 정해진 公文書 書式이 이즈음에는 제대로 지키기 어렵다는 것이다.

공문서의 규정이 문제가 되는 것은 준수할 수 없는 상황이 되었기 때문이 아닐까 생각한다. 문종대를 거쳐 예종대에는 고려의 여러 제도가 최종 정비되던 시기였다. 따라서 정비된 제도에 맞게 규정도 재정리할 필요가 있었다. 변화한 체제에서 여전히 이전의 규정을 적용시키려고 할 때 당연히 '正名之義'를 견지할 수 없었을 것이다. 그리하여 예의상정소에서는 격에 따라 다양하게 변화하는 칭호 대신에 "官名을 직접 부르게 하자"는 건의를 하게 되었다.

그 밖에도 공문서 서식의 여러 사항이 검토, 재정비되었을 것으로 보이는데 그 결과가 사료 가-(3)과 가-(4)에 일부 나타난다. 이 글은 고종 때 崔滋가 그의 『補閑集』에서 문서의 격식에 관한 것을 정리하면서 언급한 글이다. 당시 制誥의 격식과 중앙관청의 서명양식을 정비하는 데 근거가 된 것이 예종대에 문의공이 편찬한 규정이었던 모양이다. 문의공은 金富軾의 아우 金富儀로[18] 예종대에서 인종대에 걸쳐 활동했는데,[19] 사료 가-(3)과 가-(4)를 보면 공문서 규정을 정비하는 데 깊

---

18) 이정훈, 「高麗前期 三省制와 政事堂」, 『한국사연구』 104, 1999, 50쪽.

19) 김부의는 문종 33년(1079)부터 인종 14년(1136)까지 생존했다. 비슷한 시기인 문종 25년(1071)부터 인종 10년(1132)까지 생존했던 형 金富佾도 문장가로 알려졌으나, 공문서 서식을 정비하는 데에는 동생 김부의의 활약이 돋보였던 것 같다. 『高麗史』卷97, 列傳 10, 金富佾·富儀, 下冊, 158쪽에 의하면, 김부일은 "문장이 화려하고 풍담하였으므로 무릇 辭命은 반드시 김부일을 명하

이 관여하였던 것 같다.[20] 예종대의 '制誥의 規式'과 '中書門下摠省 吏兵曹 및 行員의 姓名草押規式'은 김부의가 정리하였다.

그런데 崔滋는 사료 가-(3)의 바로 앞부분에서 "本朝의 詞誥는 예스러워 典則이 있었는데 예종대에 이르러 일변하여 화려하게 되었고, 지금은 여러 번 변하여 모두 말이 번거롭고 화려하기만 해서 심한 것은 광대가 연극에서 하는 찬사같이 되었다"는 지적을 하고 있다. 비록 국왕의 문서에 한정된 표현이긴 하지만, 예종대 이전에 예스러운 書式을 다시 정비하였음을 알 수 있다. 아울러 행정기관의 문서에 사용되는 관리들의 姓名草押規式, 즉 서명양식도 다시 정비되었다.

이와 같이 이전의 것을 다시 정비한 국왕의 문서를 비롯한 문서의 서식과 서명양식 등은 崔滋가 위의 글을 썼던 고종 때까지 고려조의 규정이 되었다고 한다. 고종 때는 예종대로부터 거의 1백년이나 지난 시기였다. 한번 정비된 문서 양식은 이같이 1백년 이상을 유지했음을 알 수 있다.

성종 6년의 공문서 규정은 예종대의 조정을 거쳐 고종대에 다시 재정비되었다. 그 과정에서 제정된 문서 담당자의 姓名草押規式, 즉 서

여 윤색하게 하였다"고 하며 "일찍이 김부일이 팔관회의 頌詞와 구호를 지었더니 예종이 보고 크게 즐거워하여 詔書를 내려 항상 그 구호를 쓰고 바꾸지 말게 하였다"고 한다. 송나라 樂人 夔中立이 來投하여 樂官이 되었다가 돌아가 그 辭를 帝 앞에서 외웠더니 뒤에 帝가 묻기를 "八關會의 頌詞와 구호를 누가 지은 것이냐. 비록 참람한 말은 있으나 진실로 아름다운 글이다."라고 하였다는 말이 전한다. 따라서 문장의 실력은 김부일이 앞섰던 것 같다.

20) 『高麗史』卷97, 列傳 10, 金富佾·富儀, 下冊, 158~159쪽에 의하면 金富儀는 숙종 2년(1097)에 登第하였고 예종 6년(1111)에 書狀官으로 송나라에 가서 表文을 올렸는데 송나라의 帝가 答詔에서 "重席을 관람하고 橫經에 참예코자 하니 정성이 갖추어졌고 文辭가 겸하여 화려하도다"며 그의 문장을 칭찬했다고 한다. 이 같은 국가 공식문서 작성을 관장했다면, 문장력뿐 아니라 까다로운 문서의 격식에도 익숙했던 인물임을 알 수 있다.

명양식이 『高麗史』 刑法志의 公牒相通式으로 남아 있다. 주목되는 것
은 여기에 나오는 內史門下省 등 행정기관이 대개 고려전기 체제정비
과정에서 사용한 기관명이라는 점이다. 公牒相通式이 언제 제정되었
는지 연대를 밝히지 않았지만, 공문서 규정은 당시 행정체계를 그대로
반영하는 것이므로 이를 통해 제정 시기를 추정할 수 있다.

　다음은 公牒相通式의 京官條로서 중앙기관이 공문을 교류할 때 필
요한 서명양식에 관한 규정이다.

　가-(5)-① 內史門下・尙書都省이 6官 諸曹와 7寺・3監에게 公牒을 出
　　納할 때 門下侍郞 이상은 姓을 붙이지 않고 草押하고, 拾遺 이상
　　은 姓을 붙여 草押하며, 錄事・注書・都事・內位는 姓名을 쓴다.
　　6官 諸曹・7寺・3監이 3省에 대해서는 侍郞・少卿 이하는 位와
　　姓名을 갖추고, 御史・卿 이상은 姓을 붙여 草押한다.
　　② 6官 諸曹가 7寺・3監에 대하여 員外郞 이상은 姓을 붙여 草押
　　하고, 7寺・3監이 6官 諸曹에 대해서 少卿 이하는 官銜과 姓名을
　　쓴다.
　　③ 7寺・3監이 諸署局에 대하여 丞・注簿는 姓을 붙여 草押하며,
　　諸署局이 7寺・3監에 대해서 直長 이상은 姓名을 쓴다.
　　④ 諸下局署가 3省・諸曹・式目・7寺・3監에 대하여 直長 이하는
　　位와 姓名을 쓴다.
　　⑤ 吏部 臺省이 6官 諸曹・7寺・3監에 대하여 門下侍郞平章 이하
　　拾遺 이상은 姓을 붙여 草押하고, 錄事는 官銜과 姓名을 쓰며, 諸
　　署局에 대해서는 錄事・注書는 草押을 한다.
　　⑥ 諸署局이 3省에 대해서는 直長 이상은 官銜과 姓名을 쓴다.[21]

　위의 사료 가-(5)에서는 기관명을 일일이 언급하지 않고 핵심적인 중

---

21) 『高麗史』 卷84, 刑法志 1, 公式 公牒相通式, 中冊, 837~838쪽.

앙행정기관을 체계적으로 정리하고 있다. 먼저 사료 가-(5)-①에는 중앙행정기관 중 최고 관부인 3省이 보이는데, 당시의 기관명은 內史門下・尙書都省이었다. 內史門下省은 성종 원년 3월에 설치되어[22] 문종 15년 6월에 中書門下省으로 개칭되었으며,[23] 尙書都省은 성종 14년에 御事都省을 개칭한 것이므로,[24] 위의 규정은 대체로 성종 14년 이후부터 문종 15년까지의 기구를 반영하여 제정되었다고 볼 수 있다.

이들 기관의 서명자로 거론되고 있는 拾遺와 錄事・注書・都事는 內史門下省의 左右 拾遺・門下錄事・內史注書와 尙書省의 都事를 가리킨다. 『高麗史』百官志에서는 左右 拾遺와 門下錄事・內史注書는 목종대에 설치되고 尙書省 都事는 문종대에 설치되었다고 하지만,[25] 실제로는 대부분 성종 14년부터는 정해진 것으로 보고 있다.[26] 기관명뿐 아니라 관직명을 보아도 그 시기는 동일하게 나타남을 알 수 있다.

반면에 3省과 함께 중앙기관의 핵심이었던 6官 諸曹는 성종 14년에 6部로 개칭했다고 하지만 이후에도 사용되었고,[27] 사료 가-(5)-⑤에서

22) 『高麗史節要』卷2, 成宗 元年 3月, 아세아문화사 영인본, 41쪽, "改百官號 以內議省爲內史門下 廣評省爲御事都省".
23) 『高麗史節要』卷5, 文宗 15年 6月, 140쪽, "改內史門下省 爲中書門下省".
24) 『高麗史』卷76, 百官志 1, 尙書省, 中冊, 660쪽, "成宗元年 改廣評省 爲御事都省 十四年 改尙書都省".
25) 『高麗史』卷76, 百官志 1, 中冊, 656~660쪽.
26) 拾遺의 경우 동일한 郞官인 司議大夫와 獻納과 함께 성종 2년에서 12년 사이에 임명된 사례가 보이므로 이들 모두 성종대에 바로 설치되었으며, 內史門下省의 행정서리직인 문하녹사와 내사주서 역시 같은 시기인 성종대에 설치되었고, 도사도 상서성의 사무를 총괄하는 지위인 만큼 상서성으로 개칭된 성종 14년부터는 정해진 것으로 추정하고 있다. 이상은 박용운, 「臺諫制度의 성립」, 『한국사논총』 1, 성신여대 국사학과, 1976 ; 『高麗時代 臺諫制度 硏究』, 일지사, 1980, 47~48쪽 및 박용운, 「『高麗史』百官志 譯註」, 『고려시대 연구』 5, 한국정신문화연구원, 2002, 99쪽・114~117쪽・126쪽 참조.

도 6官 諸曹와 함께 吏部를 사용하고 있어 근거로 삼기 어렵다.[28]

위의 公牒相通式에서 주목되는 것은 사료 가-(5)-④에서 諸下局署가 공문을 발송하는 대상으로 式目都監이 있다는 점이다. 식목도감은 法制 및 格式 제정에 관한 문제를 의논한 宰臣과 樞臣의 회의기관으로, 대외적인 군사문제를 의논하는 都兵馬使와 쌍벽을 이루는 기구로 알려져 있다.[29] 그런데도 여기서는 서열상 6조 다음으로 언급하고 있다. 그렇다면 이러한 서열은 정치제도가 정비된 문종 이전에 형성된 게 아닐까 생각한다. 실제로 식목도감의 설치도 성종 이후 현종 초 사이로 보고 있는데, 그때에는 행정체계에서 6조보다 하위였던 것으로 보인다. 아직은 중요한 기구로서 자리를 잡지 못하여 사료 가-(5)에서와 같이 다른 기구와의 교류가 별로 없었던 것 같다.

3성 6부 아래 주요 행정기관이었던 寺와 監의 경우 고려 전 시기를 통해 그 명칭의 변화가 많아 일정한 수를 말하기 어려운데, 여기서는 7寺 3監으로 명시하고 있어 그 단서를 제공하고 있다. 7寺는 3성 6부와 함께 기본 행정기관이었는데 성종 2년에 설치했다는 기록이 있으며,[30] 문종 30년(1076)의 전시과에는 7寺 卿, 7寺 少卿, 7寺 丞이 보인다. 따라서 7시는 寺의 원형으로 문종 관제 이후 인종대까지 존속했던 것으

27) 예를 들어 『高麗史』 卷68, 禮志 10, 六官諸曹官相謁儀, 睿宗 10年 3月, 中冊, 498쪽에도 6官 諸曹가 7寺 3監과 함께 보인다.
28) 다만 6部의 장관인 '御史'의 존재는 아직 해명하지 못했다. 이미 尚書都省으로 바뀌었으므로 장관도 尚書로 표기해야 하는데 여전히 이전의 관직명을 사용하고 있다. 하지만 이것만으로 상서도성으로 바뀌기 이전 성종 2년의 행정체계로 볼 수는 없다.
29) 『高麗史』 卷77, 百官志 2, 諸司都監各色 式目都監, 中冊, 691쪽. 이에 의하면 문종 때 관제를 정비하여 省宰인 使 2명, 정3품 이상의 副使 4명, 5품 이상의 判官 6명, 甲科權務로 錄事 8명을 두었다. 邊太燮, 「고려의 식목도감」, 『역사교육』 15, 1973 참조.
30) 『高麗史』 卷3, 世家, 成宗 2年 5月, 上冊, 68쪽, "始定三省六曹七寺".

로 보고 있다.31)

監의 경우 목종 원년 전시과에 그 소속 관원이 나오므로 성종 14년
의 관제개혁 때 설치되었을 것으로 보이는데,32) 3監으로 불린 것은 훨
씬 뒤의 일이었다.33) 7시 3감이 함께 존재했던 시기도 3성과 마찬가지
로 성종 14년 이후로 볼 수 있다.

중앙행정기관 중 7시 3감까지 상부기구의 체계가 정비된 것이 성종
14년 이후이지만, 그보다 아래 행정실무기구인 諸署局의 경우는 성종
대 이후 차츰 정비되었을 것이다. 따라서 중앙행정기관을 보면 위의
公牒相通式은 최소한 성종대 이후의 행정체계를 바탕으로 하여 제정
되었다고 추정할 수 있다.

하지만 公牒相通式은 중앙행정기관만의 공문서 규정이 아니었다.
여기에는 外官條가 별도로 설정되어, 지방행정기관이 중앙에 공문서
를 보낼 경우를 비롯하여 그들 상호간의 공문 교류시 필요한 규정도
있었다. 따라서 지방행정기관의 존립시기를 함께 검토하면 公牒相通
式에 반영된 당시의 전국적인 행정체계를 살펴볼 수 있을 것이다.

다음은 公牒相通式의 외관조에서 가장 첫 부분에 나오는 규정이다.

> 가-(6)-① 別命使臣이 牧·都護에 대해서는 마땅히 '某使가 某牧 都護
> 에게 貼한다'고 해야 한다. 奉使하는 일이 중요하고 記事下典을 갖
> 추었으면 7품 이상의 使는 姓을 붙여 草押하고, 8품의 使는 姓名에
> 手決한다. 비록 6, 7품의 使이더라도 奉使하는 일이 중요하지 않고

---

31) 변태섭, 「중앙의 통치기구」, 『한국사』 13, 국사편찬위원회, 1993, 99~102쪽.

32) 이기백, 「고려 귀족사회의 형성」, 『한국사』 4, 국사편찬위원회, 1974 ; 『고려
귀족사회의 형성』, 일조각, 1990, 116쪽.

33) 『高麗史』 百官志에는 監으로 국자감·소부감·장작감·군기감·사천감·태
의감 등이 있는데, 문종 30년의 전시과나 인종조 녹봉조에 3監이 보이지만
그것이 어떤 監인지 분명하지는 않다.

人吏下典이 없으면 官銜을 갖추고 姓名을 쓰고 手決한다.

② 牧·都護가 7, 8품의 使에 대해서는 副使 이상은 姓을 붙여 草押하고, 그 이하는 姓名을 쓴다. 奉使하는 일이 重한 使者 및 常叅 이상의 獨使에 대해서는 姓을 붙여 草押하고, 副使 이하는 姓名을 쓴다.

③ 別命使臣이 中都護·知州·防禦·縣令·鎭將官에 대해서는 비록 記事下典이 없어도 6, 7품의 使이면 姓을 붙여 草押하고, 8품의 使이면 姓名에 手決하고, 鎭將과 縣令에 대해서는 姓을 붙여 草押한다.

④ 中都護·知州·防禦·縣令·鎭將官이 7, 8품의 使에 대해서는 姓을 붙여 草押하고, 副使 이하는 姓名을 쓰고 手決한다. 奉使하는 일이 중요한 使者 및 常叅使에게는 모두 姓名을 쓴다.[34]

사료 가-(6)을 보면 지방행정기관과 別命使臣, 즉 중앙에서 필요에 따라 파견했던 別命使臣의 공문 교류가 지방행정운영에서 매우 중요했음을 짐작할 수 있다. 별명사신과 공문을 수수하는 기관으로 牧·都護·中都護·知州·防禦·縣令·鎭將官 등이 있는데, 이는 『高麗史』 百官志의 外官條에서 대도독부를 제외하고 모두 동일하다.[35] 따라서 이 규정은 당시 지방관이 상주한 모든 지방행정기관을 대상으로 한 것임을 알 수 있다.

반면에 공첩상통식에서는 지방관이 파견되지 않은 많은 군현이 제외되었다. 이는 이들 군현에서 행정을 담당하고 있는 邑司의 鄕吏 조직이 중앙 행정체계에서 제외되었음을 의미한다. 이는 중앙의 관료체계에서 鄕吏가 분리된 이후의 상황을 반영한 것으로 보인다.[36]

---

34) 『高麗史』 卷84, 刑法志 1, 公式 公牒相通式, 中冊, 838쪽.
35) 『高麗史』 卷77, 百官志 2, 外職, 中冊, 700~701쪽. 여기에는 大都護府·牧·大都督府·中都護府·防禦鎭·知州郡·諸縣·諸鎭 등으로 분류되어 있다.

위의 지방관제가 정비된 것이 문종대라고 하지만,[37] 현종 9년(1018)
에 4都護·8牧·56知州郡事·28鎭將·20縣令이 설치되었으므로[38] 늦
어도 이때부터는 체계적인 행정운영이 필요했던 시기라고 할 수 있다.
더욱이 현종 9년에는 중앙의 百官과 아울러 이들 지방행정구역에 파
견된 지방관에 대한 예우도 大都護府와 牧, 中都護府, 防禦鎭使와 知
州府郡事, 縣令과 鎭將 등으로 차등 있게 제정되었다.[39] 그렇다면 행
정운영을 위한 공문서 규정에도 이러한 중앙과 지방의 변화된 행정체
계를 반영하여 새로이 정비했을 것으로 추정할 수 있다.

고려의 지방관은 이러한 일반 행정구역 외에 3京을 두었는데, 公牒
相通式 外官條에는 西京留守官을 매우 비중 있게 다루고 있다.

　가-(7) 西京留守는 申省狀에서 姓을 붙여 草押하고, 副留守 이하 監軍
　　　　使, 東西都巡檢使 등 別命使臣 및 諸道의 外官은 비록 3품 이상이
　　　　라도 姓名을 쓴다.[40]

사료 가-(7)은 公牒相通式의 가장 마지막 부분으로, 지방의 각종 기
관에서 중앙에 공문을 보낼 때의 양식에 관하여 규정하고 있다.[41] 여

---

36) 鄕吏를 제도적으로 분리시키려는 조치는 성종 2년의 吏職 개편에서 시작되
　　어 꾸준히 강화되었는데, 그 결실이 현종 9년에 鄕吏 公服制의 확립으로 나
　　타난 것으로 보인다. 이상은 강은경, 「高麗時期 鄕吏 公服制」, 『한국사상과
　　문화』 4, 한국사상문화학회, 1999 ; 『高麗時代 戶長層 硏究』, 혜안, 2002, 116
　　~138쪽 참조.

37) 『高麗史』 卷77, 百官志 2, 外職, 中冊, 700~701쪽에서는 이들 지방관이 대개
　　문종 때 정한 것이라고 되어 있다.

38) 『高麗史節要』 卷3, 顯宗 9年 2月, 85쪽, "罷諸道安撫使 置四都護·八牧·五
　　十六知州郡事·二十八鎭將·二十縣令".

39) 『高麗史』 卷72, 輿服志 1, 鹵簿 外官陪從, 中冊, 587~588쪽, "顯宗九年正月
　　定大小各官守令陪從".

40) 『高麗史』 卷84, 刑法志 1, 公式 公牒相通式, 中冊, 839쪽.

기에서는 지방행정기관 중 가장 상위의 기관으로 西京留守官을 들고
있는데 그 중요성 때문인지 留守, 副留守, 監軍使 등이 일일이 언급되
었다. 西京留守官制가 성립된 것은 성종 14년(995)이고[42] 監軍使의 존
재가 확인되는 것은 문종 원년(1047)이므로 위의 항목은 최소한 文宗
이전에는 제정되었음을 입증한다.[43]

그 밖에 다양한 別命使臣을 분석해 보아도 크게 다르지 않다. 예를
들어 위의 公牒相通式에는 『高麗史』에서 매우 드물게 보이는 都部署
가 중요한 비중으로 언급되고 있다. 都部署는 按察使를 문종 18년에
개정한 것으로 예종 8년에 다시 안찰사로 개정하였다고 하는데,[44] 실
제 세부적인 기록에는 태조대 경주에 東南道 都部署使가 설치되었다
고 하며[45] 현종대부터는 다른 지역에서도 都部署가 나타난다.[46] 都部
署는 예종대까지 按察使와 병존한 것으로 이해되고 있다.[47]

41) 이에 관한 상세한 분석은 강은경, 앞의 논문, 2003, 33~34쪽 참조.
42) 『高麗史』 卷77, 百官志 2, 外職 西京留守官, 中冊, 697~700쪽에 따르면 성종
  14년에 留守, 副留守, 判官 등의 관직이 설치되었다.
43) 『高麗史』 卷81, 兵志 1, 五軍, 文宗 元年 7月, 中冊, 778쪽. 이때 서경 감군사
  와 함께 分司御史로 하여금 猛·海軍을 선발하도록 했다. 하지만 分臺御史
  는 『高麗史』 卷94, 列傳 7, 智蔡文, 下冊, 106쪽에 현종 원년 거란의 침입 때
  서경을 지켰던 曹子奇의 관직으로 나온다. 따라서 감군사와 분대어사가 함께
  설치되었던 시기는 빠르면 현종 이전, 늦어도 문종 이전이라고 할 수 있다.
44) 『高麗史』 卷77, 百官志 2, 外職, 中冊, 696~697쪽.
45) 『高麗史』 卷57, 地理志 2, 慶尙道, 中冊, 270쪽.
46) 『高麗史』 卷4, 世家, 顯宗 3年 5月 己巳, 上冊, 91쪽 ; 顯宗 6年 3月 己亥, 上
  冊, 94쪽 ; 顯宗 10年 4月 丙辰, 上冊, 100쪽 ; 顯宗 20年 閏3月 己亥, 上冊,
  111쪽 등에 都部署 관련 기사가 나온다.
47) 都部署에 관해서는 다음의 논문을 참조했다.
  김남규, 「高麗都部署考」, 『사총』 11, 역사학연구회(구 고대사학회), 1966/『高
  麗兩界地方史硏究』, 새문사, 1989 재수록 ; 金好鍾, 「東南海都部署의 설치와
  그 기능」, 『민족문화논총』 20, 영남대 민족문화연구소, 1999 ; 변태섭, 「高麗
  按察使考」, 『고려정치제도사 연구』, 일조각, 1971, 156~178쪽.

42

이러한 사실로 미루어 보면 公牒相通式의 공문서 규정은 이르면 현종대에 정비된 중앙 및 지방의 행정기관을 바탕으로 한 것이며, 최소한 內史門下省이 존재했던 문종 15년까지는 그 틀이 유지되었을 것이라고 생각한다. 물론 그 사이에도 기관이나 관직이 변화했을 때에는 그때그때 약간의 개정은 이루어졌을 것이다. 하지만 예종대에 이르면 전면적인 개편이 불가피했고, 사료 가-(3)과 가-(4)에서 보았던 金富儀에 의한 개정작업이 이루어졌던 것 같다.

2) 〔高麗史〕 刑法志 公牒相通式에 나타난 공문서 규정의 특성

고려의 공문서 규정은 사료 가-(1)에서 보았듯이 대체로 문서의 수신 대상과 내용에 따라 정한 書式과 중앙과 지방관청 상호간에 통용될 수 있는 行移公文式을 갖추고 있었다. 구체적인 사례가 사료 가-(3)의 '制誥의 規式'과 사료 가-(4)의 '姓名草押規式'이라고 할 수 있다.

'姓名草押規式'이나 사료 가-(5), 가-(6), 가-(7)의 公牒相通式의 사례를 보면 당시 공문서 규정에서 특히 중시된 것이 서명양식이었던 것으로 보인다. 이는 문서를 다른 기관에 발송할 때의 책임 서명에 관한 규정으로, 문서 작성의 최종 단계에서 작성한 관원과 책임자가 서명, 날인하도록 하여 문서의 내용을 책임질 수 있는 관리를 명확히 하기 위한 것이었다. 이것이 완성되어야 비로소 공문서가 효력을 발생하게 되므로 공문서를 작성할 때 매우 중요한 격식이었다.

따라서 公牒相通式의 서명양식에는 당시 공문서 규정의 기본적인 원리와 특성이 잘 반영되었을 것이다. 사료 가-(5)의 중앙행정기관의

이들 연구에 따르면 東界에는 鎭溟都部署와 元興都部署, 北界에는 通州·압록도부서, 그리고 東南海都部署가 있었다. 이 중 東南海船兵都部署는 慶州·金州 지역에서 주로 일본 관계를 맡은 水軍 관서였다. 兩界 都部署使에는 6품 이상이 임명되었고 東南海都部署使의 품계는 5품이었다.

서명양식과 사료 가-(6)의 지방행정기관의 서명양식을 각각 표로 만들어 보면 다음과 같다.

<표 1> 중앙행정기관의 서명양식

발송\수신	3省	6官 諸曹	式目都監	7寺 3監	諸署局
吏部臺省		(入) 門下侍郎이하 拾遺이상 姓·草押 / 錄事 官銜·姓名		(入) 門下侍郎이하 拾遺이상 姓·草押 / 錄事 官銜·姓名	(入) 錄事·注書 草押
6官諸曹	(出) 門下侍郎이상 草押 / 拾遺이상 姓·草押 / 錄事·注書·都事 姓名 (入) 御史이상 姓·草押 / 侍郎이하 位·姓名				
7寺3監	(出) 門下侍郎이상 草押 / 拾遺이상 姓·草押 / 錄事·注書·都事 姓名 (入) 卿이상 姓·草押 / 少卿이하 位·姓名	(出) 員外郎이상 姓·草押 (入) 少卿이하 位·姓名			
諸署局		(入) 直長이상 官銜·姓名		(出) 丞·注簿 姓·草押 (入) 直長이상 姓名	
諸局下署	(入) 直長이하 位·姓名	(入) 直長이하 位·姓名	(入) 直長이하 位·姓名	(入) 直長이하 位·姓名	

비고 : (出)은 발송기관의 발송 공문, (入)은 발송기관의 수신 공문

<표 2> 지방행정기관의 서명양식

기관별 별명사신	牧 · 都護	中都護 이하	縣令 · 鎭將
모든 重使	(出) 姓 · 草押 / 副使이하 姓名	(出) 姓名	(出) 姓名
5품 이상	(出) 姓 · 草押 / 副使이하 姓名 (入) 姓 · 草押	(出) 姓名	(出) 姓名
6품	(入) 重使면서 記事下典 있으면 姓 · 草押 / 중요하지 않고 人吏下典 없으면 官銜 · 姓名 · 手決	(入) 記事下典 없어도 姓 · 草押	(入) 記事下典 없어도 姓 · 草押
7품	(出) 副使이상 姓 · 草押 / 이하 姓名 (入) 重使면서 記事下典 있으면 姓 · 草押 / 중요하지 않고 人吏下典 없으면 官銜 · 姓名 · 手決	(出) 姓 · 草押 / 副使이하 姓名 (入) 記事下典 없어도 姓 · 草押	(出) 姓 · 草押 / 副使이하 姓名 · 手決 (入) 記事下典 없어도 姓 · 草押
8품	(出) 副使이상 姓 · 草押 / 이하 姓名 (入) 重使면서 記事下典 있으면 姓名 · 手決	(出) 姓 · 草押 / 副使이하 姓名 · 手決 (入) 姓名 · 手決	(出) 姓 · 草押 / 副使이하 姓名 · 手決 (入) 姓 · 草押

비고 : (出)은 지방행정기관의 발송 공문, (入)은 지방행정기관의 수신 공문

공문서 교류시 서명양식으로 <표 1>에는 草押, 姓과 草押, 姓名, 官銜과 姓名, 位와 姓名 등이 있으며, <표 2>에는 姓과 草押, 姓名, 姓名과 手決, 官銜 · 姓名 · 手決 등이 있다. 서명양식에는 일정한 규칙이 있었음을 보여준다.

<표 1>에서 3省의 경우를 보면 6部와 7寺 3監에 문서를 발송할 때 門下侍郞, 즉 정2품 이상은 姓을 붙이지 않고 草押만 하고 拾遺, 즉 종6품 이상은 姓을 붙여 草押하며 종7품의 門下錄事 · 中書注書 · 尙書省 都事는 姓名을 쓰도록 하였다. 즉 관품에 따라 서명양식이 달라져 2품 이상인 宰樞는 草押만 하고, 6품 이상부터 3품까지는 姓과 草

押을 하며, 가장 하위직인 7품의 胥吏는 姓名을 쓰도록 하였다. 草押, 姓과 草押, 姓名 등의 서명양식은 관품에 따라 等差가 있었다.

그렇다면 諸署局이 3省에 문서를 발송할 때는 直長 이상이 官銜과 姓名을 쓰도록 한 반면 7寺 3監에 대해서는 姓名을 쓰도록 한 것은, 姓名이 官銜·姓名보다 상위의 서명양식이기 때문으로 볼 수 있다. 또한 諸下局署가 3省에 문서를 발송할 때 直長 이하가 位와 姓名을 쓰도록 한 것도 官銜·姓名보다 位·姓名이 하위의 서명양식이었기 때문이다. 따라서 중앙기관의 서명양식은 草押, 姓과 草押, 姓名, 官銜·姓名, 位·姓名 등의 순서로 단계별로 규정되었음을 알 수 있다.

중앙기관의 서명양식은 지방행정기관에서도 거의 동일하게 적용되었으며, 다른 점은 手決이 요구되었다는 것이다. <표 2>를 보면 中都護에서 7품의 별명사신에게 공문을 발송할 때 副使 이하는 姓名을 쓰도록 했는데, 縣令 및 鎭將에서 7품의 사신에게 발송할 때는 副使 이하가 姓名과 手決을 하도록 하였다. 즉 姓名에 手決을 붙이는 것은 보다 낮은 격식이었다. 비록 공문서 규정이 京官과 外官으로 나뉘어 제정되었지만, 서명양식은 체계적으로 일원화되었던 것이다.

서명양식에서 가장 상위의 단계는 草押으로, 자기의 이름을 일정한 字形으로 서명하는 것이다.[48] 草押의 서명양식은 주로 3省의 정2품 이

---

48) 花押이라고도 하며, 본래 楷書로 했으나 뒤에 草書体로 하였기 때문에 草押이라 하였다. 이것은 手決과는 구별되는 양식으로, 현재 전하는 공문서에서 두 가지가 함께 사용된 사례가 있다. '尹光琠奴婢許與文記'는 공민왕 3년(1354)년에 윤광전이 아들 丹鶴에게 노비를 증여하는 것을 허락받았던 문서인데, 증여자인 財主와 보증인인 訂保, 代書人인 筆執의 서명 부분이 "財主出父直長同正尹 (草押)(手決), 訂保奉善大夫神虎衛保乘護軍尹 (草押)(手決), 筆執前伍尉金 (草押)(手決)"로 되어 있어 草押과 수결이 함께 사용되었다. 手決은 현재 남아 있는 문서 중에서 주로 개인에게 발급되는 告身, 紅牌, 及第牒 등에서 발견되는 서명양식이다. 문서의 사진판은 노명호 외, 『韓國古代中世古文書硏究(下)』, 서울대학교출판부, 2000, 도판 28~29쪽 참조.

46

상의 재상에게 허용되었다. 다만 吏部 臺省이 署·局에 문서를 발송
할 때는 정7품의 실무자에게도 허용되었다. 吏部 臺省은 公牒相通式
에서 3省에 준하는 지위를 인정받았던 만큼 署·局과의 차등이 컸음
을 알 수 있다. 더욱이 하급 실무자가 草押을 한다는 것은 문서의 책임
자가 실무자였음을 의미하는 게 아닌가 생각한다.

두 번째 단계는 姓을 붙여 草押하는 것으로, 이는 대체로 발송기관
의 상급자에게 해당되었으며 수신기관의 등급에 따라 해당 직위의 하
한선이 조정되었다. 실제로 현재 전하는 공문서를 보면 기관의 책임자
또는 실무 책임자의 서명이 대부분 이 형식으로 되어 있다. 관청 사이
에 수수되는 공문뿐 아니라 '告身'이나 '紅牌'처럼 관청에서 개인에게
발급한 문서에서도 사용되었다.

세 번째 단계는 姓名을 쓰거나 姓名에 手決을 하는 것으로, 상급 기
관에서 하급 기관에 공문을 발송할 때의 하급 관리, 또는 하급 기관에
서 상급 기관에 공문을 발송할 때의 기관장의 서명양식이다. 가장 하
위 단계는 官銜과 姓名 또는 位와 姓名을 쓰고 거기에 手決을 하는
것이다. 대부분의 서명에서 관직명은 표기되므로, 여기서의 官銜은 단
순한 직책이 아니라 品階를 비롯해서 겸직까지 완전한 관직명을 가리
키는 것으로 추정된다.49) 이 역시 하급 기관에서 상급 기관에 발송하
는 경우에 많이 사용되는데, 하급 기관의 책임자라도 상급 기관의 7품

49) 고종 3년(1216)에 혜심을 대선사로 임명하며 발급된 '慧謀告身'의 경우 문서
   작성 초기 단계에서 왕에게 건의하고 制詞를 지은 중서문하성의 宰臣인 崔
   弘胤과 상서성의 고위 관리인 李得根의 서명은 "金紫光祿大夫·門下侍郎同
   中書門下平章事·修文殿大學士·監修國史·判兵部事臣崔('弘胤'의 草押)"
   과 "朝散大夫·尙書兵部侍郎·充史館修撰官知制誥臣李('得根'의 草押)"으
   로 되어 있다. 이는 문산계를 포함한 완전한 관함을 표기하고 있는데, 왕의
   制可를 받는 공문서였기 때문인 것 같다. 『한국고대중세고문서연구 (하)』, 도
   판 13쪽 참조.

이하 하급 관직자에 해당하는 것이다. 서명양식의 기본 원칙은 관품이 낮을수록 자세한 서명을 한다는 것이다. 이 원칙은 조선의『經國大典』에서도 그대로 지켜졌다.[50]

서명양식은 관품에 따라 달라졌을 뿐 아니라, 같은 관품이라도 소속 기관에 따라 달라졌다. 최고의 관부인 內史門下·尙書都省과 대표적인 행정기구인 6官 諸曹[51] 및 7寺 3監[52]이 문서를 교류할 때의 서명양식을 보면, 3省에서 보낼 때는 종6품 이상의 관리가 姓을 붙여 草押하는 데 비해, 6部와 7寺 3監이 문서를 보낼 때는 종3품 이상이 姓을 붙여 草押하고 정4품인 6部의 차관 侍郞과 7寺의 차관 少卿 이하는 位와 姓名을 갖추도록 했다.

---

50) 조선시대 공문서 규정에서는 서명양식도 좀 더 간결해졌다.『經國大典』卷3, 禮典, 아세아문화사 영인본, 316~318쪽에 서명양식은 첫째 手決, 둘째 官職·手決, 셋째 官職·姓名·手決 등의 세 단계로 분류되는데, 고려와 달리 다만 공문서 書式에 따라 달라졌다. 같은 등급의 관청 사이에 주고받는 公文인 '平關式'의 경우 '某職押'이라 하여 官職과 手決을 하도록 하였으며, 상급 관청에 보내는 公文인 '牒呈式'의 경우 '某職某押'이라 하여 官職·姓名·手決을 하도록 했다. 또한 7품 이하에 보내는 公文인 '帖式'의 경우 판서·참판·참의·정랑·좌랑 등이 手決만 하도록 하였다.

51) 6部에는 장관으로 정3품의 尙書, 차관으로 정4품의 侍郞이 있고, 그밖에 정5품의 郞中, 종6품의 員外郞 등이 있다(『高麗史』卷76, 百官志 1, 中冊, 660~666쪽). 변태섭,「高麗宰相考」,『역사학보』35·36합, 1967 및「고려시대 중앙정치기구의 행정체계」,『역사학보』47, 1970 ;『고려정치제도사연구』, 1971, 79~82쪽 및 17~18쪽 참조.

52) 문종대 정비된 관제에 따르면 寺에는 判事 정3품, 卿 종3품, 少卿 정4품, 丞 종6품, 注簿 종7품 등의 관직이 있으며 실질적인 장관은 종3품의 卿이었고, 監에는 判事 종3품, 監 정4품, 少監 종4품, 丞 종6품, 注簿 종7품 등의 관직이 있으며 실질적인 장관은 정4품의 監이었다(『高麗史』卷76, 百官志 1, 中冊, 672~677쪽). 또한 寺와 동격인 기구로 監과 省이 있는데, 시·성·감에는 3품관인 판사가 있고 장관의 품질도 높았으므로 지위가 높고 독립성을 가졌으며, 다만 기능에 따라 해당 6부의 지휘를 받았다고 보고 있다. 이상은 변태섭,「중앙의 통치기구」,『한국사』13, 국사편찬위원회, 1993, 99~102쪽 참조.

이는 공문서 규정에서 발송기관 관리의 직위보다 소속 기관이 우선됨을 말해준다. 일반적으로 다른 기관으로 보내는 문서는 발송과 수신의 주체가 각 기관의 長이므로, 문서 작성에서 장관의 품계가 우선되었던 것이다. 3省은 최고 관품의 재상이 모여 있지만 6部의 장관은 정3품이고 7寺의 장관은 종3품이며 3監의 장관은 정4품이므로 그러한 차별이 존재했던 것이다. 이러한 현상은 이하 기관에 대한 규정에서도 확인할 수 있다.

3성에 대해서는 6部와 7寺 3監이 동일하게 취급되었지만, 이들 사이에도 서열이 존재했다. 공문서 규정에는 6部와 7寺 3監이 문서를 교류할 때의 서명양식이 별도로 마련되었다. 6部가 7寺 3監에 발송할 때는 정6품의 員外郞 이상이 姓을 붙여 草押하는데, 7寺 3監에서 6部에 발송할 때는 종4품의 少卿 이하도 位와 姓名을 갖추도록 하였다.

반면에 7寺 3監이 諸署局에 발송할 때에는 종6품의 丞이나 종7품의 注簿라도 姓을 붙여 草押하도록 되어 있다. 또한 諸署局이 7寺 3監에 대해서는 정7품의 直長 이상이 姓名을 쓰도록 하였지만, 3省에 대해서는 直長 이상은 관직과 姓名을 갖추도록 했다. 諸署局에서 문서를 발송할 때 그 수신기관이 7寺 3監일 때와 3省일 때는 양식이 달랐던 것이다. 또한 諸署局 중에서도 상부 기관에 소속되어 있는 경우는 달랐다.[53] 같은 直長이라도 소속 署局이 독립적인 기관이면 7寺 3監에 대하여 성명만 쓰지만, 상부 기관에 예속되어 있다면 관직과 성명을 모

[53) 문종대 정비된 관제에 따르면, 署의 장관은 令인데 기관에 따라서 종5품 또는 정8품이고, 그 아래 丞 역시 정7품 또는 정9품으로 나타나며, 局의 장관은 奉御로서 정6품이고 直長은 정7품이었다(『高麗史』 卷77, 百官志 2, 中冊, 680~684쪽). 署·局은 당나라와 마찬가지로 寺·監·省에 각각 예속되었을 것으로 추정되나 모두 분속되었는지는 확실하지 않다(변태섭, 「중앙의 통치기구」, 『한국사』 13, 1993, 101~102쪽). 사료에 보이는 '諸下局署'는 상부 기관에 분속된 署·局으로 짐작된다.

두 갖추어야 했다.

지방행정기관에서도 수신기관 책임자의 官品에 따라 서명양식이 달라졌다. <표 2>에서 別命使臣이 牧·都護에 공문을 보낼 때에 奉使하는 일이 중요하고 記事下典을 갖춘 7품 이상의 사신은 姓을 붙여 草押하고, 中都護·知州·防禦·縣令·鎭將官에 대해서는 비록 記事下典이 없어도 6, 7품의 사신이면 성을 붙여 草押하며, 鎭將·縣令에 대해서는 사신의 관품과 상관없이 성을 붙여 草押하도록 하였다.

또한 같은 발송기관에서도 別命使臣의 관품과 직무의 중요도에 따라 서명양식이 달라졌다. 牧·都護에 문서를 보낼 때 奉使하는 일이 중요하고 記事下典을 갖추었으면 7품 이상의 使에게는 姓을 붙여 草押하고 8품의 使에게는 姓名을 쓰며, 비록 6, 7품의 使이더라도 奉使하는 일이 중요하지 않고 人吏下典이 없으면 관직과 姓名을 쓰도록 되어 있었다.

그런데 맡은 일이 중요한 사신은 7품 이상이면 姓을 붙여 草押하는 반면에 목과 도호부에서는 7, 8품의 사신에 대하여 4품의 부유수사 또는 부사 이상이 姓을 붙여 草押하도록 되어 있었다. 더욱이 사신의 일이 중요하거나 常參[54] 이상의 獨使라면 3품 이상의 留守使가 姓을 붙여 草押하고, 副使 이하는 姓名을 붙여야 했다. 상주하는 3, 4품의 지

---

54) '常參'에 관해서는 약간의 논란이 있다. 常參이란 말 그대로 '일상의 조회에 참석하는 관원'을 의미하는데, 경우에 따라서는 6품관도 포함되기도 하지만 당나라와 같이 대체로 5품 이상의 관리로 보는 게 일반적인 견해이다. 이상은 이기백, 「고려 귀족사회의 형성」, 『한국사』 4, 국사편찬위원회, 1974, 194쪽 ; 박용운, 「고려시대의 문산계」, 『진단학보』 52, 1981, 34~35쪽 ; 박용운, 「관직과 관계」, 『한국사』 14, 국사편찬위원회, 1993, 116~118쪽 참조. 그밖에 김당택, 「고려시대의 參職」, 『성곡논총』 20, 성곡학술문화재단, 1989, 776~777쪽에서는 常參을 參上과 같은 것으로 품계 역시 6품 이상으로 보는 견해도 제시되었다.

방관이 7, 8품의 별명사신과 동일하게 취급되었음을 알 수 있다. 중앙 정부는 특별히 파견했던 별명사신의 지위를 지방에 상주하는 지방관 보다 상위에 두었던 것이다.

이같이 고려정부는 중앙뿐 아니라 지방의 행정기관도 서열화하는 행정체계를 갖추었다. <표 1>에서 중앙기관의 서명양식은 內史門 下·尙書省, 6部, 7寺·3監, 署·局의 네 단계로 분류되는데,[55] 이는 중앙의 행정기구를 이러한 구조로 운영했던 현실을 반영한 것으로 지 방행정기관에도 동일하게 적용되었다. 그 결과 <표 2>에서 별명사신 이 파견된 지방행정구역을 牧·都護, 中都護·知州·防禦, 縣令·鎭 將官 등 세 단계로 분류하고, 그에 따라 차등하게 구별된 양식을 적용 하게 된 것이다.

이러한 공문서 양식의 세세한 규정은 관청별, 개인별로 숙지되어야 했을 것이다. 고려의 행정체제는 그 바탕 위에서 격식에 맞는 공문서 를 收發함으로써 원활하게 운영될 수 있었다.

公牒相通式의 서명양식과 같이 官品에 따른 차등화의 원칙은 공문 서 규정에서 매우 중요한 요소였다. 비록 후대의 기록이긴 하지만 충 렬왕대에는 다른 시기에 비해 공문서 양식에 관한 지적이 많이 나오는 데 대부분이 官品에 따르는 용어 사용문제였다.

충렬왕 5년 5월에 원나라 中書省의 牒에 이르기를 "보내온 글에 의 거하여 公文의 格式을 조회하였는데, 官品이 같으면 왕복에 平牒을 쓰고 正과 從도 같다. 3품은 4품에게 모두 今故牒을 쓰고, 6품 이하에 게는 모두 指揮를 쓴다. 4품은 5품에게 平牒을 쓰고 六品과 七品에게 는 今故牒을 쓰며 8품 이하에게는 모두 指揮를 쓴다. 回報의 경우에는 4품은 3품에게 '牒을 呈上한다' 하고 6품 이하는 모두 '申'이라 하며, 6

55) 여기서 식목도감은 다른 기관과의 관계가 잘 나타나 있지 않아서 제외하였다.

품은 4품에게 '牒을 呈上한다' 하고 7품 이하는 모두 '申'이라 한다. 무릇 公事에 관한 일로 서로 統屬이 되어 指揮를 받는 것을 제외하고는 만약 統屬 관계가 아니면 前項의 體式에 비추어 行移한다"고 하였다.56)

위의 사료는 원 간섭기인 충렬왕 5년(1274)에 고려의 공문서 격식을 원나라에 조회하여 원나라의 중서성으로부터 통보받은 것이다. 그 내용을 보면 관품에 따라 공문서에 쓰는 용어가 달라지고 적용되는 범위도 달라서 이를 세세히 규정하고 있다. 이것은 공문서의 書式이므로, 여기서 말하는 官品은 개별 관리의 관품이 아니라 그가 소속된 관청의 관품으로 보아야 한다.

관품에 따라 공문서를 부르는 용어도 구별되었는데, 그것은 문서를 수신하는 기관의 등급에 따라, 또 발송하는 기관의 등급에 따라서도 달라졌다. 용어의 차등 적용은 관품이 낮을수록 차이가 적었다. 4품은 5품에게도 같은 관품끼리 사용하는 평첩을 쓰고, 2, 3품 낮은 6, 7품에게 금고첩을 사용하도록 했다. 指揮는 4품이나 낮은 8품 이하에게 해당되었다. 官品에 따르는 차등화는 특히 3품과 4품에서 뚜렷이 드러난다.

차등화의 기준은 시대에 따라 변화했다. 전기의 서명양식에서는 기관에 따라 等差가 있었는데, 후기에는 좀 더 단순화하여 중앙기관을 전체 관품에 따라 구분하게 되었다. 차등화의 원칙은 조선의 『경국대전』에서도 그대로 존속하였으며, 이제는 중앙과 지방의 구별이 없게

---

56)『高麗史』卷84, 刑法志 1, 公式 公牒相通式, 中冊, 839~840쪽, "元中書省牒云 據來文行移體例照得 品同往復用平牒 正從同 三品於四品並今故牒 六品以下皆指揮. 四品於五品用平牒 於六品七品今故牒 八品以下 皆指揮. 如回報 四品於三品牒呈上 六品以下並申 六品於四品牒呈上 七品以下並申. 凡干公事 除相統屬並須指揮外 若非統屬 照依前項體式行移".

되었다.[57] 고려의 통치체제는 전기에서 후기로, 또 조선시대로 넘어가
면서 더욱 정비되어 일원화되었고, 그러한 지배체제의 변화는 공문서
규정에 그대로 반영되었다.

하지만 후대로 올수록 이제 서명양식으로는 공문서의 공정을 기하
기 어렵게 된 것 같다. 고려 말에 이를 지적한 趙浚의 글을 보면 어떠
한 문제가 노출되고 있었는지 알 수 있다.

가-(8) 趙浚은 同列의 선두에서 時政에 대해 조목조목 진술했다. "……
서울과 지방관청이 만나는 절차와 공문을 교류하는 격식을 산정하
여 간행, 배포하도록 하십시오.
① 옛날에는 풍속이 순박하여 사기와 위조가 생기지 않았으며 백관
이 職牒을 받으면 堂後官이 서명했습니다. 그런데 세태가 날로 나
빠져 사기 행위가 날로 심하며 근래 상장군 이하는 군부사가 날인
하고 奉翊 이하는 典理司가 날인하는데, 이는 사기와 위조를 방지
하기 위한 것입니다.
② 都評議使에서 서울과 지방의 관청에 발송하는 공문은 모두 錢
穀의 출납, 인명의 생사와 상벌, 명령의 하달 등 관계되는 바가 아
주 중대한데 일개 錄事가 서명하게 하니 변통성 있고 또 작간을 방
지할 방도가 못됩니다. 조정에서 주는 직첩에 날인하는 예에 따라
서 도당의 일체 문건에는 반드시 날인하기 바랍니다.
③ 옛 제도에 王牌를 여러 창고와 宮司에 내려보낼 때에 반드시 날
인하여 확인했는데 지금은 내수 혼자서 자기의 이름을 서명할 따름
이니 역시 작간을 방지하는 방법이 아닙니다. 궁중에서 쓰는 물품
은 도평의사가 공급하고 왕패를 내리지 않음으로써 내수의 도적질

---

57) 『經國大典』 卷3, 禮典, 用文字式, 308~309쪽. 조선시대에는 중앙과 지방의
공문서에서 같은 등급의 관청이나 그보다 낮은 등급의 관청에 보내는 문서는
'關'의 형식을 취하고, 높은 등급의 관청에 보내는 문서는 '牒呈', 7품 이하 관
청에는 '帖'의 형식을 취했다.

하는 길을 막기 바랍니다.……"58)

사료 가-(8)에서 조준은 개혁해야 할 여러 가지 제도를 제안하는 가운데 서울과 지방관청이 문서를 교류하는 격식, 즉 '文書相通之格'도 다시 산정하여 관청에 배포할 것을 건의하고 있다. 이를 정리하면 당시 공문서 관리의 문제점을 크게 세 가지로 나누고 있다.

먼저 이미 변화된 공문서로 직첩을 들고 있다. 사료 가-(8)-①에서 이제 직첩의 위조를 막기 위해 군부사와 전리사의 날인을 받도록 하였다고 하면서, 이러한 날인을 사료 가-(8)-②와 가-(8)-③의 사항에도 적용하자는 건의를 하고 있다. 이전에는 모든 관료의 직첩은 堂後官이 서명하여 국가의 인정을 표시하였는데, 이제 서명만으로는 공정성을 기하기 어렵게 된 것이다. 그리하여 아직도 서명만으로 진행되고 있는 공문서를 날인으로 바꾸자고 건의한 것이 바로 도평의사의 문서와 왕패의 문서였다.

사료 가-(8)-②에서 도평의사가 서울과 지방의 관청에 발송하는 공문이 녹사의 서명만으로 이루어지고 있다고 지적하였다. <표 1>에서 보면 최고 기관인 3성이 다른 기관에 문서를 보낼 때 가장 하위 관료가 녹사였다. 그런데 후기에는 다른 관료의 서명 없이 녹사만의 서명으로 명령이 전달되고 있다는 것이다. 조준이 지적한대로 도평의사의 문서는 錢穀의 출납, 인명의 생사와 상벌, 명령의 하달 등 중대한 사안이 언급되는 것인데 너무 소홀히 다루고 있었다. 이에 대하여 조준은 문서에 날인을 하도록 하자고 제안한 것이다.

그리고 사료 가-(8)-③에서는 창고와 궁사에 보내는 왕패도 옛 규정과 달리 내수의 서명만으로 발송되고 있다고 지적하였다. 이를 바로잡

---

58) 『高麗史』卷118, 列傳 31, 趙浚, 下冊, 592~593쪽.

기 위해서는 궁궐에 쓰는 물품을 도평의사를 통하여 공급하자는 것이
다.

원간섭기를 지나면서 공문서의 교류에서, 특히 고위 관청의 명령 하
달의 공문서에서 고위 관료의 서명은 사라지고 실무자인 하급 기록 담
당자의 서명만으로 마무리되고 있었다. 결국 이들에 의해서 많은 문제
가 좌우되고 있었다. 이에 대하여 고려 말 사대부는 공문서의 날인과
교류의 조정으로 대처하고자 했고, 사료 가-(8)의 건의가 나오게 된 것
이다.

2. 기록의 관리와 人的 資源

정부 각 기관은 업무 수행을 위해 공적 기록물을 생산하며, 효율적
인 행정운영을 위해서는 무수히 생산된 기록물을 활용하기 쉽게 정리,
보존해야 했다. 이러한 현실적인 필요성 때문에 국가마다 체계적인 문
서관리 제도를 갖추지 않을 수 없었다.

아무리 좋은 제도를 마련하여도 이를 실행할 인력이 확보되지 않으
면 그것은 무용지물이 된다. 따라서 고려 국가는 어떠한 방법으로 문
서를 관리할 인적 자원을 확보했는지 살펴볼 필요가 있다.

인적 자원은 필요에 따라 선발 과정과 그에 대한 대우가 달랐다. 흔
히 가장 정통적인 관료 선발 시험인 '과거'를 통해서 국가 최고의 文翰
官을 뽑았으며, 국자감의 書學을 통해 양성된 사람들을 明書業으로
선발하였고, 그 밖에 각 기관마다 일정한 수의 胥吏들을 거느리고 있
어 실무를 진행하였다. 또한 아직 지방관이 파견되지 않았을지라도 모
든 지방사회에서는 鄕吏들이 조직적으로 편성되어 있어 행정실무를
진행하는 데 큰 불편이 없었다.

이와 관련하여 국가에서는 교육과 시험을 통해 어떠한 인재를 선발하여 이용했는지 검토하려고 한다.

1) 文翰官의 육성과 明書業의 시행

(1) 글과 글씨의 名人 文翰官의 대두

중세사회에서 국가의 외교문서나 국왕의 교서 등 국가적으로 중요한 문서를 작성하는 자를 '文翰官'이라 불렀다. 문한관은 국가에서 최고의 기록 전문가라 할 수 있다. 고려사회에서는 科擧를 통해 등용한 관리 중에서 文翰官이 선발되었다. 이는 문음에 의한 관리 채용이 주로 이루어졌던 시기에 두드러진 특징이라고 할 수 있다.

글을 쓰는 능력에 대해서는 관리들에게 일찍부터 강조되던 사항이었다.

> 교서를 내렸다. "천문에 관한 글을 통하여 시절의 변천을 살피며, 인사에 관한 글을 보아 천하를 교화하니 글의 의의가 과연 크다. 나는 글을 공부하는 선비들이 한번 과거에 통과한 뒤에는 각기 공무에 바빠서 본업인 글을 폐할까 걱정이다. 이제부터 나이 50세 이하로서 아직 知制誥를 지내지 못한 자는 한림원에서 글제를 내어 매월 詩 3편, 賦 1편씩 지어 올리고, 지방의 文官은 자체로 글제를 내어 시 30편, 부 1편씩 지어 매년 말에 計吏에게 올려 보내어, 한림원에서는 그것을 고사하여 나에게 보고하라."59)

위의 글은 成宗 14年(995)에 내린 왕의 교서이다. 이때는 과거제를 본격화하고 지방의 학생들도 공부를 가르치려고 했던 시기였다. 성종

---

59) 『高麗史』 卷3, 世家, 成宗 14年 2月 己卯, 上冊, 79쪽.

은 당시 과거에 합격한 사람들을 '業文之士'라 하여 그들의 본업이 글이었음을 밝히고 있다. 글은 단순히 문장을 쓰는 게 아니라, 시절의 변천을 살피고 천하를 교화할 수 있는 중요한 수단이 된다고 보았다.

그러나 글을 어떻게 잘 쓰느냐에 따라 관리를 뽑았지만, 막상 관리가 되면 공무에 바빠 글을 계속 연구하기 어렵다. 이에 성종은 관리들이 글을 살피는 작업이야말로 '素業'이라고 표현하였다. 그 본래의 업을 폐하지 않게 하기 위해 국가에서 요구하는 사항이 바로 詩와 賦를 써서 제출하도록 한 것이다. 이러한 요구는 모든 관리들에게 해당하는 것이 아니라, "知制誥를 지내지 못한 자" 또는 "지방의 文官"에게 해당하는 것이었다. 즉 문과 출신의 관리들이 글 쓰는 것을 놓지 않도록 독려하기 위한 방책이었다.

그리하여 문장력이 뛰어난 사람의 글은 너도나도 전할 정도로 풍토가 변하였다.

어려서부터 학문을 좋아하고 자라서는 시를 공부하였는데, 아름다운 경치, 맑게 갠 밤, 꽃피는 아침, 날뜨는 저녁에는 반드시 붓을 잡고 글을 짓느라 거의 헛되게 보내는 날이 없었다. 한 문장, 한 구절이 나올 때마다 (글은) 다리가 없는데도 구슬보다도 빠르게 달려가 사람들이 다투어 전하고 베끼니 도성 안에 종이가 귀해졌다.[60]

위의 사료에 나오는 李顗은 문종대에 활동했던 인물인데,[61] 그의 묘지명에는 비록 門蔭으로 관직을 시작했지만 그의 문장력이 얼마나 뛰어났는지 위와 같이 묘사하고 있다. 그의 글이 나올 때마다 사람들이

---

60) 「李顗墓誌銘」, 『高麗墓誌銘集成』(김용선 편, 한림대 아시아문화연구소, 1993), 27~28쪽.
61) 李顗은 현종 15년(1024)에서 문종 31년(1077)까지 생존했다.

서로 베끼어 전하였고, 그 결과 도성의 종이가 귀해질 정도였다고 한다. 묘지명의 필자는 그의 글에 대하여 "문장은 한 나라를 빛낼 만하였으며, 재주는 과거에 일등으로 급제할 만하였다."고 하였다. 글을 잘 쓰는 것은 과거에 합격하는 것에 그치는 게 아니라 나라를 빛낼 수 있다고 생각하게 되었음을 보여준다.

건국 초기를 벗어나 정치체제가 안정되면서 왕의 문서를 작성하는 것도 차츰 체계적으로 정비되었다.

> 御史臺가 아뢰기를, "宮城 밖의 諸曹의 侍臣은 밤낮으로 侍從하는데 寓宿할 곳이 없습니다. 중국의 제도를 살펴보면 모든 詞臣은 함께 舍人院에 모이는 것으로 되어 있습니다. 지금 制誥 員僚는 청컨대 翰林院에 寓宿하도록 하옵소서." 하니, 制하기를 옳다고 하였다.[62]

위의 사료에 따르면 文宗 7년(1053)에 어사대의 건의에 따라 '制誥 員僚', 즉 敎旨를 쓰는 관원은 한림원에 머물도록 하였다. 이전까지는 따로 머물 곳이 없었던 모양인데, 중국에서는 모든 詞臣, 즉 문필 맡은 신하들이 舍人院에 모이도록 되어 있다는 사례를 들어 건의한 것이다. 왕의 명령이나 지시를 밤낮을 가리지 않고 언제든지 글로 만들 수 있도록 관리를 가까운 데에 대기시키는 제도가 확립되었다. 그만큼 중앙 정부의 결정을 내리는 왕의 문서가 중시되었음을 알 수 있다. 그리고 이를 다루는 관료가 더욱 중시되었을 것이다.

처음부터 과거 합격자를 문한관으로 등용한 것은 아니었다. 우선 과거에 합격한 자들을 지방의 司錄, 즉 지방 문서를 관리하는 자리에 임명하였고, 이후 능력이 드러나면 문한관으로 두루 등용하였다. 이러한 추세가 뚜렷이 드러나는 것은 12세기 초 무렵이었던 것 같다.

---

62) 『高麗史』 卷7, 世家, 文宗 7年 9月 甲申, 上冊, 153쪽.

나-(1) (廉信若은) 인종 때에 과거에 급제하고 廣州 掌書記로 조동되었는데 바른 도리로써 공직에 복무하였다.[63)]

(2) (李知命은) 여러 가지 책을 많이 읽었고 詞賦를 잘 지었으며 초서와 隷書에 능하였다. 나이 18세 때에 과거에 급제하고 黃州 書記로 도임하여 재직 중에 청렴 정직하게 일을 하였으며 굶주리는 자가 있으면 성심껏 구제하였으므로 유랑민이 젖먹이를 업고 밀려 왔다.[64)]

(3) (李淳牧은) 젊어서 공부에 열중하여 글을 잘 지었다. 일찍이 부친을 따라 서울에 왔을 때 매양 글 모임에 가면 운자가 나는 대로 뒤따라 글을 지었으므로 그의 이름이 세상에 떨쳤다.……과거에 급제하고 錦城 管記로 도임하였다가 直翰林院으로 승진되었고 뒤미처 詹事府 注簿에 임명되었다.……최이가 그의 재주를 아껴 科滿이 되기 전에 소환하여 단번에 寶文閣 待制로 올리고 判秘書省事로 승진시켰다.[65)]

(4) (蔡靖은) 공부에 힘써 경전에 능통하였으며, 과거에 급제한 후 東都 書記로 재직하면서 청렴한 덕행이 있었다. 만기가 되자 國學 學正으로 임명되니 七管의 여러 학생이 그를 존경하고 어려워하였다.[66)]

사료 나-(1)부터 나-(4)까지 나오는 인물들은 12세기 초에 과거를 통하여 등용되었는데, 그들의 첫 관직이 지방행정기관의 기록을 담당한

---

63)『高麗史』卷99, 列傳 12, 廉信若, 下冊, 207쪽.
64)『高麗史』卷99, 列傳 12, 李知命, 下冊, 207쪽.
65)『高麗史』卷102, 列傳 15, 李淳牧, 下冊, 250쪽.
66)『高麗史』卷103, 列傳 16, 蔡靖, 下冊, 270~271쪽.

경우이다. 이를 보면 지방행정기관의 다양한 등급에 따라 관직명도 달라졌음을 확인할 수 있다.

사료 나-(1)의 廉信若은 12세기 초 인종 때에 과거에 급제하여 廣州의 장서기로 나갔다. 사료 나-(2)의 이지명은 과거 급제 후 황주의 서기로 나갔다. 장서기와 서기는 명칭 그대로 지방행정기관의 기록을 담당하였던 것으로 추정된다. 정부에서 각 지방에 지방관을 파견하면서 필요했던 사항이 바로 중앙과의 연계였을 것이다. 따라서 장서기와 서기는 지방행정기관에서 기록의 관리와 보존을 담당한 것으로 짐작된다.

사료 나-(3)의 이순목과 사료 나-(4)의 채정은 지방 향리 출신이었다.67) 이순목은 陝州의 향리이고 채정은 陰城縣의 향리였다. 이순목이 향리 출신이라고 하므로 그의 아버지도 향리였을 것이다. 향리인 아버지는 자주 서울로 올라갔던 것 같고, 그때에 아들을 데리고 다녔던 모양이다. 이순목은 아버지를 따라 서울에 가서 글 모임, 즉 文會에 참여하였다고 한다. 글 모임에 참여할 정도라면 그만큼 글공부가 준비되었음을 짐작할 수 있다. 덕분에 과거 급제하기 전에 이미 이름이 관료사회에 알려졌던 것 같다. 이순목은 과거에 급제하여 금성의 管記로 임명되었다. 채정 역시 과거 합격 후 경주의 書記로 관료의 길을 출발하였다.

과거 합격자는 가문에 큰 배경이 없는 한 대부분 지방의 기록관리 담당자에 임명되었다. 이러한 추세가 13세기에는 이미 관례가 되었다.

---

67) 『高麗史』 卷99, 列傳 12, 廉信若, 下冊, 207쪽에 의하면 염신약은 峯城郡 사람이라고 하는데, 列傳에 그의 아버지나 할아버지의 관직이 언급되지 않는 것으로 보아 중앙 관직에 오르지는 못하였던 것 같다. 그런데 그의 田土가 峯城에 있어 鄭仲夫에게 빼앗겼다가 후에 돌려받았다고 하므로, 지방사회에서 일정한 토지를 소유한 계층이었음을 짐작할 수 있다. 이러한 경제적 배경을 볼 때 당대에 향리직을 맡았는지는 모르겠지만 호장층 출신이 아니었나 생각한다.

나-(5) 이듬해(고종 5년)에 조충이 知貢擧가 되었을 때에 김지대는 제1
명으로 되었으며 전례에 따라 全州 司錄에 임명되었다. 김지대는
鰥寡孤獨을 돌보고 토호를 억눌렀으며 죄과의 적발이 귀신같이 신
통하였으므로 아전과 백성이 존경하고 두려워하였다. 내직으로 寶
文閣 校勘으로 들어왔다가 후에 전라도 按察使로 임명되었다.[68]

사료 나-(5)의 김지대는 체격이 장대하고 천성이 쾌활하며, 큰 뜻을
품고 공부에 힘을 써서 글을 잘하였다고 한다. 고종 4년(1217)에 거란
의 침략으로 벌어진 강동 싸움에 부친을 대신하여 군대에 들어갔다.
행군할 때 다른 병사들은 방패 전면에 괴상한 짐승을 그렸으나, 김지
대는 자기가 지은 시를 쓰기를 "나라의 근심은 신하의 근심이요, 아버
지의 걱정은 자식의 걱정이라. 아버지를 대신하여 국은에 보답한다면
충성과 효도를 한 번에 다할 수 있으리." 라고 하였다. 이 시를 보고 놀
란 사람이 당시 원수 趙冲이었다.

이듬해에 조충이 지공거가 되었을 때, 김지대가 과거에 1등으로 합
격하자 전주 사록으로 나가게 되었다.[69] 이는 "전례"에 따라서였다. 13
세기 초에는 과거 합격자를 지방의 기록 관리로 임명하는 것이 이미
전례가 되어 있었다.

나-(6) 어려서부터 총명하고 준수하며 글을 읽는 대로 기억하였고 그가

---

68) 『高麗史』 卷102, 列傳 15, 金之岱, 下冊, 255쪽.
69) 『高麗史』 卷72, 輿服志 1, 鹵簿 外官衙從, 顯宗 9年(1018) 正月, 中冊, 587~
   588쪽, "大小 각관 守令의 衙從을 정하였다. 大都護府·牧官 使는 6명, 副使
   는 5명, 判官은 4명, 司錄·法曹는 각 3명, 醫·文師는 각 2명, 中都護府 使
   ·副使·判官·法曹·醫文師 衙從[모두 大都護府와 같다] 防禦鎭使 知州
   府郡事 官使는 5명, 副使는 4명, 判官·法曹는 각 3명, 縣令·鎭將은 3명, 副
   將·尉는 2명이다."라고 하여 가장 상급의 지방행정기관인 대도호부와 목에
   는 문서담당관으로서 사록을 별도로 설치하였음을 보여준다.

지은 글은 깨끗하면서도 독자에게 깨우침이 많았다. 과거에 장원
급제하여 南京 司錄에 임명되었다.……조문발은 司諫 起居舍人을
거쳐 고종 14년에 禮部 郎中으로서 起居注 史館 修撰官을 겸임하
고 명종실록을 수찬하다가 병으로 사망하였다.[70]

　사료 나-(6)의 조문발 역시 고종대에 활약했던 인물로서, 본래는 변
경지대 定戎鎭의 鄕吏 출신이었다. 하지만 공부를 별도로 하여 神宗 3
년(1200)에 과거에 장원급제하였고,[71] 그 결과 南京 司錄이라는 지방
기록 담당 관리에 임명되었다. 그런데 조문발은 글을 읽는 능력뿐 아
니라 문장에 능력이 있었다는 것이다. 그러한 상황은 조문발이 이후
중앙의 문한관으로 성장하여 명종실록 편찬에 참여하고 있음에서도
잘 나타난다.

　앞서 보았던 사료 나-(1)의 廉信若과 사료 나-(2)의 李知命, 사료 나-(3)
의 이순목, 사료 나-(4)의 채정 역시 이후 중앙의 문한관으로 활동하였
다. 염신약은 명종대에 과거 시험을 주관하였고[72] 樞密院副使 翰林學
士承旨를 거쳐 政堂文學 禮部尙書까지 올랐으며, 같은 시기에 활동했
던 이지명도 명종대에 과거 시험을 주관하여[73] 趙冲·韓光衍·李奎

---

70)『高麗史』卷102, 列傳 15, 趙文拔, 下冊, 250쪽.
71)『高麗史』卷73, 選擧志 1, 科目 1 選場, 神宗 3年, 中冊, 605쪽, "林濡가 知貢
　擧가 되고 白光臣이 同知貢擧가 되어 趙文拔 등을 취하였다."
72)『高麗史』卷73, 選擧志 1, 科目 1 選場, 明宗 7年(1177) 4月, 中冊, 604쪽, "樞
　密院副使 文克謙이 知貢擧가 되고 判大府事 廉信若이 同知貢擧가 되어 進
　士를 뽑고 崔基靜 등 35명과 明經 4명에게 급제를 내렸다."；『高麗史』卷74,
　選擧志 2, 科目 2 國子試之額, 明宗 3年 3月, 中冊, 619쪽, "將作監 廉信若이
　詩·賦로 金徵魏 등 28명과 10운시로 李滋祐 등 78명을 취하였다. 이에 대하
　여『高麗史』卷99, 列傳 12, 廉信若, 下冊, 207쪽에서는 "明宗이 즉위하매 潛
　邸 때의 옛 은혜로써 國子祭酒 翰林侍講學士를 제수하였으며 判大府事에
　옮겨 考試를 맡으매 취한 名士가 많았으므로 왕이 더욱 중히 여겼다."고 하
　여 그의 科擧 주관이 상당히 공평하게 이루어졌음을 밝히고 있다.

62

報·兪升旦·劉冲基 등 후대에 뛰어난 활동을 하게 되는 사람들을 발탁하였던 것으로 높이 평가되었다.[74] 蔡靖은 희종, 고종대에 과거 시험을 주관하였고[75] 죽은 뒤에 나라에서 장사를 지내줄 정도로 그 능력을 높이 평가받았다.[76]

이들 문한관은 정치적 능력도 높이 평가되었지만, 이들이 보다 중시된 것은 과거 출신자 중에서도 글을 쓰는 능력이 탁월했기 때문이다. 염신약에 대하여 『高麗史』 列傳에서는 "총명하고 博學强記하여 특히 范曄의 『後漢書』에 능통하였으니 한때의 高文大冊이 많이 그 손에서 나왔다"고 기록한 것으로 보아,[77] 문필에서도 상당히 능력을 인정받았음을 알 수 있다.[78] 이지명도 明宗이 즉위하였을 때 "문장과 덕행이

---

73) 『高麗史』 卷73, 選擧志 1, 科目 1 選場, 中冊, 604쪽, "明宗 12年(1182) 6月에 政堂文學 韓文俊이 知貢擧가 되고 右散騎常侍 李知命이 同知貢擧가 되어 진사를 뽑고 許徵 등 30명과 明經 4명에게 급제를 내렸다.……明宗 20年 5月에 政堂文學 李知命이 知貢擧가 되고 左承宣 林濡가 同知貢擧가 되어 進士를 뽑고 皇甫緯 등 30명과 明經 5명, 恩賜 7명에게 급제를 내렸다." ; 『高麗史』 卷74, 選擧志 2, 科目 2 國子試之額, 明宗 16年 閏7月, 中冊, 619쪽, "大司成 皇甫倬과 左散騎常侍 李知命과 判將作監 崔詵이 梁公俊 등 32명과 明經 5명을 취하였다."

74) 『高麗史』 卷99, 列傳 12, 李知命, 下冊, 207쪽.

75) 『高麗史』 卷73, 選擧志 1, 科目 1 選場, 中冊, 606쪽, "高宗 元年(1214) 5月에 簽書樞密院事 琴儀가 知貢擧가 되고 右散騎常侍 蔡靖이 同知貢擧가 되어 진사를 뽑고 金莘鼎 등 22명과 明經 5명과 恩賜 3명에게 급제를 내렸다.…… 高宗 3年 5月에 樞密院副使 蔡靖이 知貢擧가 되고 殿中監 任永齡이 同知貢擧가 되어 진사를 뽑고 庾碩 등 30명에게 급제를 내렸다." ; 『高麗史』 卷74, 選擧志 2, 科目 2 國子試之額, 熙宗 7年(1211) 3月, 中冊, 619쪽, "大司成 蔡靖이 詩·賦로 鄭宗諝 등 20명과 10韻詩로 鄭弘柱 등 69명을 취하였다."

76) 『高麗史』 卷64, 禮志 6, 凶禮 諸臣喪, 高宗 4年(1217) 3月, 中冊, 426쪽, "樞密副使 蔡靖이 죽으니 관청에서 장사를 치렀다. 이는 적을 평정한 공 때문이다."

77) 『高麗史』 卷99, 列傳 12, 廉信若, 下冊, 207쪽.

78) 『高麗史』 卷20, 世家, 明宗 9年(1179) 7月 庚辰, 上冊, 402쪽 ; 明宗 13年 12月

있다 하여 尙書右丞에 뽑아 올렸다"고 하였으며,[79] 이순목은 과거에
합격하기 전부터 이름이 세상에 떨쳤는데, 그 이유는 바로 사료 나-(3)
에 보이듯이 "글 모임에 가면 운자가 나는 대로 뒤따라 글을 지었으므
로" 가능했다. 글을 쓰는 데 특별한 재주가 있어 과거 합격 이전부터
중앙에 알려졌다는 것이다.

문한관에게는 글씨를 잘 쓰는 것도 갖추어야 할 덕목이었다. 사료
나-(2)에서 이지명은 글뿐 아니라 초서와 예서 등 글씨에도 능했다고
한다.

> 나-(7) (文公裕는) 29살에 給田錄事가 되고, 한 해가 지나 長陵이 태자
> 로 있을 때 詹事府 錄事로 옮겨가 『論語』, 『孟子』, 『尙書』를 강독
> 함과 아울러 書法을 가르쳤다.……임인년에 왕이 즉위할 때 수행한
> 공으로 閤門祗候에 임명되었다.……西京 林原에 새로이 궁궐을 짓
> 고 太和宮이라고 이름 지었는데, 왕이 공을 불러 궁궐 현판의 글씨
> 를 쓰라고 명하였다.……공은 문장이 활달하였으며 특히 隸書를 잘
> 썼다.[80]

사료 나-(7)의 文公裕는 15살에 南省試에 합격하고, 25살에 과거에
합격하였다. 그의 나이 30살에는 당시 태자였던 長陵, 즉 후대의 仁宗

庚寅, 上冊, 409쪽 ; 明宗 22年 10月 己巳, 上冊, 417쪽 참조. 여기에는 廉信
若의 吏部尙書, 樞密院副使 임명과 사망 사건이 실려 있다.

79) 『高麗史』 卷99, 列傳 12, 李知命, 下冊, 207쪽. 그밖에 李知命에 관한 기사로
는 『高麗史』 卷20, 世家, 明宗 11年(1181) 正月 己酉, 上冊, 405쪽 ; 明宗 11
年 12月 庚午, 上冊, 406쪽 ; 明宗 14년 12月 甲申, 上冊, 410쪽 ; 明宗 15年
正月 辛丑, 上冊, 410쪽 ; 明宗 20年 12月 戊申, 上冊, 415~416쪽 ; 明宗 21
年 正月 辛亥, 上冊, 416쪽 참조. 여기에는 이지명이 右諫議大夫, 右散騎常
侍, 翰林學士 承旨, 西北面兵馬使, 太子少傅를 거쳐 사망하기까지 기록되어
있다.

80) 「文公裕墓誌銘」, 『高麗墓誌銘集成』, 172~174쪽.

64

을 가르쳤다. 그가 태자의 스승으로서 『論語』, 『孟子』, 『尙書』 등의 유학의 경전을 가르쳤는데, 아울러 서법도 가르쳤다고 한다. 태자에게 서법을 별도로 가르쳤다면 그만큼 탁월했음을 의미한다. 사료 나-(7)에서도 문공유가 문장이 활달하였으며 특히 隷書를 잘 썼다고 기록되어 있다.

묘지명에서는 문공유가 인종이 즉위하던 임인년(1122)에 그를 수행한 공으로 閤門祗候에 임명되었다고 하였지만, 이후에도 금나라의 사신으로 가는 등 문한관으로서 활동한 것을 보면[81] 글과 글씨에 탁월했던 그의 능력이 높이 평가되었다고 보아야 한다. 인종은 서경에 궁궐을 새로 지은 후, 궁궐의 현판에 글씨를 쓰기 위해 문공유를 불렀다. 문공유는 당시 서경 중심의 묘청의 활동에 제동을 걸었기 때문에 이 제안을 사양했지만, 그의 필체는 당대에 뛰어난 편에 속했다고 보아야 한다.

이와 같이 문한관 중에는 글씨를 아울러 잘 쓰는 사람들이 다수 확인된다.

나-(8) (柳公權은) 어려서부터 공부하기를 좋아했으며 草書와 隷書를

---

81) 文公裕는 인종대에서 의종대에 걸쳐 閤門祗候, 知御史臺事, 西北面 兵馬使, 試右散騎常侍, 寶文閣 學士, 試刑部尙書, 禮部尙書, 刑部尙書, 兵部尙書, 東北面 副兵馬使 등을 거쳤다. 문공유에 관해서는 다음의 자료를 참조하였다. 『高麗史』 卷15, 世家, 仁宗 卽位年 12月 丙申, 上冊, 300쪽 ; 仁宗 5年 4月 乙酉, 上冊, 310쪽 ;『高麗史』 卷16, 世家, 仁宗 7年 11月 癸酉, 上冊, 323쪽 ;『高麗史』 卷17, 世家, 毅宗 元年(1147) 12月 丁酉, 上冊, 355쪽 ; 毅宗 2年 2月 戊午, 上冊, 355쪽 ; 毅宗 2年 3月 壬申, 上冊, 355쪽 ; 毅宗 3年 7月 壬辰, 上冊, 357~358쪽 ; 毅宗 3年 12月 壬申, 上冊, 358쪽 ; 毅宗 5年 4月 丙辰, 上冊, 359쪽 ; 毅宗 5年 5月 丁卯, 上冊, 360쪽 ; 毅宗 6年 4月 庚辰, 上冊, 362쪽 ; 毅宗 6年 12月 丙戌, 上冊, 363쪽 ;『高麗史』 卷18, 世家, 毅宗 9年 (1155) 6月 乙未, 上冊, 365쪽.

잘 썼다. 과거에 급제하고 翼陽府 錄事가 되었다가 명종 초에 直史館이 되고 여러 번 승직되어 兵部 郎中이 되었다. 후에 禮賓卿으로서 금나라 사신으로 가서 萬春節을 축하했는데 금나라 사람들이 그가 예절을 잘 알았다고 칭찬했다.[82]

(9) (郭預는) 원종 초에 詹事府 錄事로 임명되었는데 홍저와 함께 평화에 대한 국서를 가지고 일본에 가서 우리나라 사람으로 포로되어 간 자들을 돌려줄 것을 요청하였다. 곽예는 재능과 덕행이 있었으나 아무도 뒤에서 이끌어 주는 자가 없었기 때문에 관직의 승진이 굼뜨더니, 史館의 추천으로 예빈시 注簿로 있으면서 直翰林院을 겸하게 되었다. 충렬왕이 일찍부터 그의 명성을 들었으므로, 즉위하자 비로소 그를 발탁해서 등용하였다. 그리하여 판도정랑, 寶文署 待制, 知制誥의 여러 관직을 역임하였고 必闍赤이 되어 기밀 직무를 보는 데 참여하니 士林이 적임자를 얻었다고 일컬었다.…… 그는 글을 잘 지었고 書法은 글씨가 가늘었으나 굳세어 자기 독특한 서체를 이루었으므로 당시 사람들이 그 서법을 본받고 모두 그런 서법으로 쏠리니 서법이 한 번 크게 변하였다.[83]

(10) (朱悅은) 고종 연간에 과거에 급제하여 南原 판관으로 파견되었다가, 선발되어 國學 學錄[84]에 임명되었고, 여러 관직을 거쳐 감찰어사가 되었으며 羅·靜 2州와 昇天, 長興 2府의 수령이 되어 모두 명성과 업적이 있었다.……충렬왕이 즉위하자 주열의 재능과 명성을 중히 여겨 그에게 한림학사의 벼슬을 주었으며 三司使로 전직시켰다.……또 문장을 짓는 재능이 풍부하고 글씨 또한 남달리 뛰어나게 잘 썼으므로 왕이 항상 그가 현명함을 칭찬하였다.[85]

82)『高麗史』卷99, 列傳 12, 柳公權, 下冊, 202쪽.
83)『高麗史』卷106, 列傳 19, 郭預, 下冊, 333쪽.
84)『高麗史』卷76, 百官志 1, 成均館, 中冊, 670~671쪽 참조. 성종 때 설치한 國子監을 충렬왕 원년에 국학으로 고치게 되며, 학록은 9품관이었다.

(11) 정해년에 우리 先君이 知貢擧가 되었는데, 문경이 과연 높은 성
적으로 합격했으니 그 때 나이가 15살이었다. 시험에 떨어진 사람
들도 그의 재능에 승복하여 모두들 "韓生이 운이 좋아 된 것이 아
닙니다."고 하였다. 이에 앞서 門蔭으로 眞殿直과 別將의 두 관직
에 임명되었으므로, 버슬은 구하지 않고 고서[墳典]를 토론하는 것
을 좋아하였다. 또 益齋先生을 따라 『左傳』과 『史記』와 『漢書』를
읽고 글씨를 배웠는데 眞書와 草書가 모두 뛰어난 경지에 이르렀
다.86)

　사료 나-(8)부터 나-(10)까지의 인물은 고려 중기에 활동하던 문한관
의 사례이고, 사료 나-(11)의 인물은 고려 말기의 경우이다. 이러한 사
례를 보면 문한관의 전통이 고려 말까지 이어지고 있음을 알 수 있다.
　사료 나-(8)의 유공권은 그 6대조가 大丞 車達로 건국 시기에 태조를
보좌하여 공신이 된 공신 집안 출신이다. 유공권은 과거에 급제하여
문한관으로 활동하였는데, 초서와 예서에도 능하였다고 한다. 학문과
글씨뿐 아니라 외교 관계에도 밝았던 인물이다. 금나라 사신으로 파견
되었을 때에 예절을 잘 안다고 칭찬을 받은 것도 단순히 예절이 아니
라 아마 양국의 관계상의 문제였을 것으로 생각한다.
　사료 나-(9)의 곽예87)와 사료 나-(10)의 주열88)은 고종대에 과거에 합
격하였고, 특히 문한관직으로 이름을 남긴 사람들이다. 또한 가문이 뛰
어나지 못해서 처음에는 드러나지 못했다가 충렬왕대에 활동이 두드
러졌다.
　곽예는 일본과 원나라에 직접 파견된 것으로 보아 대외 교섭에도 능

85) 『高麗史』 卷106, 列傳 19, 朱悅, 下冊, 333~334쪽.
86) 「韓脩墓誌銘」, 『高麗墓誌銘集成』, 612쪽.
87) 곽예는 고종 19년(1232)부터 충렬왕 12년(1286)까지 생존했다.
88) 주열은 충렬왕 13년(1287)까지 생존했다.

력 있는 인물이었다. 더욱이 충렬왕대에 신설된 必闍赤이 되어 왕의
측근에서 정치에 관여한 것을 보면 그의 정치적인 능력을 짐작할 수
있다.89) 당연히 국왕문서 작성에 주요한 역할을 담당하였을 것이다. 그
런데 곽예는 문장에도 능하지만90) 특히 글씨를 잘 쓴 듯하다. "글씨가
가늘었으나 굳세어" 독특한 서체를 이루었다는 것이다. 더욱이 다른
사람들이 그 서체를 따르다보니 서법의 변화가 일어났다고 할 정도였
다.

　朱悅은 綾城縣의 향리 출신으로 아버지 朱慶餘는 恩賜科로 出仕하
였다. 주열 역시 과거에 급제하여 지방 판관으로 出仕하였으며, 원종
대와 충렬왕대에 많은 활동을 하였으며 충렬왕대에는 문한관으로서
두각을 나타냈다. 또한 문장을 짓는 능력이 풍부할 뿐 아니라 글씨도
남들보다 뛰어났다고 한다.

---

89) 『高麗史』 卷104, 列傳 17, 金周鼎, 下冊, 302~303쪽에 의하면 김주정이 "지
　　금 宰樞가 너무 많아서 정사를 의론함에 주장이 없으니 마땅히 따로 必闍赤
　　을 두어 機務를 맡기고 또 內僚는 가히 다 啓事하게 하지 못할 것이니, 청컨
　　대 사람을 택하여 申聞色을 삼고 그 나머지는 파하소서." 하고 건의한 끝에
　　드디어 必闍赤과 申聞色을 두었으며, 이때 寶文署待制 곽예는 必闍赤이 되
　　었다고 한다.
90) 곽예는 특히 충렬왕대에 문장가로서 활동이 많았다. 이에 대해서는 다음의 사
　　료를 참조하였다.
　　『高麗史』 卷28, 世家, 忠烈王 2年(1276) 8月 庚午, 上冊, 572쪽, "內侍佐郎 郭
　　預에게 명하여 六韻詩로 世子府侍學公子 자격시험을 치르게 하여 李益邦
　　등을 뽑았다." ; 『高麗史』 卷29, 世家, 忠烈王 6年 3月 丙辰, 上冊, 593쪽, "本
　　闕에 행차하여 藏經道場을 베풀 때 앞뒤로 두견화가 활짝 핀 것을 보고 四韻
　　詩 1편을 題하여 詞臣 白文節, 潘阜, 郭預, 閔漬 등 18명에게 화답하여 올리
　　게 하자, 文節 등이 進言하여 沈賜의 죄를 사면할 것을 청하니 곧 명령하여
　　석방하였다." ; 忠烈王 6年 5月 丙寅, 上冊, 593~594쪽, "文臣과 殿試 及第
　　한 자들을 불러 왕이 지은 四韻詩를 보이고 촛불을 켜놓고 다 닳기 전까지
　　화답하여 올리게 하니 左司諫 潘阜와 待制 郭預가 후배들과 같이 賦하기를
　　부끄러워하다가 좌우의 협박한 바가 되어 마지못해 지어 올렸다."

사료 나-(11)은 한수의 묘지명으로 이색이 지은 것이다. 한수는 이색보다 몇 살 아래였는데, 이색과 마찬가지로 益齋先生 李齊賢 밑에서 공부를 하였던 것 같다. 정해년, 즉 충목왕 3년(1347)에 이색의 先君인 아버지 李穀이 知貢擧였을 때 과거에 합격하였다. 당시 15살이었으므로 당대의 문한관처럼 글에 능했음을 짐작할 수 있다. 아울러 眞書, 즉 楷書와 草書 등 글씨에도 뛰어난 재능이 있었다고 한다.[91]

글씨를 잘 쓰는 것은 학문에 밝은 것과 마찬가지로 관리의 좋은 자질의 하나로 평가되었음을 짐작할 수 있다. 또 사람마다 예서, 해서, 초서 등 필법의 차이가 있었다.

(2) 文翰官의 양성과 보존

관리 중에서도 문한으로 보필하는 사람은 특별히 표창하고 우대하였다. 사료 나-(3)의 이순목은 "성질이 약삭빠르고 간사하며 의심이 많았고, 정치를 하는 데도 청렴하고 공평하지 못하였던 인물"이었다. 그러나 그의 "문필이 우수하고 기예가 있었기 때문에 중앙의 省闥을 떠나지 않았고 항상 制誥를 담당하였다"[92]고 한다. 이순목은 성격이나 정치에서 좋은 평가를 받기는커녕 비판을 받는 인물이었지만, 글을 쓰는 솜씨가 탁월했기 때문에 왕의 명령서를 직접 다루는 관직에 있었다. 그러한 사례는 기록 곳곳에 잘 나타난다.

다-(1)-① 尙書 吏部에서 왕에게 아뢰기를 "전 상서좌복야 李龔은 일찍이 국가 재산을 탐오한 죄과를 범하였으나 이미 대사를 여러 차례 거쳤으므로 다시 복직시키자"고 하니 왕이 이를 좇았다. 그러나 어사대에서 그의 죄를 탄핵하므로 얼마 되지 않아 다시 파면하였

---

91) "作字 眞草皆入妙"라 표현하고 있다.
92) 『高麗史』 卷102, 列傳 15, 李淳牧, 下冊, 250쪽.

다.93)

② 왕이 명령하기를 "전 상서좌복야 李龔이 비록 여러 번 탄핵을
받았으나, 그가 선대 왕 때의 재상으로서 文翰官의 지위에 오랫동
안 있었으니 그의 관직을 회복시켜야 하겠다."고 하였다. 그 후 이
내 퇴직하도록 하였다.94)

(2) 왕이 東池에 행차하였는데 檢校衛尉少卿 崔成節이 아무 까닭
없이 帳殿 앞까지 들어오매 왕이 놀라서 下獄을 명하였다. 法司가
아뢰기를, "함부로 御所에 뛰어든 자는 목을 베어야 합니다."고 하
니, 왕이 말하기를, "비록 律에 明文이 있다고 하더라도 이것으로써
형벌을 더하는 것은 가혹한 처리이며 또 文筆이 쓸 만하니 용서하
도록 하라."고 하였다. 門下省이 논박하여 아뢰었으나 받아들이지
않았다.95)

사료 다-(1)과 다-(2)는 정종대와 문종대인 11세기 중반에 글을 잘 써
서 문한관의 관직을 맡았던 사람들이 어떻게 대우를 받았는지 잘 보여
주는 사례이다. 더욱이 여기에 나오는 인물들은 당시 평판이 좋지 않
았기 때문에 주목된다.

사료 다-(1)-①과 다-(1)-②의 李龔은 정종 원년(1035)과 2년에 연달아
복직되었다가 파면되었다. 그가 이렇게 국가적인 논란에 있었던 것은
"국가 재산을 탐오한 죄"를 범했기 때문이었다. 靖宗 元年에 이미 여
러 차례 대사를 겪었다고 하니 이 논란은 몇 년씩 이루어졌음을 짐작
할 수 있다. 이때에도 吏部에서는 복직시키자고 하였지만 어사대에서

93) 『高麗史』 卷6, 世家, 靖宗 元年 7月 癸巳, 上冊, 124쪽.
94) 『高麗史』 卷6, 世家, 靖宗 2年 4月 丁丑, 上冊, 125쪽.
95) 『高麗史』 卷7, 世家, 文宗 9年 11月 乙丑, 上冊, 158~159쪽.

는 탄핵하고 있어 조정에서 이공에 대한 의견이 엇갈려 있는 것도 잘 드러난다.

그런데 이듬해에는 왕이 직접 이공을 다시 복직시키면서 그 이유로 "문한관의 지위에 오랫동안 있었음"을 들고 있다. 물론 정종도 이공이 여러 차례 탄핵을 받은 인물임을 잘 알고 있었다. 하지만 파면당한 상태로 그냥 둘 수 없었기 때문에 일단 복직시킨 후 다시 퇴직하도록 한 것이다. 적어도 문한관으로 오랫동안 있었던 사람은 불명예스럽게 물러나게 하지는 않으려는 의도였던 것으로 보인다.

사료 다-(2)의 崔成節은 文宗 9年(1055)에 행차한 왕의 어가에 갑자기 들어오게 되었다. 이는 왕의 목숨을 위협하는 행위이므로 강력한 처벌을 요구하는 항목이었을 것이다. 그에 따라 법사에서는 목을 벨 것을 주장하였으나, 문종은 그의 문필이 쓸 만하다고 하면서 용서하라고 하였다. 문하성까지 나서서 반대하였으나 결국 왕의 뜻대로 되었다.

심지어 문종은 신분상의 문제가 있어도 문한관은 예외로 하였다.

秘書省 校勘 慶鼎相으로 權知直翰林院을 삼으매 中書省에서 말하기를, "慶鼎相은 鐵匠의 후예로서 淸要職에는 합당하지 않으니 청컨대 削職하소서." 라고 하니, 왕이 말하기를, "순무[蔔]와 무[菲]를 캐매 뿌리[下體]를 따지지 않음은 대개 그 쓸 수 있는 부분을 귀하게 여기기 때문이다. 慶鼎相의 才와 識은 가히 쓸 만한 것이 있으니 어찌 그 世系를 논할 것이냐." 하고 듣지 않았다.96)

문종 11년에 權知直翰林院이 된 慶鼎相은 비서성 교감이었다. 비서성에서 일을 맡은 것으로 보아 왕의 측근에서 일을 할 정도로 文才가 쓸 만했음을 알 수 있다. 이에 대하여 문종은 "재주와 지식이 가히 쓸

96)『高麗史』卷8, 世家, 文宗 11年 8月 丙寅, 上冊, 164쪽.

만하다"고 언급하고 있다. 문제는 경정상이 鐵匠의 후예였기 때문에
한림원의 청요직에는 합당하지 않았다는 점이다. 따라서 중서성에서
이를 반대하며 이미 임명한 관직에서 물러날 것을 요구하였다. 하지만
문종은 쓸 만한 사람에게는 世系를 논하지 않겠다고 잘라 말한다.

이와 같이 문한관에게는 정부, 특히 국왕이 특별한 대우를 하였으며,
아울러 그 자손들에게도 별도의 혜택을 주었다. 앞서 보았던 정종대에
는 당시 內史侍郞 平章事 劉徵弼에게 문한직을 맡았다는 이유로 그의
아들 劉緯에게 벼슬을 내렸다.[97] 그만큼 왕에게는 문한직을 담당하는
관리들이 소중한 존재였음을 알 수 있다.

역대 국왕은 왜 문한관을 그렇게 소중히 다루었을까.

> 다-(3) 琴儀는 외모가 헌칠하고 도량이 넓었으며 어려서부터 공부에 힘
> 써서 글을 잘 지었다.……명종 14년에 과거에 장원 급제하여 내시
> 로 등용되었다. 崔忠獻이 국정을 장악하고 文士를 구할 때에 李宗
> 揆가 그를 추천하였다.……뒤미처 금의는 知奏事, 知吏部事로 승
> 진되었다. 금의는 오랜 기간 機要의 직무를 주관하였는데 그가 보
> 고하거나 답신하는 내용이 왕의 뜻을 잘 맞추었으므로 왕이 그를
> 소중히 여겼다.[98]

사료 다-(3)의 琴儀는 여러 차례 실패 끝에 명종 14년(1184)에 과거에
합격하여 내시로 등용되었다. 당시 권력을 잡은 최충헌이 문사를 구하
자 이종규가 추천한 인물이 바로 금의였다. 이후 금의는 주로 국왕문

---

97)『高麗史』卷6, 世家, 靖宗 6년(1040) 3月 壬午, 上冊, 131쪽, "왕이 명령을 내
    리기를 '內史侍郞 平章事 劉徵弼은 대대로 경사를 누렸으며 문필로써 여러
    왕대를 보좌하여 공로가 기념할 만하니 아들 劉緯에게 工部 書令史 벼슬을
    주어라'고 하였다."
98)『高麗史』卷102, 列傳 15, 琴儀, 下冊, 245쪽.

서를 담당하였다. 금의가 이같이 중앙의 문서 관리를 담당한 것은 문장에도 능했지만 국가의 문서, 특히 국왕의 문서를 잘 쓰는 능력이 있었기 때문이다.

오늘날도 마찬가지이지만 국왕의 문서를 다루는 사람은 자신의 의견보다는 무엇보다 왕의 뜻을 잘 파악하여 내용을 표현할 줄 알아야 했을 것이다. 그것은 단순히 왕의 마음을 헤아리는 능력만으로 되는 것은 아니었다.

> 다-(4) (정가신은)……政房에 있을 때에 옛 규례를 잘 알았으므로 인재의 선발과 배치가 모두 여러 사람의 기대에 들어맞았고, 당시의 辭命은 그가 지은 것이 많다.[99)]

> (5) (충렬왕) 16년에 세자가 元에 가니 鄭可臣 및 閔漬 등이 從行하였다. 어느 날 황제가 세자를 便殿에서 引見하고 책상에 의지하여 누워서 "너는 무슨 책을 읽느냐?"고 물으니 "師儒 정가신과 민지가 이곳에 있어 숙위하는 여가에 때를 따라 『孝經』『論語』『孟子』를 질문합니다."고 대답하니 황제가 크게 기뻐하여 "시험 삼아 정가신을 불러오라" 하였다.……본국의 風俗과 世代의 相傳과 理亂의 자취를 물어 辰時로부터 未時에 이르렀으나 이를 듣는 데 권태로워 하지 않았다.[100)]

사료 다-(4)와 다-(5)는 충선왕의 配享功臣으로 올라 있는 정가신에 관한 기록이다.[101)] 정가신의 아버지 鄭松壽는 나주의 鄕貢進士였다고

---

99) 『高麗史』卷105, 列傳 18, 鄭可臣, 下冊, 322쪽.

100) 위의 책, 鄭可臣, 下冊, 321쪽.

101) 『高麗史』卷60, 禮志 2, 吉禮大祀 太廟 諦祫功臣配享於庭, 中冊, 355쪽, "忠宣王室 中贊 忠正公 洪子藩, 中贊 文定公 鄭可臣"이라 하여 충선왕의 배향 공신은 홍자번과 정가신, 단 두 사람뿐이었다. 그만큼 중요한 인물이었음을

하므로, 이 집안은 羅州 호장층 출신으로 지역에 어느 정도 생활기반
도 있었을 것이다. 그럼에도 개경 관료층에게는 다소 뒤떨어진 집안으
로 간주되어 혼인을 꺼릴 정도였다고 한다. 정가신은 일찍이 승려 天
琪를 따라 서울로 왔는데 가난하여 의지할 곳이 없어서 천기에게 붙어
살았다. 천기의 노력으로 太府少卿 安弘祐의 집안과 혼인할 수 있었
다. 그것도 안홍우가 죽고 집안 살림이 가난하게 되어 허락을 받았다
고 한다.[102]

　그럼에도 정가신이 문서 관리로 출세할 수 있었던 것은 나면서부터
영특하여 글을 읽고 짓는 데 뛰어났기 때문이다. 하지만 그저 글을 잘
쓰는 것만으로 배향공신이 된 것은 아니었다. 사료 다-(4)에 보이듯이
정가신이 다른 사람들의 기대에 들어맞을 수 있었던 것은 옛 규례를
잘 알았기 때문이다. 그의 집안이 나주에서 호장직을 맡았다면 일찍부
터 지방행정에 밝아 행정 규례와 문서 형식에도 능숙했을 것으로 짐작
된다. 그러한 능력이 政房에 있을 때 발휘될 수 있었고, 그로 인해 국
왕문서도 많이 작성할 수 있었을 것이다.

　정가신은 충렬왕대부터 왕의 측근에서 계속 일을 보았고, 원나라에
왕래해야 하는 문제가 있을 때에는 늘 동원되었다.[103] 특히 세자였던

나타낸다.

102) 『高麗史』卷105, 列傳 18, 鄭可臣, 下冊, 320쪽, "太府少卿 安弘祐가 결혼을
　　허락하여 약속이 정해졌는데 뒤에 뉘우쳐 말하기를 '내가 비록 가난하나 士
　　族인데 어찌 鄕貢의 자식을 들이리오.' 하였다. 얼마 후에 安弘祐가 죽고 집
　　이 날로 가난하자 결혼을 허락하였다."

103) 『高麗史』卷29, 世家, 忠烈王 10年(1284) 12月 甲辰, 上冊, 611쪽, "密直學士
　　鄭可臣을 원나라에 보내 신년을 축하하였다." ; 『高麗史』卷30, 世家, 忠烈王
　　17年 7月 壬子, 上冊, 626쪽, "政堂文學 鄭可臣을 원나라에 보내 황제의 생
　　일을 축하하였다." ; 『高麗史』卷31, 世家, 忠烈王 20年 5月 庚戌, 上冊, 634
　　쪽, "(원나라) 황제가 일찍이 翰林學士 撒剌蠻으로 하여금 고려의 歸附한 年
　　月을 묻거늘 왕이 鄭可臣으로 하여금 글을 올려 대답하였다."

충선왕의 스승으로서 원나라에 따라가서 원나라 황제나 조정과의 교
류를 직접 담당하였다.[104] 사료 다-(5)에는 정가신이 원나라 왕에게 고
려의 풍속과 역사를 세세히 설명하여 그 신임을 얻는 과정이 잘 나타
나 있다. 대외관계에서 문한관의 역할이 어떠했는지를 보여주는 좋은
사례이다.

국왕의 뜻에 맞는 글은 공적인 행정 문서에만 해당하는 것은 아니었
다.

> 다-(6) ……명종 초년에 供驛丞으로 승직되어 直翰林院을 겸임하였다.
> 그때 왕태후가 유종을 앓고 있었는데 왕이 이순우에게 기도문을 짓
> 게 하였다. "유종이 어머님 젖통에 생겼으나 아픈 것은 나의 마음에
> 있다"라는 문구가 있었다. 이것을 읽고 왕이 감탄하면서 "우선 나의
> 마음을 잘 알았다"고 하였다. 이로부터 왕이 특별한 사랑과 배려를
> 주어 右正言知制誥로 선임하였으며, 여러 차례 승직시켜 國子祭
> 酒·諫議大夫·翰林學士가 되었다.[105]

사료 다-(6)의 이순우는 의종 17년(1163)에 과거에 급제하여 충주 사

---

104) 『高麗史』卷30, 世家, 忠烈王 16년(1290) 11月 丁卯, 上冊, 624쪽에 "世子를
  원나라에 보내는데 政堂文學 鄭可臣과 禮賓尹 閔漬 등이 따라갔다."고 하였
  으며, 『高麗史』卷30, 世家, 忠烈王 18年 8月 丁未, 上冊, 628쪽에서 "世子가
  황제를 紫檀殿에서 알현할 때 鄭可臣과 柳庇 등이 따라 들어갔다."고 한 것
  이나 『高麗史』卷105, 列傳 18, 鄭可臣, 下冊, 321쪽에서 "摩訶鉢國에서 바친
  낙타조의 알을 보여주며 황제가 世子 및 從臣에게 술을 내리고 정가신에게
  명하여 시를 짓게 하니 정가신이 즉석에서 獻詩하기를, '알이 있어 크기가 독
  과 같으니 그 속에 不老春을 간직하였도다. 원컨대 天歲壽를 가지셔서 海東
  人에게 餘香을 미치게 하소서.' 하니 황제가 이를 가상하여 御羹을 거두어
  하사하였고 세자가 무릇 入見하면 반드시 정가신을 시종하게 하였다."고 하
  여 정가신이 원나라 조정과의 교류에서 큰 역할을 하였음을 보여준다.
105) 『高麗史』卷99, 列傳 12, 李純佑, 下冊, 203쪽.

록으로 나가 지방 기록관리 담당자가 되었다.106) 그 역시 어려서부터 글을 잘 지었는데, 명종대에 翰林院의 관직에 있을 때 왕태후의 병을 위해 기도문을 작성하게 되었다. 기도문의 내용이 바로 왕의 마음을 잘 드러낸 것이어서 이후 승진해서 문한관의 길을 계속 갈 수 있었다고 한다. 관직이 왕의 문서 담당 관리로 지속된 이유를 왕태후에 대한 왕의 마음을 잘 표현한 데서 찾았던 것이다.

공문서의 작성은 국내의 사정에 한정된 것은 아니었다. 특히 고려는 여러 대국과 외교관계를 맺고 있었기 때문에 오가는 국정 문서와 그 문서를 들고 오가는 관료들의 글 솜씨가 필수불가결한 요소였다.

> 다-(7) 金悌가 송나라로부터 돌아왔다. 그 편에 송나라 황제가 5통의 칙서를 보냈다.……송나라는 우리나라가 문교를 숭상하는 곳이라 하여 조서를 보낼 때마다 반드시 글 잘 하는 신하를 선발하여 조서를 짓도록 하되 그 중에서도 잘 지은 것을 선택하였으며, 파견하는 使臣과 書狀官은 반드시 中書省으로 불러 그 문필을 시험하여 본 뒤에야 보냈다.107)

사료 다-(7)은 文宗 26年(1072)의 일로 당시 송나라와 고려의 관계가 잘 나타나 있다. 송나라는 고려와의 관계가 중요했기 때문에 고려에 보내는 황제의 문서와 이를 나르는 使臣과 書狀官을 반드시 검토했다는 것이다. 그것은 고려가 문교를 숭상하는 곳이기 때문이라고 했지만, 아울러 두 나라의 외교관계가 걸려 있었기 때문에 중요했을 것이다.

원나라가 일어나기 이전에는 고려가 여러 나라와 외교관계를 맺고 있었다. 더욱이 상대국에게 고려가 '事大'를 표방했을 경우에는 보다

---

106) 『高麗史』 卷18, 世家, 毅宗 17年 10月 戊午, 上冊, 374쪽.
107) 『高麗史』 卷9, 世家, 文宗 26年 6月 甲戌, 上冊, 181~182쪽.

조심스러웠다. 각국에 맞는 문서를 교환해야 했는데, 이를 어길 경우 국가적으로 문제가 일어날 수 있었다.

> 다-(8) 生辰回謝使 戶部侍郞 崔宗弼이 거란으로부터 돌아와 아뢰기를, "禮部에서 '황제의 이름이 宗眞인데 너의 이름이 宗字를 범했으니 마땅히 고쳐야 한다.'고 하기에 臣이 表狀에는 개칭하여 崔弼이라 고 하였습니다."고 하니, 門下省이 아뢰기를, "崔宗弼은 마땅히 우 리나라가 諱字를 알지 못하여 잘못을 범한 것이고, 표장에 실린 것 은 감히 함부로 고치지 못하겠다고 답해야 했습니다. 만약 저쪽에 서 강요한다면 點畫만을 감하는 것이 禮에 합당한데도 崔宗弼이 함부로 表文을 고쳐서 使命을 욕되게 하였으니 청컨대 科罪하소 서."라고 하였으나 용서하였다.[108]

사료 다-(8)은 文宗 9年(1055)에 거란 왕의 생일을 축하하는 사절단 의 잘못에 관한 논의이다. 외교문서에서 왕의 이름을 피해야 했는데, 대표로 간 신하 戶部侍郞 崔宗弼의 이름 때문에 이를 어겼다는 것이 다. 문제는 이를 바로잡기 위해 최종필이 문서의 이름을 고쳤다는 점 이다. 고려 조정에서는 완성해서 가져간 문서를 함부로 수정해선 안 된다는 점을 지적하며 그 죄를 물어야 한다는 책임론이 일었다.

사실 이때에는 거란, 즉 요나라의 왕이 교체된 시점이었다. 이 사건 이 논의되고 있는 시기가 10월이었는데, 바로 그 직전 8월에 요나라에 서는 興宗에서 道宗으로 왕이 바뀌었다. 고려에서는 아직 소식을 듣기 전에 거란에 보낼 문서가 쓰였던 것 같다. 그러다 보니 새롭게 왕위에 오른 도종의 이름을 피하지 못했을 것이다. 요나라에서 이의 수정을 요구하자 사신으로 간 최종필은 자신의 이름을 고쳐 외교적인 문제가

---

108) 『高麗史』 卷7, 世家, 文宗 9年 10月 乙酉 上冊, 158쪽.

발생하지 않도록 조처하고 이를 조정에 보고하였던 것이다. 하지만 고려에서는 저쪽에서 강요할 경우에 한하여 점획만 감하는 것이 예에 합당하며, 외교문서를 함부로 고친 행위는 잘못되었다고 지적하고 있다.

당시 요나라는 興宗에서 道宗에 이르는 황금시기였고, 고려에서는 요나라의 연호를 써야 했던 시기였다.[109] 따라서 왕이 이를 더 이상 문제 삼지 않고 넘어간 것으로 보아 최종필의 행위는 외교관계를 위해 적절한 조처였다고 판단한 것 같다. 그럼에도 문하성에서 이를 지적한 것은 한 나라에서 작성한 외교문서는 이를 전달하는 관료가 함부로 고칠 수 없다는 국가적인 입장을 표명하기 위한 것으로 보인다.

외교문서에서 문장은 그 나라의 학문 수준을 나타내는 척도라고 할 수 있다. 또 사신으로 파견되어 다른 나라의 학자들과 교유하기 위해서도 뛰어난 문장가가 필요했다.

다-(9) 왕이 명령을 내려 금나라에 들어가는 書狀官은 國學館의 翰儒官으로서 재주와 명망이 있는 사람을 보내게 하였다.[110]

(10) 왕세경은 의종 때에 과거에 급제하고 京山府 원으로 있었는데 청백하다는 칭찬이 있었다. 科滿이 되자 벼슬을 그만두고 집으로 돌아왔다. 수년이 되어 살림은 빈한하였으나 글을 좋아하여 손에서 책을 놓은 적이 없었다. 이웃 사람이 재상 李之茂에게 보낼 祈壽文

---

109) 『高麗史』 卷14, 世家, 睿宗 11年 4月 辛未, 上冊, 281~282쪽, "중서문하에서 아뢰기를 '요나라가 여진의 침공을 받아 멸망하게 될 상태에 놓였으므로 그들의 연호를 쓸 수 없습니다. 지금부터는 公私 문서에 天慶의 연호를 제거하고 干支만을 써야 합니다.'고 하니 왕이 이를 좇았다." 요나라의 연호 사용이 문제로 공식 거론된 것은 요나라가 망할 무렵인 예종 11년(1116)이 되어서였다. 여기에는 공문서뿐 아니라 사문서도 해당하는 것으로 보아 연호 사용의 범주가 광범했음을 알 수 있다.
110) 『高麗史』 卷20, 世家, 明宗 12年 6月 甲子, 上冊, 408쪽.

을 왕세경에게 부탁하여 지어 보냈는데, 이지무가 그 글을 보고 기
특하게 여겨 왕세경을 國學 學諭로 임명하였다가 同文院 錄事로
개임하였다.……명종이 즉위한 후 금나라에서 보내 온 공문과 徵詰
사신이 연달아 왔다. 이때 왕세경이 회답할 국서의 초안(詞命)을 작
성하였는데 내용이 심히 왕의 마음에 들었으므로 왕이 기특히 생각
하여 監門衛 錄事로 임명하였다.[111]

국가의 교류 담당자인 서장관의 선정은 언제나 신경을 써서 이루어
졌겠지만, 특히 의종을 물러나게 하고 왕위에 오른 명종대에는 그 상
황이 다급하였다. 明宗 12年(1182)에 있었던 사료 다-(9)와 같은 지시도
그렇게 해서 일어난 일이었다. 이 무렵을 흔히 무인집권기라고 하지만
문한관의 필요성이 더욱 절실했던 시기이기도 했다.

사료 다-(10)의 왕세경은 의종대에 과거에 합격하여 관직으로 진출
하였지만, 이후 관직을 계속할 수 없었다. 그가 개성 사람이고 8대조
王希順이 태조를 도와 三韓을 통일하고 공신이 되었다면, 왕건의 집안
과 처음부터 함께 했던 집안이었을 것이다. 그러나 왕세경에 이르면
뒤를 밀어줄 사람이 없어 몇 년 동안 쉬고 있는데 다시 일어날 기회가
온 것이 바로 글 솜씨때문이었다.

바로 이웃 사람이 재상에게 기도문을 보내기 위해 글을 청탁하였던
것이다. 재상에게 기도문을 보낸 사람도 평범한 사람은 아니었겠지만,
이로 인해 왕세경이 재상 이지무의 눈에 띄게 된 것이다. 당시 의종 축
출과 명종 즉위 사건으로 금나라와 외교 갈등이 있었는데, 그때 왕세
경이 고려의 회답 외교문서를 작성하였다고 한다. 그 내용이 왕의 마
음에 들어 승진할 수 있었다.

고려의 대외관계에서 가장 중요했던 나라는 원나라였다고 볼 수 있

---

111) 『高麗史』卷99, 列傳 12, 王世慶, 下冊, 203쪽.

다. 따라서 고려가 대외관계에 보다 관심을 기울여야 했던 대상이었다.
원나라와의 초기 관계에서 활발하게 활동했던 인물이 김구였다.

　일찍이 神宗, 熙宗, 康宗 3대의 실록을 편찬하였고 왕의 명령, 보고
등의 문장을 작성하는 임무를 맡았다. 당시 나라에서 무엇을 징발하거
나 책임 추궁을 하지 않는 해가 없었는데 김구가 원나라 황제에게 올
리는 글을 지었다. 매번 일어나는 사건에 따라 하는 말이 모두 다 이치
에 들어맞기 때문에 원나라 황제가 대답으로 보내는 글에서 "말하는
바가 간곡하고 사실에 맞으니 이치로 보아 응당 승인, 허락해야 한다."
고 하였다. 원나라의 한림학사 王顎은 황제께 올리는 글을 볼 때마다
반드시 잘 지은 글이라고 칭찬하면서 한 번 작성자의 얼굴을 보지 못
함을 한탄하였다.[112)

　金坵는 고종 때 과거에 합격하여 원종을 거쳐 충렬왕대까지 활동한
인물이다.[113] 어려서부터 시와 글을 잘 지었으며 그의 문장은 정교하
고 간절하여 보통 사람의 생각이 미치지 못할 정도였다고 한다. 과거
합격 후 定遠府 司錄으로 임명되었는데 고향 사람 黃閣寶가 감정이
있어 문벌상의 결점을 해당 관청에 고발하였다. 權臣 崔怡가 구제하려
고 애썼으나 뜻대로 되지 않아 濟州 판관으로 임명하였다. 그때 崔滋
가 제주 副使로 있었는데 김구의 글을 보고 아들더러 "이것은 詩賦의
교범이니 너는 공손히 받들어 간직하여라."고 하였다.
　이러한 사례만 보아도 김구는 당대 최고의 문장가였음을 알 수 있
다. 그리하여 국왕문서와 외교문서를 담당하였다.[114] 당시 원나라는 고

---

112) 『高麗史』 卷106, 列傳 19, 金坵, 下冊, 336~337쪽.
113) 金坵는 희종 7년(1211)부터 충렬왕 4년(1278)까지 생존했다.
114) 『高麗史』 卷102, 列傳 15, 崔滋, 下冊, 252쪽. 최이가 이규보에게 묻기를 "누
　　가 당신의 후임으로 文翰을 담당할 만한가?"라고 하니 이규보가 대답하기를

려에 요구하는 사항이 많았는데 그 모든 사항을 들어줄 수는 없었다. 이에 대한 고려의 답서가 "간곡하고 사실에 맞으므로" 원나라에서 고려의 의견이 승인되었다고 한다.115)

김구가 원나라로부터 칭송을 받은 것은 단순히 문장을 수려하게 썼기 때문만은 아니었다. 김구는 공문서 일반에 대한 꼼꼼한 지식이 있었다. 당시 일반 관료들은 공문서 서식에 서툴렀고 특히 表箋文, 즉 국왕에게 올리는 공문을 법식에 맞게 쓰는 것이 제대로 되지 않은 듯하다. 김구는 參外의 文臣들로 하여금 표전문, 즉 왕에게 올리는 글을 짓게 하여 잘 짓는 자에게는 상을 주도록 하자는 건의를 하여 왕의 허락을 받았다고 한다. 이것이 실행되지는 못하였으나 모든 문신들의 공문 작성에 관심을 기울였음을 보여준다.116)

그의 노년에는 충렬왕이 즉위하자 통역관의 양성도 본격적으로 추진하게 하였다. 김구는 왕에게 건의하여 通文館을 설치하고, 禁內 學官의 參外 인원으로 나이가 젊은 자들에게 漢語를 배우게 한 것이다. 당시에 대개 통역관의 출신이 미천하고 용렬하여 통역할 때 사실 그대로 전하지 않는 일이 많았고, 어떤 자는 나쁜 마음으로 저에게 유리하

"학유직에 있는 최안(즉 최자)이란 사람이 있고 과거에 급제한 金坵가 그 다음이 됩니다."고 하였다. 김구는 최자와 함께 당대 최고의 문한관으로 인정받았음을 알 수 있다.

115) 「金坵墓誌銘」, 『高麗墓誌銘集成』, 395쪽에서는 이에 대하여 "신묘년(1231년, 고종 18)부터 事大한 이래 농서 문순공, 즉 李奎報가 대학자로서 천자에게 올리는 글을 오로지 했는데, 그 뒤 변고가 어지럽게 발생해 이 임무가 크게 어려워졌다. 공이 일을 맡으면서 붓을 잡게 되자 語義가 모두 절묘하고 설명이 지면에서 간곡하지 않음이 없었다."고 표현하였다.

116) 『高麗史』 卷106, 列傳 19, 金坵, 下冊, 337쪽, "그 후 참지정사로 승진하였는데 왕에게 건의하기를 '요즈음 젊은이들이 著述을 배우기를 게을리 하여 表箋文이 법식에 맞지 않으니 參外에 해당하는 文臣들로 하여금 표전문을 짓게 하여 잘 짓는 자에게는 상을 주도록 하십시오.' 하니 왕이 허락했으나 결국 실행되지 못하였다."

게 일을 꾸며 놓기 때문이었다.[117]

이와 같이 대외관계에서 문한관의 역할은 단순한 외교 공문의 작성에 그치지 않고, 그 공문을 통해 상대국에 전달하려는 의도도 명확히 할 수 있어야 했다.

다-(11) 崔貽은 일찍이 河千旦, 李淳牧 등과 같이 誥院에서 근무하였는데 하천단, 이순목 두 사람이 모두 문장가로 유명하였다. 최온은 자기의 문벌을 자세하고 두 사람을 몹시 얕잡아 보는 태도로 대하였고 두 사람 역시 굴하지 않았다. 마침 왕의 명령에 의하여 이웃나라에서 보낸 徵詰書에 대한 회답문을 작성하여 올리게 되었는데 최온이 당직으로 초안을 작성하게 되었다. 붓을 잡고 머리를 긁으면서 애를 써도 뜻대로 글이 되지 않으므로 화가 나서 붓을 던지고 타박하기를 "이렇기에 시골 선비들이 아주 뽐내는구나." 하였다.[118]

(12) 공은 어려서 총명하였으며 8살 때 능히 글을 지을 줄 알았다. 글을 읽다가 빠진 글자나 잘못된 글자가 있으면 곧 보태거나 덜어내고는 하였다. 이것을 본 사람들이 善本을 가지고 살펴보면 과연 그와 같았으니, 모두들 놀라고 찬탄하면서 오래 묵은 습관과 같이 여겼다. 17살에 司馬試에 합격하고 19살에 과거의 乙科에 1등으로 뽑혔다. 南京 掌書記가 되어 나갔다.……일이 있으면 원의 조정에 알리는 것을 담당하였는데, 말로 하기 어려운 것은 모두 공이 문장으로 적어서 평탄하면서도 쉽게 밝혔다. 풍속을 급하게 고치는 일 같은 것도 우리나라의 오래된 습관을 들면서 청하니, 원의 조정에서 그 의견을 따른 것도 한두 번으로 헤아릴 일이 아니다.[119]

---

117) 위의 책, 337쪽 참조.
118)『高麗史』卷99, 列傳 12, 崔惟淸 附崔貽, 下冊, 196쪽.
119)「閔漬墓誌銘」,『高麗墓誌銘集成』, 459쪽.

82

사료 다-(11)의 崔瑞은 대표적인 문신 귀족인 최유청의 증손으로, 고종 때에 과거에 급제하여 원종대까지 활동한 사람이다. 과거에 급제하여 고원에 들어갔지만 문장으로는 하천단,[120] 이순목[121] 등에게 밀렸다는 것이다. 특히 당시 들어오는 외교문서는 원나라의 징힐서인 경우가 많았으므로 이에 대하여 적절한 답서를 쓰는 것은 쉽지 않았다. 응당한 내용을 갖추면서도 원나라의 요구에 거절하는 것으로 보이면 되지 않았기 때문이다. 이러한 문서를 작성할 수 있는 사람은 특정의 몇 사람 정도였던 것 같다.

사료 다-(12)는 충숙왕 13년(1326)에 李齊賢이 지은 민지의 묘지명이다. 민지는 사료 다-(4)와 다-(5)의 정가신과 함께 충선왕을 따라 원나라에 체류했던 문한관이었다. 그 역시 문장에서 손꼽을 만한 인물이었고, 19살에 과거에 합격하여 南京 掌書記가 되었다. 그리고 결국 문한관으로서 원나라와의 관계를 무난하게 이끌어가는 데 정가신과 함께 큰 공을 세웠다. 원나라에 '말로 하기 어려운 것'을 '평탄하면서도 쉽게' 밝히는 문장으로 표현하였고, '풍속을 급하게 고치는 일'에 대해서도 고려의 습관을 들어 해명하였다.

고려 말에는 오랫동안 지속된 원나라와의 관계를 끊고 새로 일어난 명나라와 외교관계를 맺어야 했다. 하지만 아직은 원나라의 힘도 무시할 수 없어서 명나라에 대한 외교문서 역시 매우 조심스럽게 작성되어야 했다. 이때 활약한 인물로서 이숭인을 들 수 있다.

　　簽書密直司事 權近이 상소해 이숭인을 변호해 말하기를 "……우리

---

120)『高麗史』卷102, 列傳 15, 崔滋 附河千旦, 下冊, 252쪽, "長於文章 一時表箋 皆出其手"이라 하여 하천단이 문장이 능숙하여 한때의 표문과 전문이 모두 그의 손에서 작성되었다고 한다.
121) 본서 앞의 사료 나-(3) 참조.

나라가 명나라와 특수한 국교를 맺은 이래 모든 表文, 箋文, 詞命이 이숭인의 손에서 많이 나왔으며 공민왕의 시호를 얻은 것이라든지 上王이 왕위를 계승한 것도 모두 이숭인의 문장의 힘이며 금, 은, 말, 포목 등 세공을 면제받은 것 역시 이숭인의 힘입니다. 명나라 황제가 누차 이숭인의 문장이 훌륭하다고 칭찬하면서 우리나라에 훌륭한 인물이 있다고 말하게 된 것 역시 이숭인의 공로입니다. 이숭인의 문장은 간결하며 고상해 세기적 걸작이어서 중국에서도 보기 드물므로 국가의 외교 문건(國家詞命)은 불가불 이 사람에게 맡겨야 합니다.……이숭인이 진정 죄가 있더라도 만일 그 문장의 공로를 생각해 특히 관대하게 처리하면 후진 선비는 모두 학문에 힘쓸 것입니다.……"라고 하였다.……이색은 매양 칭찬하여 말하기를 "이 사람의 문장은 중국에서 찾아보아도 많이 얻어볼 수 없을 것이다."라고 하였다. 명태조는 일찍이 이숭인이 작성한 表文을 보고 가상히 여겨서 표문의 문구가 참으로 정교하다고 하였다. 중국 士大夫도 그의 지은 글을 보고는 역시 탄복하지 않는 자가 없었다.[122)]

외교문서는 국가의 이익과 직결되는 사안이었고, 국가의 이익을 대변하면서도 법도에 맞도록 문장에 능한 사람이 필요하였다. 이숭인은 당대의 문장가인 이색과 권근의 비호를 받았다. 창왕 때 權近은 이숭인을 변호하면서 그의 문장이 간결하며 고상해 중국에서도 보기 드물므로 죄가 있더라도 문장의 공로를 생각해서 관대하게 처리할 것을 주장하고 있다. 이색 역시 이숭인의 문장은 중국에서도 찾기 어렵다고 칭찬하였다. 『高麗史』에서는 이숭인을 명 태조를 비롯해서 사대부까지도 감탄한 문장가라고 서술하였다.

고려사회에서 문한관은 대를 이어 형성되었다. 글을 알고 짓는 것이 가문에서 교육되었기 때문일 것이다. 또한 문한관직을 잇는 데에는 최

---

122) 『高麗史』 卷115, 列傳 28, 李崇仁, 下冊, 540~547쪽.

고 문한관의 적극적인 추천도 큰 기능을 하였다. 그것은 왕이나 실권자의 총애 여부를 벗어날 수 있는 또 다른 길이 되었다.

(최이가) 銓注할 때마다 들추어보고 상고하였는데 崔滋의 이름이 최하에 있었으므로 10년 동안 조동되지 못하였다. 최자가 일찍이 虞美人草 노래와 水精盃 시를 지은 일이 있었는데 이규보가 글을 보고 기이하게 여겼다. 후에 최이가 이규보에게 "누가 당신의 후임으로 文翰을 담당할 만한가?"라고 물으니 이규보가 "학유직에 있는 최안(즉 최자)이란 사람이 있고, 과거에 급제한 金坵가 그 다음이 됩니다."고 대답하였다. 그때 李需, 李百順, 河千旦, 李咸, 任景肅 등도 모두 글로 이름이 났으므로 최이가 그 재능을 시험하고자 각각 表와 書를 짓게 하고 이규보에게 성적을 평정하라 하였다. 무릇 10차례의 考試에 최자가 5차례는 장원으로, 5차례는 차석으로 입선되었다.[123]

崔滋[124]도 강종 때에 과거에 급제하고 다른 문한관처럼 지방행정기관의 기록 전문가로서 尙州 司錄에 임명되었다. 그러나 말단 관직에서 제대로 승진하지 못하였다. 당시 최이는 나름대로 관리의 승진에 대한 기본 방침이 있었고, 거기서 최자는 최하위에 있었기 때문이다. 그러한 최자에게 기회가 온 것은 최이가 이규보에게 그의 후임으로 문한관을 맡아줄 사람을 찾음으로써 이었다.

당시에 문한관으로 크게 활약한 인물이 바로 이규보였다.[125] 이규보

---

123) 『高麗史』 卷102, 列傳 15, 崔滋, 下冊, 251~252쪽.
124) 崔滋는 명종 12년(1182)부터 원종 원년(1260)까지 생존했다.
125) 이규보의 문장력은 몽골과의 전쟁 중에 강화를 교섭하는 데 독보적으로 쓰였으며, 다른 사람의 글을 따라 하지 않고 독창적인 경지에 이르렀다는 점이 지적되고 있다. 이상은 다음의 글을 참조하였다. 「李奎報墓誌銘」, 『高麗墓誌銘集成』, 374쪽, "몽골의 침략 과정에서 이규보는 散官으로 講和에 관한 모든 문서를 담당하였다.……고종 19년(1232)에 正議大夫 判秘書省事 寶文閣學士

는 최자를 1위로, 김구를 2위로 추천하였다고 한다. 최이는 이를 그냥 받아들인 것이 아니라 당대 뛰어난 인물들을 이규보에게 평가하도록 하였다. 열 차례의 시험에서 최자가 다섯 번은 1등을, 다섯 번은 2등을 하였다. 이러한 평가가 이후 최자의 관직과 긴밀하게 연결되었을 것이다.

문장과 함께 筆法도 가문에서 대를 이었던 것 같다.

다-(13) 때마침 金暄이 원나라 황제의 생일을 축하하러 가는 사신 일행
의 書狀官이 되어 원나라에 갔다.……그 후 여러 관직을 거쳐 좌간
의대부가 되었고 密直學士로 승진하였으며 명예 있고 요긴한 직임
을 많이 지냈다. 충선왕이 세자로서 원나라에 있을 때 김훤은 춘궁
侍讀으로 따라갔으며, 관직이 정당문학에 이르자 참소를 받았다
.……隸書를 잘 썼다.[126]

(14) 金開物은 여러 번 과거에 응시하였으나 급제하지 못하였다. 충
선왕이 세자로 있을 때에 김훤이 두 아들을 데리고 가서 뵈니 김개
물을 사랑하여 특별히 우대하였으며, 왕위를 계승한 후에는 선발하
여 監察史로 임명하였다가 典符寺丞으로 조동시켰다.……여러 번
곤란한 처지에 빠져 승진이 저애되었으나 태연하게 지냈으며, 석방

慶成府詹事로 기용되었는데, 外職을 맡았던 1년을 제하고는 모두 典誥를 겸
했다."; 「李奎報墓誌銘」, 같은 책, 373쪽에서 "공은 아홉 살 때에 글을 지을
줄 알았으며, 열 대여섯 살이 되자 견문이 넓고 기억을 잘 하였다. 무릇 글을
지을 때 옛 사람의 묵은 말을 모방하지 않았으며, 평생 스스로 唐白이라고
하지 않았으나 당시 사람들이 모두 그를 가리켜 走筆 李唐白이라고 하였다."
; 『高麗史』 卷102, 列傳 15, 李奎報, 下冊, 246~247쪽, "외교 문건과 왕의 명
령에 관한 집필은 모두 그에게 맡기고 俸祿도 전과 같이 주게 하였다.……술
을 과히 마셨으며 행동이 호탕하고 털털하여 詩나 글을 짓는 데도 옛날 사람
들의 틀을 본받지 않고 새롭고 독자적인 경지를 개척하여 일가를 이루었다."
126) 『高麗史』 卷106, 列傳 19, 金暄, 下冊, 340쪽.

86

되어 집에 돌아와서는 손님이 오면 술상을 차리고 거문고를 타며 시를 지어 스스로 즐겼다.……그는 성질이 굳세고 정직하였으며 시 짓는 것이나 글자 쓰는 솜씨가 모두 家法을 유지, 보존하였다.127)

사료 다-(13)의 金晅과 사료 다-(14)의 金開物은 父子 사이인데 원종, 충렬왕, 충선왕 때 대를 이어 문한관을 담당했다.128) 사료 다-(13)의 김 훤은 원종 원년에 과거에 급제하였고 이후 문한관으로서 활동하였다. 사료 다-(14)의 김개물은 김훤과 달리 과거에 급제하지 못했으나, 충선 왕의 사랑을 받아 관직에 나아갔다. 하지만 관직에 오래 있을 수는 없 었다. 김개물이 55세에 일찍 죽었음에도 후기 15년 동안에는 관직에 나가지 못했다고 한다.

부자간에 과거 합격 여부는 달랐지만, 사료 다-(14)에 의하면 김개물 이 시를 잘 짓고 글씨를 쓰는 것에는 家法을 유지, 보존하였다고 한다. 사료 다-(13)에서 김훤이 예서를 잘 썼다는 것으로 보아 아들 김개물도 비슷하지 않았을까 생각한다. 아마도 집안마다 필법이 나름대로 전승 되었던 것 같다. 그에 따라 문한관도 대를 이어 할 수 있었을 것이다.

집안마다 글과 글씨의 비법이 대를 이어 전하였고, 고려사회에서 문 한관의 가문을 형성할 수 있었다.129)

⑶ 國子監의 書學과 明書業

127) 『高麗史』 卷106, 列傳 19, 金晅 附金開物, 下冊, 340~341쪽.
128) 金晅은 1234년부터 충렬왕 31년(1305)까지 생존했으며, 金開物은 원종 14년 (1273)부터 충숙왕 14년(1327)까지 생존했다.
129) 『高麗史』 卷99, 列傳 12, 崔惟淸 附崔讜·崔璘·崔詵·崔宗峻·崔昷·崔文本·崔坪·崔雍, 下冊, 193~197쪽 ; 『高麗史』 卷102, 列傳 15, 李奎報 附李益培, 下冊, 246~247쪽 ; 『高麗史』 卷106, 列傳 19, 鄭瑎, 下冊, 341~343쪽 참조.

고려 정부는 科擧에서 製述科와 明經科를 통해 우수한 관료들을 선발하고, 그 중에서도 특별히 글에 우수한 문한관을 따로 선택하여 일정한 지위를 확보하게 하였다. 하지만 이러한 정치적인 관리와는 별도로 각 행정기관에서는 보다 실제적이고 전문적인 기록 담당자가 필요하였다. 기록 전문가를 키우는 과정에 해당하는 것이 書學이었던 것으로 보인다. 이를 위해 고려 초부터 書學을 장려한 흔적이 보인다.

　라-(1) 太祖 13년에 西京에 행차하여 학교를 설치하고, 秀才 廷鶚에게 명하여 書學博士로 삼아 따로 學院을 창립하여 6部의 생도를 모아 교수하도록 하였다. 뒤에 태조가 그 곳에서 학문을 일으켰음을 듣고 綵帛을 내려 권장하였으며, 겸하여 醫·卜의 두 가지 業을 두고 또 倉穀 100석을 내려 學寶를 만들었다.[130]

　(2) 교서를 내리기를 "옛날 우리 태조는 전쟁이 끝난 뒤에 대소 학교를 광범히 창설하여, 왕실 자손은 경서를 끼고 도를 배웠으며 민간 자제도 책상자를 메고 선생을 찾아갔으므로, 여러 왕대를 내려오면서 인재가 결핍되지 않았다."고 하였다.[131]

사료 라-(1)에서 태조 13년(930)은 고려가 통일되기 이전 후백제와 치열하게 대립하던 시기였다. 이때 태조가 서경에 행차하여 학교를 설치하고 또 학원을 별도로 창립하여 학생을 교육하도록 조처했다고 한다. 그런데 서경에서 학원 교육을 담당하게 된 사람을 書學博士로 삼았다는 것이다. 이렇게 시작된 서경의 교육은 이후 잘 발전하였고, 그에 따라 醫業과 卜業을 추가하였으며 재정적인 후원도 하였다.

　건국 초기였고 아직 전쟁 중이었으므로 인재 양성을 위한 교육은 수

---

130) 『高麗史』 卷74, 選擧志 2, 學校 國學, 太祖 13年, 中冊, 624~625쪽.
131) 『高麗史』 卷3, 世家, 穆宗 6年 正月, 上冊, 82쪽.

도 중심으로 이루어졌을 것이다. 그러한 상황에서 廷鶚을 書學博士로 삼았다는 것은 우선되었던 교육이 바로 書學이었음을 나타내는 게 아닐까. 그만큼 당시 정치운영에서 書學이 다급하게 중요했음을 의미한다.

전쟁 중에 서학의 교육이 왜 필요했을까. 국가 운영에서 공문서의 작성과 전달은 가장 기초가 되는 업무였을 것이며, 서학이 바로 공문서 작성과 연결되는 교육이었을 것으로 짐작된다. 일상에 필요한 醫業과 卜業은 그 뒤를 이어 국가의 교육 과목으로 등장하였다.

이에 대하여 사료 라-(2)의 교서에서도 회고하고 있다. 사료 라-(1)보다 무려 70년이나 지난 穆宗 6年(1003)의 일이었다. 목종은 "아직 사람을 열심히 가르치는 선생도 많지 않고, 옛것을 좋아하여 알뜰히 배우려는 자도 적은 듯하다"고 한탄하면서, 태조대에는 학교가 많이 설립되고 왕실 자손뿐 아니라 민간의 자제들도 열심히 공부하였다며 교육열풍을 그리고 있다.

아직 전국적인 체계를 세우지 못했던 고려 초기의 교육은 개경과 서경이 중심이 되었다.

> ……내가 왕위에 오른 뒤부터 더욱 유학을 숭상하여 지난날의 보수 사업을 계속하고 당대에 보충하던 일을 계승하였으므로, 沈隱士의 2만 여 권은 麟臺에 필사되어 있고 張司空의 수레 30대의 서책은 虎觀에 보관되어 있다. 그리고 4部의 典籍을 수집하여 兩京의 장서를 풍부히 함으로써, 학생들은 시장에 나가서 책을 사는 수고가 없고 강단에서는 경서를 들고 강의를 진행하게 하려고 한다.……해당 관청에 명하여 西京에 修書院을 설치하여 학생들로 하여금 史籍을 발췌 필사하여 보관하도록 하라.[132]

---

132) 『高麗史』 卷3, 世家, 成宗 9年, 上冊, 76쪽.

위의 사료는 成宗 9年(990)에 내린 教書로, 서두에 "고려가 창건되
었을 때는 바로 신라가 멸망한 뒤여서 옛 서적은 전부 불에 타고 고귀
한 문헌은 진흙탕에 버려졌다"고 하여 건국 초에 서적이 얼마나 피폐
화되었는지 한탄하였다. 그리하여 "여러 대를 내려오면서 없어진 책을
베껴 넣고 빠진 전고를 보충하였다"고 한다. 성종 역시 이를 위해 더욱
노력할 것임을 강조하고 있다. 이러한 발언은 고려 초 교육의 시작과
함께 서적의 필사가 왜 중시되었는지를 알 수 있는 단서를 제공한다.
특히 "兩京의 장서를 풍부히 하려는" 계획은 바로 개경과 서경에서 書
學이 중시되는 것과 관련되는 것으로 보인다.

고려 초부터 서학이 중시된 것은 단순히 공문서의 효과적인 생산에
만 연결된 것은 아니었다. 본격적인 교육을 추진하기 위해서는 책을
구하려는 학생과 강의를 하려는 선생 모두에게 필요한 서적을 갖추어
야 했다. 西京에 修書院을 설치하는 것도 바로 이를 위한 조처였다. 수
서원에서는 학생들로 하여금 필요한 서적을 필사하도록 한 것이다.[133]

건국 초기부터 국가적으로 중시된 書學은 중앙 교육기관에서 소수
를 상대로 교육되었고, 지방학교에서는 주로 經學과 醫學이 교육의 중
심이 되었다.

성종 6년 8월에 작년에 돌아가기를 허락한 학생은 스승의 가르침이
없으므로 가르쳐 通經閱籍한 자를 뽑아 經學·醫學博士를 삼아 12牧
에 각각 1명씩 보내어 敎諭를 돈독히 행하고, 여러 州郡縣의 長吏나
백성으로 가르칠 만한 아들이 있으면 아울러 훈계하고 만약 뜻을 힘써
經義에 밝고 孝悌하여 들림이 있으며 醫方에 족히 쓸 만한 자가 있으
면 牧宰와 知州縣官으로 하여금 漢나라의 고사에 의거, 갖춰 기록해

京師에 薦貢할 것을 恒式으로 삼게 하였다.[134]

成宗 때에는 지방관을 파견하고 지방세력의 자제들을 중앙으로 불러들여 교육하려고 함으로써 전국이 떠들썩하였다. 하지만 아직은 지방 학생들을 서울로 불러들이는 것이 쉽지 않았다. 결국 성종 5년(986)에 고향으로 돌아가기를 원하는 사람은 보내기로 결정하였고, 그 결과 歸省을 원하는 학생이 207명, 머무르기를 원하는 자가 53명이었다고 한다. 총 260명의 학생을 불러 모았는데 남은 자가 53명이었다는 것이다.[135]

집합된 학생 중 5분의 4인 200여 명이 제각기 지방의 자기 본관으로 돌아가자, 성종 6년에는 위의 사료와 같이 지방학교 교육에 대한 새로운 지침이 내려진다. 지방관이 파견된 12목에 經學博士와 醫學博士를 각각 1명씩 파견한다는 것이다. 이 방침은 계속 국가에서 권장하고 독려했다.[136]

목종도 전국의 교육체제를 가다듬으면서 이르기를 "3京 10도의 모든 관료는 학업을 장려하여 文學·儒學·醫學·卜筮 등에 관심을 가진 자들이 경서에 밝고 박학 통달한 스승을 찾아가게 하며, 博士·師

134) 『高麗史』卷74, 選擧志 2, 學校 國學, 成宗 6年 8月, 中冊, 625쪽.
135) 『高麗史』卷74, 選擧志 2, 學校 國學, 成宗 5年 7月, 中冊, 625쪽. 이에 따르면 歸省하고자 하는 학생 207명에게는 포 1400필을 내리고, 머무르기를 원하는 자 5명에게는 幞頭 106枚와 쌀 265石을 내리도록 하였다고 한다.
136) 『高麗史』卷74, 選擧志 2, 學校 國學, 成宗 8年 4月 및 8月, 中冊, 625쪽, "성종 8년 4월에 교서를 내리기를, '大學助敎 宋承演과 南海道 羅州牧의 經學博士 全輔仁이 사람을 가르침에 게으르지 아니하므로 마땅히 권장하여 발탁하여 씀을 더할 것이니 승연은 가히 公服 1襲과 쌀 50石을 내릴 것이다.'라고 하였다." ; "성종 8년 8월에 교서를 내리기를 12牧과 諸州府의 經學·醫學博士를 申飭 勸奬하고 인하여 술과 음식을 내리게 하였다." 이들 사례를 보면 경학박사와 의학박사를 계속 독려하였음을 알 수 있다.

長은 생도의 공부를 장려하고 그 중 특히 부지런한 자가 있거든 이름을 기록하여 보고하라"는 지시를 내리고 있다.[137] 역시 유학을 비롯해서 의학, 복학이 강조되고 있으며 서학과 산학은 제외되고 있다. 그렇다면 書學 교육은 西京을 제외한 지방사회에서는 이루어지지 않았다고 볼 수 있다.

書學은 단순히 교육과정의 하나로만 여겨진 것은 아니었다. 문종이 즉위하자 당시 최고의 문한관이라 할 수 있는 崔沖에게 律令과 書·算을 제정하라는 명령을 내린다.

문종이 즉위하자 최충을 문하시중으로 임명하고, 律令과 書·算을 연구하고 제정할 것을 명하였다.[138]

崔沖은 穆宗 8년(1005)에 과거에 장원 급제하고 顯宗 때에 拾遺, 補闕, 한림학사, 예부시랑, 간의대부 등 벼슬을 역임하였고 德宗 초엽에 右散騎常侍 同知中樞院事로 임명되었다. 문종이 즉위하자 문한관으로 대우받았던 崔沖을 문하시중으로 임명하고, 이와 아울러 법령과 서학과 산학을 연구하도록 명한 것이다. 이는 書學이 律令 및 算學과 함께 행정체계를 정비하는 데 필요한 요소로 여겨졌기 때문이다.

그리하여 서학을 공부한 자들을 육성하기 위해 최고 학부인 국자감에서 교육을 담당하도록 했다. 성종 때 國子監을 설치한 이후 文宗 때 제도를 정비할 때에 종9품의 書學博士 2명과 算學博士 2명을 두었다고 한다.[139] 국자감의 교육은 유학을 중심으로 하되, 그 밖에 書學은

---

137) 『高麗史』 卷3, 世家, 穆宗 6年 正月, 上冊, 82쪽.
138) 『高麗史』 卷95, 列傳 8, 崔沖, 下冊, 117쪽.
139) 『高麗史』 卷76, 百官志 1, 成均館, 中冊, 670쪽, "문종이 提擧·同提擧·管勾를 각 2명으로 하고 判事는 1명으로 하여 모두 兼官으로 하였으며, 祭酒는 1명으로 하되 秩을 종3품으로 하고 司業은 1명으로 하되 종4품으로 하고, 丞

92

算學과 함께 본격적으로 교육하려는 과목이었음을 보여준다.

> 라-(3) 인종조에 식목도감에서 學式을 상정했다.……律學·書學·算學
> 은 다 국자감에 속하되 율학·서학·산학의 학생 및 주현의 학생은
> 모두 8품관 이상의 자식 및 일반 서인을 받는다. 7품 이상의 자식도
> 원하면 이를 허락한다.[140]

> (4) 율학·서학·산학에는 다만 박사를 두는데, 율학박사는 율령을
> 맡아 가르치고, 서학박사는 8書를 맡아 가르치며, 산학박사는 산술
> 을 맡아 가르친다.[141]

사료 라-(3)에 따르면 국자감에서 서학은 율학, 산학 등의 과목과 함
께 개설되었는데, 書學에 입학할 수 있는 자격은 다른 국자감 학생보
다 그 제한이 완화되었다.

예를 들어 國子學生의 경우 3품 이상의 자손이나 勳官 2품 이상, 京
官 3품 이상 봉작을 받은 사람들의 자식이 될 수 있었다. 그 아래 大學
生과 四門學生도 마찬가지여서 그 입학에 상당한 제한이 있었다.[142]

은 종6품으로 하고 國子博士는 2명으로 하되 정7품으로 하고, 大學博士는 2
명으로 하되 종7품으로 하고, 注簿는 정7품으로 하고 四門博士는 정8품으로
하고 學正 2명, 學錄 2명은 모두 정9품으로 하고 學諭 4명, 直學 2명, 書學博
士 2명, 算學博士 2명은 모두 종9품으로 하였다."
140) 『高麗史』 卷74, 選擧志 2, 學校, 中冊, 626쪽, "仁宗朝 式目都監詳定學式…
…其律學·書學·筭學 皆肄國子學 律書筭及州縣學生 並以八品以上子及庶
人爲之. 七品以上子 情願者聽".
141) 『高麗史』 卷74, 選擧志 2, 學校, 中冊, 626쪽, "律書筭學 只置博士 律學博士
掌敎律令 書學掌敎八書 筭學掌敎筭術".
142) 『高麗史』 卷74, 選擧志 2, 學校, 中冊, 626쪽, "大學生 以文武官五品以上子
孫 若正從三品曾孫 及勳官三品以上有封者之子 爲之. 四門學生 以勳官三
品以上 無封四品有封 及文武官七品以上之子 爲之".

그렇지만 書學의 경우 사료 라-(3)에 보이듯이 8품관 이상의 자식 및 일반 서인에게 열려 있었다. 오히려 7품 이상은 원하면 허락한다는 것으로 보아, 書學이 주로 하급 관료 이하의 자손을 주요 대상으로 했던 것 같다.

국자감에서는 書學을 書學博士로부터 배우도록 했다. 이미 書學을 가르칠 수 있는 전문가로서 서학박사가 배출되어 있었다. 사료 라-(4)에는 서학박사로부터 8書, 즉 8가지 글씨체를 배우게 했다는 기록이 있다. 다양한 글씨체를 배운다는 것은 그저 간단히 행정문서를 작성하기 위함은 아닐 것이다. 중국으로 보내는 외교문서나 왕에게 올리는 문서를 비롯해서 행정상 필요한 문서에 이르기까지 다양한 경우를 대비하기 위한 것으로 보아야 한다. 이와 같이 국자감에서는 書學이라 하여 전문적으로 모든 종류의 문서를 작성할 수 있는 훈련과정을 두고 별도의 전문가를 양성하였다.

토지제도와 녹봉제가 정비되면서 국자감에서 교육을 담당하는 서학박사에게도 일정한 토지와 녹봉을 수여하였다. 문종 30년에 兩班田柴科를 다시 정하였을 때 書學博士는 제15과로서 田이 25결이었다. 이는 律學助敎 및 算學博士와 동일한 등급인데, 律學博士가 제14과로서 田이 30결, 柴地가 5결인 것보다 한 등급 낮았고 地理博士가 別賜田으로 田이 20결 수여된 것보다는 다소 높았다.[143] 같은 시기에 정해진 녹봉 역시 그 등급에서 동일한 차등을 유지하고 있었다. 서학박사는 律學助敎, 算學博士, 呪噤博士 등과 함께 10석을 받고 있으며 이 역시 律學博士의 16석 10두보다 낮은 등급에 해당한다.[144]

국자감의 과목으로 정착한 書學은 그대로 과거제도와 직결되었다.

143)『高麗史』卷78, 食貨志 1, 田制 田柴科, 文宗 30年, 中冊, 709~711쪽.
144)『高麗史』卷80, 食貨志 3, 祿俸 文武班祿, 文宗 30年, 中冊, 751~752쪽.

라-(5)-① 明書業式은 2일 동안 貼經하는데 첫날은 「說文解字」에서 6
條, 「五經字樣」에서 4條를 貼經하여 모두 맞춰야 한다. 다음날은 「
書品長句詩」 한 수, 眞書・行書・篆書・印文으로 1窠를 쓴다. (3
일 이후에는) 「說文解字」 10机를 다 읽고 그 안에서 해석과 義理에
6机를 통해야 하는데, 6問의 義理를 해석하고 4机를 맞춰야 한다.
② 무릇 何論業의 격식은 奏・狀・小貼・喫算을 眞書로 쓰는 것
과 何論 10궤, 효경과 曲禮 각 2궤, 律 前後帙 각 1궤를 이해하고
읽어야 한다.
③ 무릇 書業監試는 文字로 하되 「說文解字」 30권 내에서 白丁은
3책, 庄丁은 5책으로 하여 각각 뜻을 이해하고 읽어보도록 하며 또
眞書로 쓰게 하였다.145)

사료 라-(5)-①에는 明書業의 과목이 나타나 있는데, 서학 분야의 시
험으로 추정한다. 명서업 시험의 주요 과목은 「說文解字」와 「五經字
樣」으로 정해져 있다. 국자감 서학에서 배우는 8書의 교재는 바로 이
「說文解字」와 「五經字樣」이었을 것으로 추측된다.146) 「說文解字」와
「五經字樣」은 모두 글자에 대한 공부를 하는 것이므로 이것만으로도
학업의 목표를 충분히 알 수 있다.
서학이 국자감에 설치된 이상 명서업에도 제술업・명경업과 같이

---

145) 『高麗史』 卷73, 選擧志 1, 科目 1 科擧, 中冊, 591~593쪽, "仁宗十四年十一
月判……凡明書業式 貼經二日內 初日貼說文六條 五經字樣四條 並全通 翌
日 書品長句詩一首 眞書行書篆書印文一窠 讀說文十机內 破文兼義理通六
机 每義六問破文 通四机.……凡何論業式 眞書奏狀小貼喫筭 讀何論十机・
孝經曲禮各二机・律前後帙各一机……凡書業監試 字說文三十卷內 白丁三
冊 莊丁五冊 各破文試讀 又令眞書".
146) 허흥식, 「고려 예부시의 제업별 출제와 급제자의 진출」, 『고려과거제도사연
구』, 일조각, 1981, 112쪽 참조. 이에 따르면 「五經字樣」는 당나라의 唐元度
가 石經의 字體를 핵정한 「九經字樣」 가운데서 五經에 해당한 부분만 뽑아
고려에서 과거의 교재로 쓴 것 같다고 한다.

國子監試가 있었다.[147] 사료 라-(5)-③에 보이는 서업감시가 바로 명서업의 국자감시인데, 시험과목은 「說文解字」였다. 「說文解字」 30권 가운데서 읽고 이해하고 해서로 쓰는 시험을 보았다. 「說文解字」는 명서업에서 가장 기초가 되는 교재였던 셈이다. 그리고 시험에는 글자를 쓰는 것은 물론이고 읽고 이해하는 것도 포함되어 있었다.

이와 같이 과거시험에 명서업을 별도로 설치하여 국자감에서 書學의 교육을 받은 사람에게는 관직에 나갈 수 있는 기회를 주었다. 기록을 전문적으로 할 수 있는 관리를 시험을 통해 선발하였던 것이다.

명서업이 좀더 깊이 있게 글을 이해하는 것까지 요구된 반면, 단순히 글을 쓰는 것으로 시험을 볼 수 있는 과목이 별도로 있었으니 사료 라-(5)-②의 何論業이었다. 여기서는 奏·狀·小貼 등 상소문, 장계 및 기타 왕에게 올리는 글을 眞書, 즉 정자로 쓰도록 하였다. 그 구체적인 문서 양식까지 언급된 것으로 보아 하론업 출신도 문서 작성의 임무를 맡았을 가능성이 크다.[148] 다만 하론업은 좀더 단순한 직임을 맡을 관리를 선발하려 한 것이고, 명서업은 보다 고도의 업무를 맡을 관리를 대상으로 한 것이다.

고려사회에서 명서업은 제술업·명경업과 거의 동일한 비중을 차지하였으며, 이는 그만큼 이들의 임무가 중요했음을 나타내는 증거이기도 하다.

---

147) 국자감생이 입학해서 3년이 지나면 국자감시에 응시할 수 있었고, 이를 거치면 예부시에 응시할 수 있었다. 허홍식, 「고려 과거의 응시자격」, 『고려과거제도사연구』, 59쪽.

148) 허홍식, 「고려 예부시의 제업별 출제와 급제자의 진출」, 『고려과거제도사연구』, 118~119쪽 참조. 효경과 곡례는 모두 일상생활의 규범을 밝힌 禮書 가운데 가장 초보적인 것이므로 하론업은 기초 교양으로 吏屬을 선발하는 고시로 보았다.

라-(6) 현종 8년 10월에 判하여 東堂 監試에 휴가를 주되 兩大業은 시험 전 3개월을 주고 醫卜書業은 2개월, 算業은 1개월을 주도록 하였다.[149]

(7) 문종 30년 12월……이 달에 判하여 國制에 製述·明經·明法·明書·明算業 출신은 첫해에 토지를 주되 갑과는 20결을 주고 나머지는 17결을 주며, 何論業 출신으로 義理를 깨우친 자는 이듬해에 토지를 주고, 그 밖의 수공업 잡과 출신들에게도 4년 후에는 토지를 주기로 했는데, 오직 의업 복업 지리업은 정한 규정이 없으니 또한 明法·明書·明算의 예에 의하여 토지를 주기로 한다.[150]

고려사회에서는 음직으로 관리가 될 기회가 많았다. 하지만 그렇게 하여 관리의 길에 나섰어도, 과거에 합격하고자 응시하는 사람들이 상당수 있었다. 그들이 과거에 응시하기 위해서 일정한 기간을 쉬었던 모양인데, 현종대에는 국가에서 이를 공식으로 주는 휴가로 처리하였다. 사료 라-(6)을 보면 시험에 따라 휴가 기간이 달랐다. 書業은 醫·卜業과 함께 2개월의 휴가를 받도록 했는데, 이는 兩大業, 즉 제술업과 명경업의 3개월에 미치지는 못하나 算業의 1개월 휴가보다는 많았다. 書業의 중요성을 짐작할 수 있다.

또한 시험에 합격한 사람에게는 토지를 주는데 시험의 종류에 따라 지급하는 해와 토지의 양이 달랐다. 사료 라-(7)을 보면 명서업 출신은 製述業·明經業과 같이 합격 첫 해부터 바로 토지를 받을 수 있었다.

---

149) 『高麗史』卷73, 選擧志 1, 科目 1 科擧, 中冊, 590쪽.
150) 『高麗史』卷74, 選擧志 2, 科目 2 崇奬之典, 中冊, 614쪽, "文宗三十年十二月……是月判 國制 製述明經明法明書筭業出身 初年給田 甲科二十結 其餘十七結 何論業出身義理通曉者 第二年給田 其他手品雜事出身者 亦於四年後給田. 唯醫卜地理業未有定法 亦依明法書筭例給田".

그에 비해 사료 라-(5)-②에서 보았던 하론업 출신은 합격 다음 해부터 토지를 받도록 되어 있었다. 이들 사이에는 차별이 존재했음을 알 수 있다.

과거시험 전체에서 명서업은 다른 과목에 비해 선발 수효가 많지 않았다. 『고려사』에는 명서업 합격에 관한 기록으로는 목종 원년의 두 차례 기사가 전부이다.[151] 이를 보면 명서업은 명경, 명법, 심지어 명산에 비해서도 선발 수효가 적었다.

목종 원년 정월에 명경 7명, 명법 5명, 명산이 4명인데 명서업은 3명을 뽑았으며, 3월에는 명경 20명, 명법 23명, 명산 11명으로 대거 선발했는데 명서업은 겨우 5명이었다. 그렇다면 전체적으로 명서업 출신은 그리 많지 않았을 것으로 짐작된다.[152] 다른 과목은 특수 분야의 전문가여서 구하기 어렵지만, 명서업은 충원할 수 있는 다른 통로가 있었기 때문이다. 따라서 애초에 정부가 선발하려고 하는 인원이 많지 않았던 것 같다.

명서업으로 진출했을지라도 일단 관직에 오르면 그 승진에서는 크게 차이가 없었다.

---

151) 『高麗史』 卷73, 選擧志 1, 科目 1 選場, 中冊, 596쪽, "목종 원년 정월에 邦憲이 貢擧한 바 甲科에 周仁傑 등 2명과 乙科 3명, 明經 7명, 明法 5명, 明書 3명, 明算 4명, 三禮 10명, 三傳 2명에게 급제를 주었다. 3월에 좌사낭중 崔成務가 知貢擧가 되어 진사를 뽑고 甲科에 姜周載 등 7명과 乙科 15명, 同進士 18명, 恩賜 1명, 明經 20명, 明法 23명, 明書 5명, 明算 11명에게 급제를 주었다."

152) 허흥식, 「高麗 禮部試의 諸業別 出題와 及第者의 진출」, 앞의 책, 112쪽에서는 그래도 명서업은 꾸준히 진행되었을 것이라고 하면서 문종 30년 전시과의 서학박사, 목종 1년 전시과의 서학박사와 篆書博士 등은 모두 명서업 출신이었을 것으로 추정하고 있다. 또한 고려시대의 寫經이나 官刊 典籍에는 경직된 필치가 보이는데, 이는 명서업 출신들의 전문화된 필적으로 된 작품들로 보고 있다.

라-(8) 지금의 왕(명종)이 즉위하지 않았을 때 학문하는 친구로 삼아 함께 글을 읽으며 어울렸다. 관례를 올리고서 비로소 書算을 시험보아 뽑히어 책명을 받게 되었다.[153]……학문을 두텁게 하여 두 번 성균시에 발탁되었다.……恭睿太后가 돌아가심에 대금국에서 사신을 보내어 위문하니, 소를 내려 공을 接伴使로 삼았다. 客使가 자비령에 이르러 시를 남기니, 공이 즉시 붓을 당겨 시문을 지어 응답하였다.[154]

사료 라-(8)은 명종대에 활동했던 晉光仁의 묘지명이다.[155] 이에 따르면 진광인의 고조부 晉兢應은 鄕貢進士로서 광종조에 발탁되어 광종 9년(958)에 春官試에서 甲第로 뽑혀 光文院 少監에 이르렀다. 그렇다면 진광인의 집안은 지방사회에 세력을 두고 있던 호장층으로서 광종대에 이미 향공진사로서 진출하였다. 더욱이 시험을 통해 본격적으로 관직에 진출한 것으로 보아, 이 집안에서는 학문의 교육을 통해 중앙 진출을 꾀하는 경향이었음을 짐작할 수 있다. 이후 증조, 조, 부에 이르기까지 관직에 진출하였다. 그리하여 진광인은 왕자인 명종과 함께 공부할 정도로 가문이 성공한 듯하다.

지방에서 올라와 꽤 성공한 집안에서 자라난 진광인은 書業 및 算業의 시험을 통해 일단 중앙으로 진출하였던 것 같다. 명종이 즉위한 이후 관직으로 나아갔다. 더욱이 진광인은 명종 14년(1184)에 금나라 사신이 왔을 때 接伴使가 되었는데, 금나라 사신이 지은 시에 즉석에서 응답하였으며, 그 문체의 기운이 청절하여 휘하 사람들이 서로 다투어 그것을 옮겨 베꼈다고 한다. 이는 진광인의 글 솜씨가 탁월했음을 보여준다.

---

153) "始冠 試書算 中格策名".
154) 「晉光仁墓誌銘」,『高麗墓誌銘集成』, 255~256쪽.
155) 晉光仁은 인종 5년(1127)부터 명종 16년(1186)까지 생존했다.

사료 라-(8)에서 진광인의 사례를 보면, 명서업을 통해 진출한다고
해서 집안의 지위가 낮은 것은 아니었음을 알 수 있다. 또한 탁월한 글
솜씨를 갖춘 사람도 응시할 수 있는 시험이었다. 아마 관리가 되기 위
한 좀 더 편리한 제도로서 이용되었던 것 같다.

하지만 문서 작성의 전문가를 배출하려고 시행했던 명서업을 통해
진출한 사람들로는 역시 향리가 많았고, 고려후기에는 문제로 자주 지
적되었다. 다음 사료에 나오는 李子脩는 鄕貢으로 추천되어 관직에 나
아간 사람인데, 이것은 바로 명서업을 통해서 진출했음을 드러내는 홍
패이다.

라-(9) 准 鄕貢擧人李子脩
　　　　王命
　　　　　賜 二科第四人明書業及第者 至順元年十一月日 同知
　　　　　工擧奉順大夫密直使右代言左常侍藝文館提學知製
　　　　　敎同知春秋館事知軍簿事　李 押 (手決)
　　　　　知貢擧東韓保節盡忠無極功臣三重大匡順興府院君
　　　　　領藝文館事　安 押 (手決)　　　　　　　(「李子脩紅牌」[156])

사료 라-(9)는 至順 元年, 즉 충혜왕 즉위년(1330) 11월에 명서업에
합격한 李子脩에게 典理司에서 발급한 급제첩이다. 과거에 합격한 급
제첩은 상당히 남아 있으나, 명서업 출신은 이것이 유일한 사례이다.
하지만 이것도 원문서가 아니라 眞城 李氏에서 소장하고 있는 『眞寶
李氏世譜』 내의 『眞寶李氏世譜遺事』에 전재되어 있는 것이다.[157]
당시 이자수는 '鄕貢擧人'이라고 표기되어 있는 것을 볼 때, 아직 자

---

156) 『韓國古代中世古文書硏究(上)』, 68~69쪽.
157) 「李子脩紅牌」, 『韓國古代中世古文書硏究(上)』, 68쪽.

100

신의 본관인 경상도의 甫城府에 거주하고 있다가 지방관의 추천으로 시험에 응시할 수 있었던 것으로 보인다. 그의 祖와 曾祖는 甫城府의 호장이었고 외조도 松生郡의 호장이어서, 그의 집안은 호장층이었다. 아버지 李碩은 追封奉翊大夫 密直使였다고 하나,[158] 아들이 鄕貢으로 추천된 것을 보면 아버지의 관직은 이후에 추봉된 것으로 보아야 한다. 아마도 이자수는 鄕貢을 통해 그의 집안에서 처음으로 관직에 진출했을 것이다. 그 결과 그의 홍패를 가보로 보존하고 대를 이어 관리했던 것 같다.

이 기사는 『高麗史』에도 실려 있어 그 사실을 확인할 수 있다. 충숙왕 17년(1330) 10월에 당시 知貢擧는 순흥부원군 安文凱, 同知貢擧는 右代言 李湛이 맡은 것으로 기록되어 있다.[159] 즉 사료 라-(9)에서 수결한 同知貢擧 李와 知貢擧 安의 이름이 바로 이들이었음을 알 수 있다. 하지만 『高麗史』에는 진사 33명과 明經과 恩賜에서 각각 2명을 선발하였다고만 되어 있어, 명서업 합격자는 언급되지 않았다. 그렇다면 그 밖의 다른 기사에서도 명서업 합격자에 대해서는 상술하지 않았음을 짐작할 수 있다.

현재 이자수에 관련된 문서가 몇 개 남아 있는데, 「李子脩政案」[160]을 비롯해서 「李子脩洪武九年朝謝牒」[161]과 「李子脩洪武十五年朝謝牒」[162] 등이 있다. 政案은 당사자의 관직 이력서로 전리사에서 보관하는 것이고, 朝謝牒은 署經이 종결되었으므로 朝謝를 발급해도 좋다고 허락하는 사헌부의 帖에 근거하여 작성한 밀직사의 문서이므로, 여기

158) 오늘날 眞城 李氏 가문에서는 李碩이 처음 중앙 관료가 되었다고 보고 있다.
159) 『高麗史』卷73, 選擧志 1, 科目 1 選場, 忠肅王 17年 10月, 中冊, 610쪽.
160) 허흥식, 『한국의 古文書』, 민음사, 1988, 284쪽 및 『韓國古代中世古文書硏究(上)』, 87~90쪽.
161) 『韓國古代中世古文書硏究(上)』, 93쪽.
162) 위의 책, 95쪽.

에는 이자수의 관직이 그대로 나타난다.

이에 따르면 「李子脩政案」은 至正 26年, 즉 공민왕 15년(1366)에 전리사의 정안을 謄給한 政案의 등본인데, 당시 이자수는 中顯大夫 知春州兼勸農防禦使로 '3품 政案 제17책'에 올라 있었다. 명서업으로 급제한 지 35년이 지난 뒤였는데 정3품의 관직에 올라 있었다. 그리고 두 개의 조사첩에 따르면 洪武 9年, 즉 우왕 2년(1376)에는 李子脩가 정3품의 書雲觀 판사에 임명되었고[163] 洪武 15年, 즉 우왕 8년에는 정3품의 典儀寺 판사에 임명되었다고 한다.[164] 이때에는 명서업에 급제한 지 이미 50년이나 지났고 정3품으로 오른 지도 15년이 지났는데, 정3품 이상으로는 오르지 못했음을 알 수 있다.

이자수의 사례를 보면 명서업을 통해서 관료가 되었지만, 관직에는 제한이 있었던 것 같지 않다. 따라서 관직자 집안이었던 사료 라-(8)의 진광인 사례와 크게 다를 바가 없었다. 그렇기 때문에 고려 말에는 이에 대한 제한의 조치를 꾀해야 한다는 의견이 계속 올라갔다.

라-(10) 우왕 9년 2월에 左司議 權近 등이 말하기를, "국가의 안위는 州郡의 성쇠에 달려 있는데 근년 이래로 지방 州縣의 吏屬 무리들이 본역을 면하려고 明書業·地理業·醫業·律業을 한다고 합니다. 모두 실제로는 재주가 없이 出身하여 免役하기 때문에 鄕吏가 날로 줄어서 공무를 집행하기 어렵고 수령들이 일을 시킬 사람이 없게 되었습니다.……바라건대 東堂 雜業과 監試 明經을 모두 파하게 하소서." 하니 우왕이 슈하여 東堂 雜業과 監試 明經을 옛 제도에 의하여 시행하고, 鄕吏는 3丁이면 한 아들만 시험에 응시하도

---

163) 『高麗史』 卷76, 百官志 1, 書雲觀, 中冊, 677~678쪽. 書雲觀은 天文, 曆數, 測候, 刻漏의 일을 맡은 기관이었다.

164) 『高麗史』 卷76, 百官志 1, 典儀寺, 中冊, 672~673쪽. 典儀寺는 祭祀와 贈諡를 담당한 기관이었다.

록 하였다.165)

사료 라-(10)은 고려 말 우왕 9년(1384)에 권근을 비롯한 관료들의 상
소문으로, 지방의 향리들이 明書業을 비롯해서 이른바 雜業의 과거를
통해 면역하는 데 따른 문제점을 지적한 것이다. 이러한 내용은 고려
후기 사료에서 빈번히 나타난다. 鄕吏는 지방행정에서 매우 중요한 위
치에 있었으므로, 모두 중앙으로 진출하려고 하면 지방행정의 공백을
가져올 수도 있었기 때문이다.

명서업은 사료 라-(9)의 이자수와 같이 지방 호장층으로 아직 중앙
진출의 통로가 확보되지 못한 사람들에게, 書學을 공부하여 중앙의 관
료로 진출할 수 있는 좋은 기회가 되었다. 이에 대하여 중앙의 관료들
은 "공무를 집행할 수 없고 수령이 일을 시킬 사람도 없다"고 하면서
이를 원천적으로 막으려 하였다. 이들의 주장처럼 그대로 잡업을 폐지
하지는 않았지만, 향리의 중앙 진출을 위한 시험 응시는 점차 제한되
었던 것이다.

2) 공문서의 생산과 胥吏의 지위

고려의 胥吏는 관직체계의 말단에서 행정의 실무를 담당했던 관리
로 파악되었다.166) 하지만 이들이 구체적으로 어떠한 행정 실무를 담

---

165) 『高麗史』 卷75, 選擧志 3, 銓注 鄕職, 中冊, 654쪽, "辛禑九年二月 左司議權
近等言 '國之安危 係乎州郡盛衰. 比年以來 外方州縣吏輩 規免本役 稱爲明
書業·地理業·醫律業 皆無實才出身免役. 故鄕吏日減 難支公務 至於守令
無所役使……乞東堂雜業監試明經一皆罷之' 禑令東堂 雜業監試明經 依舊
施行 鄕吏則三丁一子 許赴試".
166) 지금까지 발표된 胥吏에 관한 대표적인 연구는 다음과 같다.
　　이우성, 「高麗朝의 '吏'에 대하여」, 『歷史學報』 23, 1964 ; 김광수, 「高麗時代
　　의 胥吏職」, 『韓國史研究』 4, 1969 ; 박종진, 「高麗時期 吏屬職의 構造와 胥

당했으며, 또 이전과 달리 고려시대에는 관청마다 왜 그렇게 많은 서리를 정식으로 설치했는지 등의 문제는 여전히 의문으로 남아 있다.

본서에서는 행정 업무란 구체적으로 문서를 통해 구현되는 것이며, 그 과정에서 胥吏는 문서를 작성하는 담당자이며 관리자였다는 점에 주목하고자 한다.

먼저 실질적인 행정운영이 문서를 통해 이루어지려면, 그 문서를 작성하고 발송하는 데 일정한 격식이 마련되어야 함은 물론이고, 무엇보다 중요한 것은 이러한 여러 격식과 규정을 숙지하고 적용할 수 있는 실무 담당자를 배치하는 것이다. 이러한 필요성에 따라 설치되었던 胥吏職은 단순히 문서를 작성하는 실무자에 불과했는가. 이들이 담당했던 구체적인 역할을 살펴봄으로써, 그것이 문서생산 과정에서 어떠한 의미가 있었는지 파악할 필요가 있다.

또한 작성된 기록물은 체계 있게 정리되어야 편리하게 활용할 수 있는데, 고려 정부는 어떠한 방법으로 문서를 정리하고 보존했을까. 행정 운영상의 필요에 따라 정리, 보존되었던 문서를 중심으로 그 과정에서 나타난 胥吏의 역할도 아울러 살펴보려고 한다.

이를 위해 현재 남아 있는 고문서 등 실제의 사례를 분석하여 공문서를 생산, 정리, 보존하는 관리체계에서 이를 전담했던 관원으로서의 胥吏의 모습을 보다 입체적으로 그려보려 한다. 이러한 작업을 통해 공문서 관리체계와 그 중심에 있던 胥吏의 역할을 파악할 수 있다면, 고려의 정치체제에서 胥吏가 갖는 지위와 그 의미를 보다 분명하게 밝힐 수 있으리라 생각한다.

(1) 고려 초 중앙행정기관의 문서 담당 관리

吏의 地位」,『고려·조선전기 중인연구』, 신서원, 2001.

    고려의 행정운영에서 胥吏는 공문서의 생산과 관련되어 매우 중요한 위치를 차지하고 있었다. 국가는 이들을 언제나 충분하게 확보해야 행정을 원활하게 운영할 수 있었을 것이다. 더욱이 胥吏는 어느 정도 글을 아는 사람들을 대상으로 하기 때문에 누구에게나 개방될 수는 없었다.

    이에 대한 첫 번째 방안은 고위 관직자의 자손에게 음직으로 서리직을 허용하는 것이었다. 그 비율이 크지 않더라도 중요한 인적 자원의 하나였음은 분명하다.167) 이를 통해 정부는 일정한 수의 문서 담당 관리를 확보할 수 있었을 것이다.

    다음으로는 지방사회에서 행정을 담당했던 향리들에게도 중앙의 서리로 진출할 수 있는 길이 있었다. 鄕吏야말로 일찍부터 지방의 邑司를 중심으로 행정 실무의 경험이 풍부한 사람들이었기 때문이다. 당시 기록 중에 향리직을 '鄕邑簿書의 役'으로 표현하기도 했는데,168) 향리의 임무 중 중요한 직무가 문서 관련 업무였기 때문에 그러한 인식을 했던 것으로 보인다.

    이러한 풍부한 인적 자원을 기반으로 胥吏가 수급될 수 있었기 때문에 고려의 행정이 별 무리 없이 운영될 수 있었다. 또한 일단 胥吏를 통해 관직에 나가면, 비록 연한의 차이는 있지만 이후 품관으로 진출할 길도 열려 있었다.169) 그에 따라 서리에도 다양한 층위가 있었고 특

---

167) 김용선, 「고려시대의 음서 시행 사례」, 『高麗 蔭敍制度 硏究』, 일조각, 1991, 255~297쪽. 이에 의하면 고려시기 蔭敍 시행 사례 203개 중 서리로 임명된 것은 26개에 불과하다고 한다.
168) 「宋子淸墓誌銘」, 『高麗墓誌銘集成』, 285~286쪽 참조. 宋子淸의 경우 "寧州人이며 증조는 郞將, 祖는 戶長, 父는 戶長"이었는데 "일찍이 鄕邑簿書의 役을 이어받았다"고 한다. 즉 직계 3대가 영주의 호장과 지방군 장교를 맡았던 호장층이었음을 알 수 있다.
169) 胥吏의 확보와 관직 진출에 관해서는 김광수, 앞의 논문, 1969 및 박종진, 앞의 논문, 2001 참조.

정의 서리직은 서로 하고자 나서기도 하였다.

　　마-(1) 甲寅年에 門下錄事를 구하는데 공이 부득이 나아가게 되었다.
　　예전에 이 자리는 衣冠 중 巨産者가 아들이나 사위로 하여금 맡게
　　했는데, 대개 경비가 많이 들고 犀秩로 뛸 수 있기 때문이다. 이해
　　6월에 東堂의 柳文正公이 타이르기를 "그대는 文才가 있으니 다만
　　吏路로 벼슬하기는 마땅치 않다"며 시험을 보게 하니 과연 합격하
　　였다.170)

　　(2) 그는 재산이 많기로 유명하였으며, 內侍에 소속되어 門下錄事로
　　임명되었다.171)

　　사료 마-(1)과 마-(2)는 門下錄事에 임명된 두 사람의 사례이다. 두
사람은 모두 음직으로 門下錄事에 나아갔는데, 이후 사료 마-(1)의 권
단은 지첨의 부사에 이르렀고172) 사료 마-(2)의 김련은 첨의시랑 찬성
사까지 이르렀다. 물론 권단은 중간에 과거에 응시하여 합격했지만, 이
들은 서리직에서 출발하여 최고의 관직까지 올랐다고 볼 수 있다.
　　위의 사료에는 두 사람이 왜 문하녹사로 시작했는지 설명하고 있다.
사료 마-(1)의 권단은 본래 관직에 나갈 마음이 없었는데 갑인년, 즉 고
종 41년(1254)에 조정에서 문하녹사를 필요로 하자 한림학사인 아버지
의 요청으로 맡게 되었다. 그리고 아버지는 집안 재산을 다 써서 그 비
용을 대주었다고 한다.173) 비슷한 시기에 활동했던 사료 마-(2)의 김련
도 재산이 많아서 門下錄事로 관직을 출발하였다. 왜냐하면 이 직책에

---

170) 「權㫜墓誌銘」, 『高麗墓誌銘集成』, 427쪽.
171) 『高麗史』 卷107, 列傳 20, 金連, 下冊, 357쪽.
172) 權㫜은 고종 16년(1229)부터 충선왕 4년(1312)까지 생존했다.
173) 『高麗史』 卷107, 列傳 20, 權㫜, 下冊, 358~359쪽.

106

는 경비가 많이 들었기 때문이다. 사료 마-(1)의 표현처럼 부유한 집안의 아들이나 사위만이 할 수 있는 자리였다. 아마 필요한 경비를 스스로 마련해야 했던 것 같다. 그 대신 승진의 단계를 뛰어 犀秩, 곧 犀帶를 띠는 6품관으로 나아갈 있어서[174] 부유한 집안에서 노리던 자리였다.

그렇다면 권단의 집안이 매우 부유했을 것 같지만, 그의 할아버지인 樞密院 副使 權守平의 기록에는 초기에 隊正이었다가 牽龍에 보충되었을 때에 집이 빈궁하여 그 직을 사절하였다고 한다.[175] 할아버지가 초기 관직 생활에서 어려웠으나 관직이 상승하면서 후에는 부유하게 되었다고 볼 수도 있다. 그렇다 하더라도 이 집안이 부유함을 내세울 정도였다고 보기는 어려울 것 같다. 그보다는 관직을 하기 위해서 무리해서라도 기회를 붙잡았던 게 아닐까.

필요할 때에는 관리 집안에서도 문음을 통해 쉽게 서리직으로 나아갈 수 있었다. 그것은 관직을 얻는 매우 쉬운 방법이었다. 하지만 당시 재상이었던 柳文正公, 즉 柳璥이 권단의 文才를 보고 "吏路로 벼슬하기는 마땅치 않다"고 한 것은 서리직보다는 과거를 통해 나아가는 것이 권장되었음을 보여준다. 문한관이 자리를 잡게 되는 12세기 이후에는 이러한 추세가 주요 흐름이었던 것 같다.

무인정권 시기의 崔忠憲[176]은 門蔭으로 얻은 관직을 '刀筆吏'라 표현하고 있다. 刀筆吏라고 부르는 것은 그 관직이 문서 담당 관리였음을 의미한다. 즉 문음으로 얻은 관직이 바로 서리였음을 표현한 것이

174) 『宣和奉使高麗圖經』 卷7, 冠服, 卿監服, 아세아문화사, 1983 영인, 38쪽 참조. 이에 따르면, 紅鞓犀帶를 하는 관리로는 六寺卿貳, 省部丞郎, 國子儒官, 秘書典職 이상이라고 한다.
175) 『高麗史』 卷102, 列傳 15, 權守平, 下冊, 253~254쪽.
176) 崔忠憲은 의종 3년(1149)부터 고종 6년(1219)까지 생존했다.

다. 최충헌이 이것을 부끄럽게 여겼다는 것을 보면,[177] 당시 서리직을
어떻게 생각했는지 그 풍토를 짐작할 수 있다.

　고려국가는 국초부터 공문서를 작성하는 규정을 만들고 그 유통을
장악함으로써 행정체계를 일원화하고자 했다. 기록으로는 늦어도 성종
대에 공문서 규정이 마련되었으나,[178] 건국 초부터 문서 작성을 담당
하는 관리들이 설치된 것을 보면[179] 이미 이때부터 일정한 격식이 있
었음을 짐작할 수 있다.

　이에 대하여 인종 원년(1123)에 송나라에서 사신으로 왔던 徐兢의
기록을 참고할 만하다.

　　고려의 政事가 간편한 것을 숭상하므로 소송의 문서도 간략하게 하
　여 글로 기록하지 않는다. 관부에서 일을 다스릴 적에도 앉아서 책상
　에 의지하지 않고, 다만 걸상에 앉아서 지휘할 따름이다. 吏가 案牘을
　받들어 무릎 꿇고 앞에서 아뢰면 윗사람은 듣고 즉시 批決하되, 뒤에
　상고하기 위해 남겨 놓는 일이 없고 일이 끝나면 버리고 문서고(架閣)
　를 마련하지 않았다. 다만 중국의 詔命이나 信使의 글은 왕부의 창고
　에 잘 간수하여 備檢 거리로 삼는다.[180]

---

177)「崔忠憲墓誌銘」,『高麗墓誌銘集成』, 330쪽, "처음에는 門蔭으로 良醞令 散
　　職에 보임되었으며,……공적과 명예로써 영달할 것을 자부하여 刀筆吏가 됨
　　을 부끄럽게 여겼다."
178) 고려 초 언제부터 공문서 규정이 제정되었는지 알 수 없으나, 현재 남아 있는
　　기록으로 가장 오래된 것이 성종 6년(987)이다. 늦어도 이때에는 공문서 규정
　　이 마련되어 있음을 알 수 있다.『高麗史』卷3, 世家, 成宗 6年 8月 乙卯, 上
　　冊, 70~71쪽에 "命李夢遊 詳定中外奏狀 及行移公文式"이라 하여 지방과
　　중앙에서 왕에게 보고하는 문서, 곧 奏狀의 書式과 기관 상호간에 공문을 교
　　류할 때 필요한 격식인 行移公文式이 정해졌다.
179) 김광수, 앞의 논문, 1969, 3~8쪽.
180)『宣和奉使高麗圖經』卷22, 雜俗 1, 治事, 114쪽.

서긍은 30대 초반에 고려에 와서 세심하게 각종 상황을 살폈으며,[181] 그 결과를 적은 이 책은 단순한 여행 기록이 아니라 국가에 보고한 보고문이라고 할 수 있다.[182] 따라서 그저 눈에 보이는 대로 적은 게 아니라 상당히 정성을 들여 조사하고 기록했을 것으로 생각한다.

서긍의 표현에 의하면 고려에서는 소송도 문서를 갖추지 않고 간략하게 처리한다고 지적하면서, 관청에서 일의 처리도 吏, 곧 서리가 중심이 되었음을 지적하고 있다. 서리가 일에 필요한 공문서인 '案牘'을 바치면 관료는 그 자리에서 판결문을 내린다는 것이다. 따라서 공문서를 작성하고 그에 대한 의견을 제시하는 것은 서리였음을 밝히고 있다.

이러한 내용을 곧이곧대로 받아들이기는 어렵지만,[183] 확실한 것은 서긍이 직접 본 관청의 일의 처리 방식이다. 서리가 공문서를 바친다는 것은 그것을 작성하였음을 보여주는 것이고, 그에 대한 판결을 위한 기초 지식도 서리가 관료에게 제시한다는 점이다.

공문서 생산과정에서 胥吏가 담당했던 역할을 구체적으로 파악하기 위해서는 당시 각 기관에서 생산한 공문서를 살펴볼 필요가 있다. 하지만 현재 고려 초 공문서가 원본 그대로 남아 있는 것은 없고, 다만

---

181) 서긍의 생애는 1091년부터 1153년까지이므로 고려를 방문했을 때 나이는 32 살이었다.

182) 이 책은 고려를 방문한 다음 해인 인종 2년(1124)에 송나라 휘종에게 바쳤다.

183) 실제로 『高麗史』에는 구두로 전달하는 명령이 다수 있음을 보여주고 있다. 하지만 그것이 송사에도 해당하는지는 알 수 없다. 『宣和奉使高麗圖經』은 견문기이므로 서긍이 고려의 실정을 모르고 기록한 항목도 있을 것이기 때문이다. 예를 들면 架閣을 설치하지 않았다고 하지만, 고려에는 가각고가 설치되어 있었다. 다만 현종대 거란과의 전쟁으로 많은 사료를 잃었고 인종대를 거쳐 의종대에 이르러 다시 정리하였기 때문에, 서긍이 방문하였을 때에는 이러한 논란이 있었을 것임을 짐작할 수 있다. 자세한 내용은 본서 제3장 제2절의 기록보존기구와 보존 실태 참조.

극소수의 轉寫된 형태로 전하고 있을 뿐이다. 이를 통해 문서생산을 담당했던 관리들과 그들의 역할을 파악할 수 있을 것이다.

> 마-(3) 都評省 帖洪俊和尙衆徒 右法師 師矣啓以 僧矣段 赤牙縣鷲山中
> 新處所 元聞爲 成造爲內臥乎亦在之白賜 縣以入京爲使臥金達含
> 進置……(중략)……大山是在以 別地主無亦在弥
> ……(중략)……
> 敎旨 然丁戶丁矣地□ 知事者 國家大福田處爲 成造爲使賜爲敎
> 天福四季歲次己亥八月一日 省史 臣光
>
> (「境淸禪院慈寂禪師凌雲塔碑」[184])

사료 마-(3)은 이른바 '都評省帖'으로, 태조 22년(939)에 작성되어 태조 24년에 境淸禪院 慈寂禪師 凌雲塔碑가 세워질 때 경천선원의 창건 과정과 비 건립 관련 인물들의 명단과 함께 비의 뒷면에 새겨져 전하는 것이다. 문서의 첫 머리에는 발송기관이 都評省이며[185] 수신자는 洪俊和尙 衆徒임을 밝히고 있다.

이 문서에는 국가에서 慈寂禪師 洪俊의 門徒에게 赤牙縣 鷲山에 선원의 건립을 허락하는 일련의 과정이 잘 나타나 있다. 먼저 洪俊의 門徒 중 한 法師가 鷲山에 선원을 건립하겠다는 啓를 올렸고, 적아현에서 서울로 보낸 金達含으로부터 그 지역에 대한 자세한 설명을 들은

---

184) 許興植 편, 『韓國金石全文 中世上』, 아세아문화사, 1984, 317쪽의 碑文의 行을 따라 정리했으며, 몇몇 글자의 판독은 한국역사연구회 편, 『譯註 羅末麗初金石文(上)』, 혜안, 1996, 102~103쪽의 校勘과 노명호 외, 『韓國古代中世古文書硏究(上)』, 서울대학교출판부, 2000, 357~358쪽 참조.
185) 현전하는 자료에는 존재가 확인되지 않고, 다만 사료 마-(4)의 '金傅冊尙父誥'에서 金傅를 都省令에 임명하고 있는데 그 都省과 관련되는 게 아닐까 추측되고 있다. 廣評省과 동일한 관청으로 추측하기도 하지만, '金傅冊尙父誥'에서 都省과 함께 廣評省을 구별하여 사용하고 있어 이 역시 확신하기 어렵다.

후에 '知事者로 하여금 국가의 大福田處로 삼아 사원을 건립하도록 하라'는 왕의 教旨가 내렸다고 한다. 그리고 이를 근거로 都評省에서는 洪俊和尚 門徒에게 帖을 발송한 것이다. 鷲山에 선원을 건립하게 해달라는 啓에 대한 회신인 셈이다.

이 문서는 형식상 비록 洪俊和尚 門徒라는 私的인 조직에 대한 회신이지만, 사원건립에 필요한 토지 사용과 인력 동원에 관한 내용을 다루고 있어 실제로는 公的인 조직을 대상으로 하였음을 알 수 있다. 특히 金達含을 '縣에서 入京시켰다'는 것은 중앙에 啓를 올린 것이나 일을 추진한 것이 적아현이라는 지역사회 차원에서 이루어졌음을 나타낸다.

실제로 비의 건립에 참여한 인물에는 사원조직뿐 아니라 輔州官班과 縣官班도 함께 기록되어 있다. 이들 官班이 아직 지방관이 파견되지 못했던 상황에서 지방통치조직으로 기능했음을 고려한다면,[186] 본 문서는 이 지역 통치조직에게 협조를 지시하려는 목적이 있었던 것 같다. 홍준화상의 문도들은 이를 근거로 지역사회의 협조를 받아 사원 건립을 무사히 진행할 수 있었다.

그런데 사료 마-(3)의 마지막에는 문서가 작성된 날짜와 함께 담당자가 기록되어 있다. 이 문서는 도평성이라는 기관 명의로 발송되었지만 책임 관리는 省史, 즉 都評省의 史였다. 이미 건국 초에 廣評史, 內奉史를 비롯해서 각 司와 省에는 郎과 함께 史가 설치되어 있었다.[187] 郎과 史는 뒤에 胥吏職으로 연결되므로,[188] 사료 마-(3)의 省史도 도평

---

186) 이에 대한 상세한 분석은 강은경, 「고려초 州官의 형성과 그 구조」, 『한국중세사연구』 6, 한국중세사학회, 1999 참조.

187) 『高麗史』 卷1, 世家, 太祖 元年 6月 辛酉, 上冊, 38~39쪽, "前廣評郎中康允珩 爲內奉監 前徇軍部郎中韓粲申一·林寔 並爲廣評郎中 前廣評史國鉉 爲員外郎 前廣評史倪言 爲內奉理決 內奉史曲矜會 爲評察 前內奉史劉吉權 爲徇軍郎中 其餘司省 各置郎史 用備員數 一無所缺".

성에서 서리의 직을 담당했을 것이다.

일개 胥吏의 職名과 이름을 밝힌 것은 문서 작성에 대한 직접적인 책임이 있음을 명시한 것이다. 무엇보다 이 문서에는 도평성의 다른 관직자들이 명기되지 않았음이 주목된다. 비문의 문서가 원본 그대로 새긴 것이라면, 이 문서를 통해 지역사회에 지시하는 주체는 都評省이 지만 실질적인 담당자는 省史 光이었다고 볼 수 있다.

더욱이 문서는 정부의 결정사항뿐 아니라 그동안의 경과도 기록하고 있다. 이는 省史 光이 이 사안이 처리되는 과정에서 생산된 모든 문서를 파악하고 있었음을 나타낸다. 즉 도평성의 史는 境淸禪院 건립에 관련된 모든 문서를 보관, 정리하고 있었고 이를 근거로 결정을 통보하는 최종 문서를 작성했다. 행정운영에서 胥吏는 문서를 작성하여 품관직 관원에게 결재를 받아 처리하는 단순한 실무직이 아니라, 사안에 따라서는 독립적인 책임도 갖고 있었던 것이다.

행정체계가 정비되면서 공문서 생산에 참여하는 서리직도 다양해졌고, 그것은 당시 문서에 반영되었다.

　　마-(4) 勅
　　　　……(중략)……
　　　　開寶八年十月日
　　　　大匡內議令兼摠翰林臣融奉宣行
　　　　奉
　　　　勅如右 牒到奉行
　　　　開寶八年十月日
　　　　侍中(署)
　　　　侍中(署)

---

188) 김광수, 앞의 논문, 1969, 2~4쪽.

內奉令(署)

軍部令(署)

軍部令(無署)

兵部令(無署)

兵部令(署)

廣評侍郞(署)

廣評侍郞(無署)

內奉侍郞(無署)

內奉侍郞(署)

軍部卿(無署)

軍部卿(署)

兵部卿(無署)

兵部卿(署)

告推忠順義崇德守節功臣尙父都省令

上柱國樂浪都王 食邑一萬戶 金傅 奉

勑如右 符到奉行

　　　　　　　　主事(無名)

　　　郞中(無名)　書令史(無名)

　　　　　　　　孔目(無名)

開寶八年十月日 下　　　　　　　　　　　(「金傅冊尙父誥」[189])

　사료 마-(4)는 金傅를 尙父로 책봉한 칙서로 開寶 8年, 즉 경종 즉위
년(975)에 작성된 것이다.[190] 여기에 나타난 문서의 작성과정을 살펴보

_____

189) 자료는『三國遺事』卷2, 紀異 2, 金傅大王(최남선 편, 서문문화사, 1983, 94쪽)
　　에서 인용. 허흥식,『한국의 古文書』, 민음사, 1988, 258~259쪽 및 장동익,
　　「金傅의 冊上父誥에 대한 一檢討」,『역사교육논집』3, 1982, 63쪽 참조.
190) 이같이 官職·官階·勳·爵 등을 받는 사람에게 국왕이 賜與하는 일정한 書
　　式의 문서를 '告身'이라 하며, 이는 소정의 절차를 밟아 당사자에게 給付된
　　다. 장동익, 위의 논문, 57쪽.

면 먼저 975년 10월에 內議省의 장관이자 한림관이었던 王融이 왕명
을 받아 문서의 내용을 작성하였고, 그 다음에 중앙의 주요 기관인 광
평성·내봉성·군부·병부의 장관·차관급 고위 관직자들의 서명을
받았다. 서명을 받았다는 것은 이들의 결재를 거쳤음을 의미한다.

사료 마-(4)에는 문서의 마지막에 郎中, 主事, 書令史, 孔目 등의 職
名이 보인다. 순서로 보면 王融이 작성한 告身이 고위 관직자들의 서
명을 거친 후, 이들에 의해 발급되었음을 알 수 있다. 郎中을 비롯한
관리들은 告身을 발급한 실무자였다. 이 중 主事는 서리직이 정비된
이후 서리 중 가장 높은 서열이고, 書令史는 主事와 같은 계통으로 主
事의 하위직이었다.[191] 孔目 역시 태조 대부터 나타난 職名으로,[192] 주
로 문서 작성과 관련된 胥吏였다.[193] 즉 主事, 書令史, 孔目은 郎中이
소속된 기관의 胥吏였으며, 그 서열에 따라 기록되었음이 분명하다.

이 문서도 완성되어 발급되기까지 여러 단계를 거치지만, 郎中이 소
속된 기관에서 발급한 하나의 문건이었다.[194] 어느 기관인지 알 수 없

---

191) 박종진, 앞의 논문, 2001, 49쪽의 <표 2> 참조. 이 표는 『高麗史』 百官志의
   吏屬 자료를 분석한 것으로 보다 정비된 시기의 자료이지만, 이를 통해 이전
   의 모습을 짐작할 수는 있다. 표에 의하면 主事는 중서문하성과 상서성을 비
   롯하여 삼사·추밀원·이부·병부·호부·형부·예부·공부와 고공사·도
   관·비서성·전중성 등 주로 상위 관청 14개에 모두 55명이 배치되었고, 書
   令史는 主事가 설치된 14개의 관청 중 추밀원을 뺀 13개의 관청과 어사대·
   동궁관, 상식국·상약국·상의국·상사국·상승국 등 5국, 도교서 등 20개의
   관청에 모두 85명이 배치되었다. 그리고 중상위 관청에 소속된 書令史는 主
   事의 하위직으로 나타난다.
192) 『高麗史』 卷1, 世家, 太祖 元年 6月 戊辰, 上冊, 39쪽, "白書省 孔目 直晟으
   로 白書 郎中을 삼았다."
193) 김광수, 앞의 논문, 1969, 3~8쪽에 의하면 일반적으로 孔目의 임무는 문서를
   查證하는 것이라고 한다. 『高麗史』 卷76, 百官志 1, 禮賓寺, 中冊, 674~675
   쪽에 문종대에 설치한 吏屬 中 孔目 15명이 있는 것으로 보아, 제도가 정비
   된 이후에는 주로 禮賓寺에 소속된 것 같다.

으나, 사료 마-(3)의 도평성과 같이 그동안의 모든 문서를 관리하고 있어 이를 바탕으로 '金傅冊尙父誥'를 완성한 것이다. 이 기관은 문서를 발급함으로써 그에 대한 최종 책임을 지고 있었으며, 담당자는 郎中과 그 휘하 主事, 書令史, 孔目이었다.[195] 단순히 문서만 발급했다면 담당자는 서리 한 사람이면 충분했을 것이다. 또 이 기관의 서리가 3명만 있었던 것은 아니었을 텐데, 낭중과 3명의 서리만을 밝힌 것은 이들이 문서 처리과정에서 각각 구체적인 역할을 담당했기 때문이다.

主事, 書令史, 孔目은 직속 상관인 郎中과 함께 '無名'이라고 되어 있다. 모두 職名은 밝혔으나 이름은 기록하지 않았다. 고려의 공문서 書式에서는 서명 양식이 매우 중시되어, 기관의 서열에 따라 또 담당자의 관품에 따라 서명이 달라졌다.[196] 그렇다면 이 기관의 主事, 書令史, 孔目은 郎中과 함께 동일한 형식의 서명을 한 것 역시 문서에 대한 책임의 비중이 동일한 것으로 볼 수 있다. 그것은 문서의 효력에 대하여 동일한 책임을 갖고 있었음을 의미한다.

(2) 공문서 규정의 정비와 胥吏의 역할

공문서는 기관 상호간의 교류를 전제로 하므로 그 규정은 행정체계를 반영하기 마련이다. 따라서 고려의 행정체계가 정비됨에 따라 공문서 규정도 더욱 세밀하게 제정되었다. 수신기관의 등급에 따라, 발송기관의 등급과 책임자 및 담당자의 官品에 따라 규정이 매우 복잡하게

---

194) 사료 바-(1)의 '惠謹告身'에서도 확인할 수 있다.
195) 고려 초 인사이동 기록을 보면 史, 郎, 孔目 등에서 郎中으로 승진하는 사례들이 발견되므로 그 상하 관계를 짐작할 수 있다. 김광수, 앞의 논문, 1969, 2~4쪽 및 주8) 참조.
196) 현전하는 공문서 규정인 '公牒相通式'도 대부분 서명양식에 관한 것이다. 상세한 내용은 강은경, 「『高麗史』 刑法志 公牒相通式에 나타난 지방통치구조」, 2004 참조.

적용되었다.197)

　하지만 아무리 좋은 제도를 마련하여도 이를 시행할 수 있는 인력이 없다면 별 의미가 없다. 이러한 규정을 숙지하고 지키려면 훈련된 인원이 필요했다. 공문서 규정은 이를 실현할 수 있는 관리의 배치와 함께 정비될 수 있었다.

　각 관청에서 기록을 담당하도록 별도로 설치된 관원을 통칭 胥吏라 하지만, 실제 職名은 매우 다양했다. 문서를 직접 작성하고 관리하는 임무를 담당하는 胥吏가 있는가 하면, 단순히 글을 쓰고 새기는 일을 담당했던 胥吏도 있었다. 主事·錄事·令史·書史·書令史·史, 記事와 記官 등이 전자에 해당하며, 書藝·試書藝·書手·篆書書者·書者 등이 후자에 속한다.198) 현재 남아 있는 공문서에 후자에 속한 胥吏의 서명이 없는 것을 보면 이들은 일반직 서리와는 구별되는 단순 기능직이었던 것 같다.199)

　하지만 대부분의 서리는 문서에 직접 서명을 남겼다. 이는 그 문서에 대한 책임의 표명이었다. 고려의 행정체계에서 胥吏의 역할은 그만큼 중요했다. 공문서 생산과정에서 胥吏의 職名과 이름을 밝히도록 한 원칙은 정도의 차이는 있었지만 고려시대 내내 유지되는 가운데 더욱

197)『高麗史』卷84, 刑法志 1, 公式 公牒相通式, 中冊, 837~839쪽. 이에 관해서는 강은경, 앞의 논문, 2003 및 「『高麗史』刑法志 公牒相通式에 나타난 지방통치구조」에서 밝힌 바 있다.
198) 박종진, 앞의 논문, 2001, 52쪽의 <표 3> 참조. 여기에서는 胥吏를 기능에 따라 일반직 서리와 기술직 서리로 나누었다. 일반직 서리는 각 관청의 문서를 작성하고 관리하는 본래의 좁은 의미의 서리로서 主事·錄事·令史·書史·書令史·史 등과 임시직인 記事와 記官이 포함되며, 기술직 서리는 기능에 따라 다시 몇 개 계열로 나누었는데 그 중 書藝·試書藝·書手·篆書書者·書者 등이 주로 단순히 글을 쓰고 새기는 일을 담당했다고 한다.
199) 박종진, 위의 논문에서도 일반직 서리가 대부분 入仕職인 데 비하여 기술직 서리 중 書手·書者는 확실히 非入仕職이었다고 한다.

116

강조되는 경향을 보인다.

바-(1)-① ……(중략)……

　　　　貞祐四年正月　日

　　　金紫光祿大夫門下侍郎同中書門下平章事修文殿大學士監修
　　　國史判兵部事臣崔 (草押)[200]

　　　朝散大夫尙書兵部侍郎充史館修撰官知制誥臣李 (草押)[201]

② 門下侍郎平章事

　　　　給事中 玄(草押)[202]等言

　　制書如右 請奉

　　制附外施行 謹言

　　　　貞祐四年正月　日

　　　　制 可

③ 禮部尙書

　　□部侍郎

　　尙書左丞

　　告大禪師 奉被

　　制書如右 符到奉行

　　　禮部郎中

　　　　　　主事 朴 (?)[203]

　　　　　　令史 韓 (?)

　　　　　　書令史 黃 (?)

　　　乙亥[204]九月十三日 下　　　　　　　(「慧諶告身」[205])

---

200) 이름 '弘胤'을 합성시켜 변형한 것이다.
201) 이름 '得根'을 합성시켜 변형한 것이다.
202) 이름 '君悌'를 합성시켜 변형한 것이다.
203) 墨痕이 남아 있어 草押의 형태이거나 이름을 직접 썼을 것으로 추정하며, 이
　　하 3명도 마찬가지일 것으로 보았다. 『韓國古代中世古文書研究(上)』, 59~60
　　쪽.

사료 바-(1)은 貞祐 4년, 즉 고종 3년(1216)에 송광산 수선사 2대 주지였던 惠諶을 대선사로 임명하는 告身이다. 같은 告身類인 사료 마-(4)와 비교할 때 형식이 아직은 크게 변하지 않았다.[206]

문서는 작성 과정에 따라 세 단계로 나뉘어 있다. 첫 단계인 사료 바-(1)-①은 고종 3년 정월에 중서문하성의 문하시랑 동중서문하평장사 崔弘胤과 지제고 병부시랑 李得根이 왕명을 받아 制詞를 찬술하고 서명한 것이다. 이것이 중서문하성에 보내져 두 번째 단계인 사료 바-(1)-②에 보이듯이 문하시랑 평장사 玄君涕 등이 심의하여 정식으로 制書를 시행할 것을 건의하였고, 제서는 같은 달에 국왕의 재가를 받았다. 이를 다시 수령한 중서문하성이 상서성에 보내자 상서성에서 서명하여 예부로 보냈다. 예부는 세 번째 단계인 사료 바-(1)-③과 같이 尙書省의 예부상서·예부시랑[207]·상서좌승 등의 이름으로 작성하고, 그 사본을 만들어 혜심에게 발급하였다.[208]

이 문서는 세 단계에 걸쳐 작성되었지만, 그 필체가 동일한 것을 보

---

204) 乙亥年은 고종 2년(1215)인데, 문서 작성시기보다 발급 시기가 빠른 것은 착오가 있는 듯하다.

205) 자료에 관해서는 장동익, 「惠諶의 大禪師告身에 대한 검토」, 『한국사연구』 34, 1981, 99~100쪽 참조. '高麗高宗制書'라는 명칭으로 국보 43호로 지정되어 송광사 박물관에 소장되어 있으며, 『曹溪山松廣寺史庫』(아세아문화사, 1977, 416~419쪽)에 수록되어 있다. 告身 문서로서 가장 오래된 1차 사료이다. 노명호 외, 『韓國古代中世古文書研究(下)』, 서울대학교출판부, 2000, 13~16쪽의 도판에서 확인하였다.

206) 최연식, 「고려시대 국왕문서의 종류와 기능」, 『國史館論叢』 87, 국사편찬위원회, 1999, 150~162쪽 참조. 덕종 이후 충선왕 이전까지는 동일한 형식을 유지했다고 한다.

207) 『韓國古代中世古文書研究(上)』, 59쪽의 주38)에서 '部' 앞의 글자가 보이지 않지만 직제상 고신의 발급은 예부에서 하므로 예부시랑으로 본다는 견해에 동의한다.

208) 위의 책, 56쪽.

면 하나의 문건으로 만들어졌음을 알 수 있다. 관련 문서들이 모두 예
부에 정리, 보관되었기 때문에 가능했을 것이다. 여기에서도 문서 작성
을 마무리하여 발급했던 관리는 예부의 낭중과 그 휘하의 主事·令
史·書令史 등의 胥吏였다. 主事·令史·書令史는 예부에서 상급 서
리로[209] 그 중 일부가 참여하였다.

그런데 사료 마-(4)에서는 서리들의 職名만 적었는데 사료 바-(1)의
서리들은 서명을 직접 한 것이 주목된다. 이는 예부상서·예부시랑·
상서좌승과 이들의 직속 상관인 예부 낭중은 官名만 적혀 있는 것과
대조된다. 직접 서명을 함으로써 책임 소재를 분명히 한 것으로 보인
다. 더욱이 서리직계상 상하 서열이 있는 이들이 함께 서명한 것은 문
서작성에서 맡은 업무가 각각 달랐기 때문이다. 이는 공문서 생산과정
에서 서리의 업무가 세분화되었음을 나타내며, 그만큼 행정체계에서
서리의 역할은 더욱 중요해졌다.

현재 자료 상태로는 어떠한 형식의 서명이었는지 확인하기 어려우
나 사료 바-(1)의 崔弘胤, 李得根, 玄君涕의 서명과 같이 草押의 형태
였을 것이다.[210]

> 바-(2) 恭愍王 8年 7月에 宰樞所에서 아뢰기를 "……文書에 붓으로 各
> 各 署名하는 것이 마땅치 않다 하여 나무에 새겨 署名하게 했는데,
> 무릇 文書에 刻字로써 署名하는 것은 元朝의 法을 본받은 것입니
> 다.……"[211]

---

209) 『高麗史』卷76, 百官志 1, 禮曹, 中冊, 665쪽. 문종 때 예부의 吏屬으로 主事
2명, 令史 4명, 書令史 2명, 記官 6명, 篆書書者 2명을 두었다.

210) 草押은 '公牒相通式'을 비롯한 각종 공문서 양식에서 가장 흔히 볼 수 있는
서명양식으로, 자기의 이름을 일정한 字形으로 서명하는 것이다. 본래 楷書
로 하였으나 뒤에는 草書體로 하였기 때문에 草押이라 한다. 강은경, 「『高麗
史』刑法志 公牒相通式에 나타난 지방통치구조」 참조.

사료 바-(2)는 공민왕대의 기록이지만 전통적인 고려의 서명 방식을
잘 묘사하고 있다. 그것은 "서명자가 각각 직접 붓으로 하는 것"이었
다. 서명은 문서의 인증 과정으로, 서명을 거칠 때 비로소 효력이 발생
되었다. 문서의 효력을 담보하는 서명에서 서리는 일정한 역할을 담당
하고 있었다.

서리의 서명은 개인에게 발급되는 문서뿐 아니라 행정기관 사이에
교류되는 문서에도 요구되었다.

> 바-(3) 司憲府錄事安天壽 洪武九年十月日名帖. 洪武
> 九年七月十二日下批 李子脩爲奉順大夫判書雲
> 觀事. 朝謝由出納爲等施行. 印. 唱準
> 權知堂後官 押　　　　　　　　　(「李子脩洪武九年朝謝牒」212))

> (4) 司上朝謝斜213)準
> 司憲府錄事崔子霖 洪武十五年十一月日名帖. 洪武
> 十五年三月卄五日下批 李子脩爲通憲大夫判典儀
> 寺事. 朝謝由出納爲等以施行. 印. 唱準
> (草押) 押 (草押) 押　(「李子脩洪武十五年朝謝牒」214))

사료 바-(3)은 洪武 9년, 즉 우왕 2년(1376)에 李子脩를 서운관 판사
에 임명한다는 朝謝牒이다. 조사첩은 署經이 종결되었으므로 朝謝를
발급해도 좋다고 허락하는 사헌부의 帖에 근거하여 작성한 밀직사의
문서이다.215)

---

211)『高麗史』卷84, 刑法志 1, 公式 職制, 中冊, 846쪽.
212)『韓國古代中世古文書硏究(上)』, 93쪽.
213) 위의 책, 95쪽 참조. 본래 '科'로 되어 있으나 '확인하다'의 '斜'로 보는 게 타당
　　하다고 한다.
214) 위의 책, 95쪽.

밀직사에서 朝謝牒을 만드는 데 근거가 된 것이 10월에 사헌부 錄事 安天壽가 보낸 문서였다. 이 문서에는 7월 12일에 인사발령이 결정되었으므로 朝謝를 시행하라는 내용이 담겨 있다. 문서의 책임자는 발송기관인 사헌부이지만 밀직사에서는 이를 '錄事 安天壽의 문서'로 기록하고 있다. 그것은 사헌부에서 이 문서를 발송할 때 '錄事 安天壽'가 서명했기 때문이 아닐까 생각한다. 따라서 밀직사는 이 문서를 '錄事 安天壽의 名帖'으로 정리하고 이를 근거로 조사첩을 발급하였다.

비슷한 사례는 이 시기 많은 문서에서 발견된다. 사료 바-(4)도 그 하나인데, 洪武 15년, 즉 우왕 8년(1382)에 李子脩를 典儀寺 판사로 임명하는 조사첩이다. 이 역시 사헌부의 녹사 崔子霖의 문서를 근거로 작성되었음을 명시하고 있다.

사헌부에서 녹사는 상급 서리직이긴 했지만,[216] 밀직사에 발송된 문서에 錄事 한 명의 서명만 있었는지는 확인할 수 없다. 다만 고려 말 행정개혁의 하나로 언급되는 공문서 관련 규정에서 그 사정을 짐작할 수 있다.

바-(5) 趙浚이 아뢰기를 "……이제 都評議使가 中外 官司에 공문을 발송하는 것은 모두 錢穀의 출납과 殺生하는 威福과 號令을 내어 令을 시행하는 일이어서 그 일이 매우 중요한데, 한 사람의 錄事가 서명하는 것은 變을 통하고 奸을 방지하는 도리가 아닙니다. 원컨대 朝謝牒에 날인하는 例에 따라 모든 都堂의 文牒은 반드시 날인하게 하소서.……"하니 昌王이 그 글을 都堂에 내렸다.[217]

215) 위의 책, 93쪽.
216) 『高麗史』 卷76, 百官志 1, 司憲府, 中冊, 666~667쪽. 吏屬은 錄事 3명, 令史 4명, 書令史 6명, 計史 1명, 知班 2명, 記官 6명, 算士 1명, 記事 10명, 所由 50명을 두었다.
217) 『高麗史』 卷118, 列傳 31, 趙浚, 下冊, 592~593쪽.

사료 바-(5)는 창왕 때 조준이 각종 개혁안을 제시한 것 중 하나이다. 조준은 都評議使가 전국 각 행정기관에 발송하는 공문에 한 명의 錄事만 서명하는 것에 대하여 문제점을 지적하고 있다. 도평의사사는 당시에는 중앙행정기관 중 최고 기관인데, 전국 각 기관에 지시와 명령을 내리기 위해 생산, 발송하는 문서에 녹사 한 사람의 서명만 있다는 것이다.

도평의사사에는 최하 품관직으로 錄事 8명이 있었는데, 비록 吏屬과는 구별되어 甲科의 權務로 삼았다고 하지만 그 직명으로 보아 기록을 담당했던 것 같다. 더욱이 휘하에는 임시 서리인 記事와 記官만 있을 뿐, 다른 기관과 같이 상급 서리직은 보이지 않는다.[218] 그렇다면 도평의사사에서는 녹사가 서리의 임무를 담당한 것이 아닌가 추정한다. 녹사 한 명의 서명만으로 전국적으로 문서가 발송되면서 여러 가지 비리가 생겼던 모양이다.

행정기관의 문서 교류에서 담당자 한 사람의 서명으로 인한 문제점은 공민왕 이래 각종 개혁안에서 자주 언급되었다. 특히 관리 임명에 관한 조사첩에 잘 나타난다.

바-(6) 공민왕 11년에 密直提學 白文寶가 箚子를 올리기를 "9품에서 1품에 이르기까지 품마다 職牒을 주는 것은 협잡을 방지하기 위한 것입니다. 근래에 품관들의 朝謝에 처음에는 여러 관원이 서명하고 나중에는 한 관원만 서명하므로, 처음에는 어려우나 나중에는 쉽게 되어 아전들이 농간을 하게 됩니다. 이제부터 6품 이상은 각각 자필로 직첩을 써서 省에 내어 여러 사람이 서명한 후 날인하며, 7품이하는 典理司와 軍簿司가 모두 서명한 후 날인하게 하소서."라고

---

218) 『高麗史』 卷77, 百官志 2, 諸司都監各色 都評議使司, 中冊, 690~691쪽. 吏屬으로 記事 12명, 記官 8명, 書者 4명, 算士 1명이 있었다.

하였다.[219)]

(7) 우왕 6년 6월에 諫官 李崇仁 등이 아뢰기를 "근래에 관직이 實職과 첨설직이 서로 섞이고 있는데, 朝謝牒에는 堂後官의 서명만 있고 날인이 없으므로 후일에 반드시 위조문서가 넘칠 위험이 있습니다. 동반은 典理司에서, 서반은 軍簿司에서 각각 날인하고 서명하여 발급하기 바랍니다."고 하였다.[220)]

사료 바-(6)은 공민왕 11년(1362)에 백문보가 건의한 것인데, 당시 발급되는 조사첩의 문제는 한 사람의 서명만 받도록 하여 문서 위조가 쉽다는 것이다. 이 건의는 제대로 받아들이지 않았던 것 같다. 사료 바-(7)의 우왕 6년(1380)에도 李崇仁 등에 의해서 동일한 문제가 제기되고 있다. 즉 당후관 한 사람의 서명만으로 조사첩이 발급되는 것이 문제였다. 따라서 위조를 방지하기 위하여 東班은 典理司에서, 西班은 軍簿司에서 공인을 찍고 서명한 후에 교부해야 한다고 주장하였다.

문제점이 지속적으로 지적되고 있어도 사료 바-(3)과 바-(4)의 사례를 보면, 우왕대에 여전히 당후관 한 사람의 서명으로 조사첩이 발급되었다. 그리고 사료 바-(5)와 같이 창왕대에 조준도 역시 같은 내용을 지적하고 있다. 그만큼 이 형식은 오랜 전통으로 좀처럼 개정하기 어려웠던 것 같다. 胥吏 한 사람의 서명에 의한 문서 발송도 그렇게 지속된 게 아니었을까 생각한다. 한번 굳어진 체제는 좀처럼 수정되기 어려웠던 것이다.

---

219) 『高麗史』卷75, 選擧志 3, 銓注 選法, 中冊, 633쪽.
220) 『高麗史』卷75, 選擧志 3, 銓注 選法, 中冊, 634쪽 및 『高麗史』卷115, 列傳 28, 李崇仁, 下冊, 541쪽 참조.

3) 지방행정기관의 記官과 鄕吏

공문서를 담당하는 관리로서의 서리는 중앙에 국한되는 것은 아니
었다. 정부는 중앙과 지방의 공문서의 규정을 만들어 통일적으로 적용
하고, 또 그 유통과정도 통제하려 했기 때문이다. 중앙과 문서를 교류
해야 하는 지방에서도 공문서를 담당하는 관리가 필요했다. 이에 정부
는 과거 합격자 중에서 대부분의 인물을 지방관이 소재하는 지역의 기
록관리 담당자로 임명하였다. 이들이 기록관리의 책임자라 한다면, 그
휘하에서 실무를 담당하는 자들은 누구였을까. 다음은 공문서 규정인
'公牒相通式'의 일부이다.

> 사-(1)-① 別命使臣이 牧·都護에 대해서는 마땅히 「某使가 某牧 都護
> 에게 貼한다」고 해야 한다. 奉使하는 일이 중요하고 記事下典을 갖
> 추었으면 7품 이상의 使는 姓을 붙여서 草押하고, 8품의 使는 姓名
> 에 手決한다. 비록 6, 7품의 使이더라도 奉使하는 일이 중요하지
> 않고 人吏下典이 없으면 官銜을 갖추고 姓名을 붙여 手決한다.
> ② 別命使臣이 中都護·知州·防禦·縣令·鎭將官에 대해서는
> 비록 記事下典이 없어도 6, 7품의 使이면 姓을 붙여서 草押하고, 8
> 품의 使이면 姓名을 붙여 手決하고, 鎭將과 縣令에 대해서는 姓을
> 붙여서 草押한다.[221]

사료 사-(1)은 지방에 특별한 임무를 띠고 파견되었던 別命使臣과
지방관의 공문 수수에 대한 규정인데, 別命使臣은 사료 사-(1)-①과 같
이 牧·都護나 사료 사-(1)-②와 같이 中都護·知州·防禦·縣令·鎭
將官 등과 업무상 필요한 공문을 교류하는 경우가 있었다.[222] 별명사

221)『高麗史』卷84, 刑法志 1, 公式 公牒相通式, 中冊, 838~839쪽.
222) 別命使臣에 관해서는 강은경, 앞의 논문, 2003 참조.

신은 일의 중요도에 따라 記事下典 또는 人吏下典을 거느리고 있었는데, 職名으로 보아 기록을 담당하는 관리로 짐작된다.

記事는 임시직으로 記官과 함께 중앙관청에 두루 설치되었던 서리직이었다.[223] 중앙관청의 記事와 동일하지는 않더라도 사료 사-(1)의 記事下典도 본래는 문서 업무와 관련된 관리가 아니었을까 생각한다. 다음은 지방사회에서 문서 담당 관리가 잘 나타난 사례이다.

   사-(2) 至正十四年十月十二日 典議
       ……狀者亦中退者
       監務 嚴 (手決)
       記官 (印)   (「尹光琠奴婢許與文記」[224])

   (3) 洪武十九年十一月 日 典議
       이 검토한 청원서의 내용을 말미암아 앞 문기의 타당함을 확인하고 입안을 허락하니 살펴 인장을 찍은 뒤 狀員에게 돌려줄 것.
       蔚珍郡安集別監 (署) 記官 (印) (「百姓卜莊奴婢許與文記」[225])

사료 사-(2)와 사-(3)은 모두 노비소유를 바꾸려는 民의 所志, 즉 청원서를 지방관이 처리한 것이다. 사료 사-(2)는 至正 14년, 즉 공민왕 3년(1345)에 작성된 것으로, 윤광전이 아들 丹鶴에게 노비를 나누어주는데 이 지역 지방관인 탐진 감무가 허가하면서 최종 서명을 한 것이다. 사료 사-(3)도 비슷한 시기인 洪武 19년, 즉 우왕 12년(1386)에 작성되었는데 百姓 신분의 卜莊이 남영번의 奴인 손자 용만에게 奴婢를 許

---

223) 박종진, 앞의 논문, 2001, 49~50쪽 참조. 記事는 어사대 10명을 포함하여 21개 관청에 총 75명이 있었다.

224) 허흥식, 『한국의 古文書』, 민음사, 1988, 285~287쪽.

225) 허흥식, 위의 책, 298쪽 및 『韓國古代中世古文書研究(上)』, 123~128쪽.

與하는 데 따른 일괄 문서에 이 지역 지방관인 울진군 안집별감이 최종 서명한 것이다.

이들 문서에는 모두 지방관의 서명 말미에 記官의 직명과 함께 인장이 찍혀 있다.[226] 원래 記官은 임시직으로 記事와 함께 중앙관청에서도 가장 많은 관청에 두루 설치되었던 서리였다.[227] 그런데 고려 중기에 이르면 외관 휘하에서 실무를 맡는 鄕吏도 記官이라 불렀다. 記官의 업무가 다양해지면서 이를 총괄하는 詔文記官이 등장하였는데, 이들은 上戶長 · 都領과 함께 각 군현의 邑司를 운영하였다.[228]

그리하여 고려 말에는 사료 사-(2)의 탐진현[229] 감무와 같이 가장 말단의 지방관이나 사료 사-(3)의 울진군[230] 안집별감과 같이 특별한 임무를 띠고 파견된 別銜에게도 記官이 설치되어 있었다. 각 지방관청의 記官은 지방관과 함께 문서 작성에 직접 참여했다. 記官이 중앙과 지방의 모든 관청에 설치된 것은 주요 임무가 문서와 관련되었기 때문이다.

---

226) 사료 사-(2)는 원본이 있어서 인장을 확인할 수 있었고, 사료 사-(3)은 전사본이지만 '印'이라고 한 것은 사료 사-(2)와 같이 인장의 흔적이 있었기 때문으로 추정한다. 『韓國古代中世古文書硏究(上)』, 126쪽 참조.

227) 박종진, 앞의 논문, 49~50쪽. 記官은 거의 모든 관청에 설치되어 일반 관청 52개에 238명, 제사도감 각색 16개에 33명, 총 271명인데 이는 중앙기관 전체에 설치된 일반 서리직 711명의 거의 40%에 이른다.

228) 記官에 관해서는 李勛相, 「고려중기 향리제도의 변화에 대한 일고찰」, 『동아연구』 6, 1985 및 강은경, 『고려시대 호장층 연구』, 혜안, 2002, 166~175쪽 참조.

229) 『高麗史』 卷57, 地理志 2, 全羅道 耽津縣, 中冊, 292쪽. 탐진현은 고려 초에는 영암에 속했다가 후에 장흥부의 속현이 되었다.

230) 『高麗史』 卷58, 地理志 3, 東界 蔚珍縣, 中冊, 309쪽. 신라 경덕왕이 지금 이름으로 고쳐 郡으로 삼았고, 고려에서 縣을 삼아 슈을 두었다. 이후 『高麗史』에는 줄곧 울진현으로 나온다. 이 점은 『世宗實錄地理志』도 마찬가지이다. 언제 울진군이 되었는지 알 수 없다.

126

지방관청의 記官은 그 지역 호장층이 맡았는데,[231] 아직 전국적으로 지방관이 파견되지 않았던 고려의 지방통치체제에서 호장층은 각 군현의 邑司를 중심으로 지방통치의 한 축을 담당하고 있었다. 이들이야 말로 일찍부터 지방의 邑司를 중심으로 행정 실무의 경험이 풍부한 사람들이었고, 따라서 지방관청의 기록을 관리하는 것은 당연한 일이었다. 戶長의 일을 '鄕邑簿書의 役'으로 표현하는 것도[232] 그들의 중요한 직무가 문서 관련 업무였기 때문일 것이다.

사-(4) 監務官 貼長城郡司.
　　當司准 僧錄司史 椿穎 丁巳十一月日 貼. 同郡
　　監務兼勸農使將仕郎尙衣直長 宋某 丙辰十月日 狀 申省 當司准
　　僧錄司僧史仁敍 九月日 貼
　　……(중략)……
　　問備申省爲乎味了乎等用良 依貼爲 傳出納下問令是乎矣 任內同
　　郡戶長徐純仁等丙辰十月 報狀內爲乎矣
　　……(중략)……
　　貼內 思乙用良 村伏公案良中 法孫傳繼施行爲遣 由報爲在味 出
　　納爲臥乎事
　　……(중략)……
　　戊午三月二十三日　　　　　　　　　　　　（「長城監務官貼」[233]）

사료 사-(4)는 戊午年, 즉 신종 원년(1198)[234] 3월 23일에 장성감무관이 長城郡司에 보낸 문서이다. 性照禪師 中延이 白巖寺(현 백양사)를

231) 강은경, 앞의 책, 166~175쪽.
232) 「宋子淸墓誌銘」, 『高麗墓誌銘集成』, 285~286쪽.
233) 『韓國古代中世古文書硏究(上)』, 365~368쪽.
234) 연대는 위의 책, 369쪽의 주82)의 견해에 따랐다.

고치고 자신의 法孫으로 백암사를 계승하도록 해달라는 所志를 올렸
고, 이에 대해 결정된 조치를 장성군사에 공문으로 보낸 것이다.235) 소
지가 승록사에 올라가자 승록사에서 장성감무에 공문을 발송하였다.
장성감무는 丙辰年(1196) 9월에 僧錄司 僧史 仁敍의 공문을 받고 이를
장성군 戶長 徐純仁에게 전달하여 10월에 보고를 받았다.

장성군의 감무가 자신이 직접 처리하지 않고 호장에게 다시 지시한
것은 무엇 때문일까. 여기서 주목되는 것이 '村의 公案'이다. 법손의 계
승을 확실히 하기 위해서는 '村의 公案'에 기록해야 했는데, 이를 관리
하는 곳이 邑司였던 것으로 보인다. 그리고 관리 책임자가 호장 徐純
仁이었다.

이같이 공문서 규정이 점차 정리, 세분화되면서 중앙뿐 아니라 지방
의 행정기관에서도 문서 작성을 담당했던 실무자의 이름이나 서명을
요구하게 되었다. 정부는 이들을 그저 각 부서 책임자의 지휘 아래 문
서를 작성하는 실무자가 아니라, 그 문서에 대하여 책임을 져야 하는
책임자의 범주에 넣었던 것이다. 모든 공문의 말미에 실무자의 서명이
요구되었고, 이것은 나중에 근거 자료가 되었다.

각 지방의 鄕吏가 중앙에 진출할 수 있었던 것도 바로 이와 관련해
서였던 것으로 보인다.

사-(5) 嚴守安은 寧越郡吏였는데 키가 크고 담력이 있었다. 당시 나라
의 제도에 아전이 아들이 셋 있으면 그 중 한 아들은 벼슬길로 나
아갈 수 있도록 했다. 엄수안이 관례에 따라서 重房의 書吏로 임명
되었다가 원종 때에 과거에 급제하여 도병마 녹사로 되었다.236)

---

235) 윤경진, 「古文書 자료를 통해 본 고려의 지방행정체계」, 『한국문화』 25, 서울
　　대 규장각한국학연구원, 2000, 125쪽 참조.
236) 『高麗史』 卷106, 列傳 19, 嚴守安, 下冊, 348쪽.

(6) 拓俊京은 谷州 사람이며 선조는 그 고을의 아전이었다. 집이 빈한해서 글공부를 하지 못하고 무뢰배들과 교유했으며 胥吏 자리를 구하였으나 구하지 못했다. 숙종이 계림공으로 있을 때 그 府의 사환군이 되었으며 드디어 樞密院 別駕로 채용되었다.237)

사료 사-(5)의 嚴守安은 원종대 이후 충렬왕대까지 활동한 인물이다.238) 그가 원종 때 과거에 급제하여 격식을 갖추었지만 이전에는 중방의 書吏였다. 사료에 따르면 본래 각 지방 향리에게 아들이 세 명 있으면 한 명은 벼슬로 나아갈 수 있었다고 한다. 엄수안도 그러한 관례에 따라서 중방의 서리를 할 수 있었다.

하지만 이 같은 중앙의 胥吏는 향리면 누구나 얻을 수 있는 것은 아니었다. 엄수안은 영월군의 鄕吏로서 행정 실무에 능했고, 나중에 과거에 합격할 정도로 실력을 갖추고 있었기 때문에 가능했던 것이다. 그에 비하여 사료 사-(6)의 拓俊京239)은 곡주의 향리였으나 글공부를 하지 못하고 서리직도 구하지 못했다고 한다. 엄수안 정도의 실력을 갖추지 않으면 같은 길을 갈 수는 없었다.

바꾸어 말하면 지방의 향리는 행정을 담당할 뿐 아니라 과거 응시를 위해 공부를 하였기 때문에 일정한 수를 중앙관청의 문서 담당자인 서리로서 공급할 수 있었다. 또한 그렇게 훈련받았기 때문에 앞서 살펴보았던 사료 나-(1)의 廉信若과 사료 나-(2)의 李知命, 사료 나-(3)의 이순목, 사료 나-(4)의 채정과 사료 나-(6)의 조문발, 사료 나-(10)의 주열, 사료 다-(4)와 다-(5)의 정가신 등과 같이 문한관으로서도 활동할 수 있

---

237)『高麗史』卷127, 列傳 40, 叛逆 1, 拓俊京, 下冊, 767쪽, "谷州人 其先本州吏, 家貧不能學問 與無賴輩遊 求爲胥吏不得, 肅宗 爲鷄林公 就其府爲從者 遂補樞密院別駕".
238) 嚴守安은 충렬왕 24년(1298)까지 생존했다.
239) 拓俊京은 인종 22년(1144)까지 생존했다.

었던 게 아닐까 생각한다.

이상에서 기록의 생산 분야를 다룬 제2장은 記錄을 생산하는 초기 단계에서 국가가 어떠한 규정을 마련하여 관리하고 있으며, 그러한 관리를 위해 다양한 人的 資源을 어떻게 육성, 배치하고 있는지 살펴보았다.

제1절에서는 공문서 생산의 원칙이 어떻게 정해졌으며 어떠한 원칙으로 운영되었는지 분석하였다. 이를 위해 현전하는 고려시대 공문서 규정인 『高麗史』刑法志의 '公牒相通式'을 보다 세밀하게 나누어 고찰하였다.

公牒相通式은 행정기관을 중앙과 지방으로 나누어 제정되었다. 중앙기관의 서명양식을 분석하여 당시 공문서 작성의 원칙을 추론하였다. 公牒相通式의 京官條를 살펴보면, 공문서 규정은 적어도 현종대 이후 문종대까지 정비된 중앙관제 및 지방관제를 바탕으로 제정되었고, 제정 시기도 이에서 크게 벗어나지 않았던 것 같다.

고려시대 공문서를 작성할 때 지켜야 할 격식에서 서명양식은 매우 중요했다. 公牒相通式의 서명양식에서 주목되는 것은 중앙과 지방의 행정기관에 따라, 또 관리 개인의 官品에 따라 양식이 달라진다는 점이다. 官品에 따르는 차등화의 원칙은 고려시대 공문서 규정에서 중요한 요소였다. 규정에는 草押, 姓과 草押, 姓名, 官銜과 姓名 등 네 가지의 서명양식이 보이는데, 이는 단계별로 차등화된 것이었다.

공문서 양식의 세세한 규정은 관청별로 숙지되어야 했다. 그래야 서로 격식에 맞는 공문서를 주고받아 행정을 원활하게 운영할 수 있기 때문이다. 따라서 무엇보다 중요한 것은 이러한 여러 격식과 규정을 숙지하고 적용할 수 있는 실무 담당자를 배치하는 것이다. 이에 제2절에서는 고려국가가 어떠한 방법으로 문서를 관리할 인적 자원을 확보했으며 관리했는지 살펴보았다.

고려의 인적 자원은 크게 네 가지 부류로 나눌 수 있다. 최상급 科
擧 출신의 文翰官, 국자감의 書學과 明書業 출신, 중앙행정기관의 하
위직으로서 胥吏, 그리고 전국 지방행정기관에 분포되어 있던 鄕吏 등
이 있는데 각각에 대해서 보다 입체적으로 그려보았다.

고려에서는 관리 선발이 科擧 시험보다는 蔭敍에 크게 의존했다고
하지만, 국가의 문서를 기록하고 관리하는 전담자는 주로 과거를 통하
여 선발하였다. 똑같은 과거 출신이라도 글을 쓰는 것이 뛰어난 사람
은 文翰官으로서 그 대우가 특별하였다. 뛰어난 글 솜씨와 글씨를 쓰
는 능력은 가문에서 대를 이어 이루어졌다.

그리하여 성격이나 정치에서 비판을 받는 인물일지라도, 문한관으로
등용된 사람은 왕의 문서를 생산하고 대외적인 국가 문서를 다루는 데
중용되었다. 여러 나라와 교섭을 하거나 너무나 강력했던 원나라의 지
배를 받는 등 외국과의 교류에 민감했던 고려 정부에서는 이들 문한관
의 능력이 매우 중요하였기 때문이다.

고려의 기록 관리에서 눈에 띄는 것은 건국 초부터 서학을 장려하였
으며, 후에는 국자감에 書學을 설치했다는 점이다. 국자학생과 달리 8
품관 이상의 자식과 서인에게 열려 있었다. 이는 하급 관리의 자식들
을 대상으로 전문적으로 문서를 작성하는 훈련과정을 별도로 두었음
을 의미한다. 科擧에 설치된 명서업 역시 이들을 상대로 하여 시행된
것으로 보인다.

무엇보다 공문서를 생산, 정리, 보존하는 관리체계에서 이를 전담했
던 관원으로서 胥吏의 모습을 살펴보는 게 매우 중요하다. 건국 초부
터 문서 작성을 담당하는 관리들이 설치되어 있었다. 행정운영에서 胥
吏는 문서를 작성하여 품관직 관원에게 결재를 받아 처리하는 단순한
실무직이 아니라, 사안에 따라서는 독립적인 책임도 갖고 있었다. 행정
체계가 정비되면서 공문서 생산에 참여하는 서리직도 다양해졌고, 그

것은 당시 문서에 반영되었다.

중앙의 행정기관에서 문서를 직접 작성하고 관리하는 임무를 담당했던 서리로서 主事·錄事·令史·書史·書令史·史, 그리고 記事와 記官 등이 있었고, 지방행정기관에서는 鄕吏들이 기록을 담당했는데 이들을 記官이라 부르기도 했다. 당시 공문서에는 문서 작성에 관여한 胥吏를 명시하도록 요구했고, 이는 그 문서에 대한 책임의 표명이었다.

마지막으로 중앙의 文翰官과 明書業, 그리고 서리직으로 진출할 수 있는 거대한 토대로서 존재했던 지방사회의 鄕吏에 주목하였다. 특히 戶長層은 명서업 등 잡업으로 관직에 나아갈 수 있었고, 고려 말에는 그러한 경향에 대한 대책이 강구되었음을 기억할 필요가 있다. 戶長層은 邑司를 중심으로 지방행정을 전담하고 있었는데, 오랜 세월에 걸쳐 대대로 익히고 닦은 이들의 능력은 고려의 기록 생산에서 상당히 중요한 역할을 담당하였다.

제3장 기록의 정리와 보존

1. 정리와 보존의 다양한 방식

1) 행정문서의 정리와 胥吏의 名貼

한 국가를 유지하고 운영하기 위해서는 그에 따르는 많은 공문서를 생산하게 된다. 행정 기록물에는 일시적 필요에 따라 작성되고 그 시효가 끝나면서 폐기되는 것도 있지만, 일반적으로는 이후의 필요성에 대비하여 일단 정리되기 마련이다.

고려시대에도 공문서를 정리하여 언제든지 참고할 수 있도록 보존하였다. 그 정리하고 보존하는 데는 일정한 규정이 있었다.

가-(1) 尙書都官貼
　　　詹書樞密院事柳璥
　　　……(중략)……이 官文을 成給하는 일은 都兵馬 記事 池洪의 庚申年 8月日 名貼에 의거함.……좌승선 국자감대사성 한림시강학사 崔允愷가 庚申年 7月 16日에 "奏한 대로 하라"는 旨를 받들어 담당 관서에 문서를 보낸 때에 御史臺 書令史 李貞甫의 庚申年 7月日 名貼에 이르기를 "判에 들어 있는 旨를 依貼施行하고 보고하라"는 이러한 뜻으로 출납을 전해 왔으므로, 判貼의 수효에 따라……右事須貼. 壬戌年 6月日 主事 禹.

尙書 知部事 侍郞 侍郞 侍朗請暇
郞中 郞中 員外朗請暇 試員外朗　　　　　(「尙書都官貼」1)

　사료 가-(1)은 임술년, 즉 원종 3년(1262) 6월에 柳璥에게 노비 10명을 지급한 시행문서로서 상서도관에서 발급한 것이다.2) 사료 가-(1)에는 본 문서가 이루어지기까지 宣旨·建議·審議, 그리고 어사대의 判貼 등 여러 과정이 있었음이 잘 나타나 있다. 더욱이 이 문서의 발급이 처음 지시된 것은 2년 전의 일이었으니, 노비나 토지를 포상으로 내리는 데 상당한 시간이 필요했음을 잘 보여준다.

　庚申年, 즉 원종 원년(1260) 7월 16일에 좌승선 崔允愷가 왕의 명령을 받아 문서를 내렸고, 7월에 어사대 서령사 李貞甫가 名貼을 검토한 당사의 문안을 다시 작성하였다. 그리고 도병마로 이관되어 기사 池洪이 같은 해 8월에 문서를 다시 대조하고 도병마사의 심의를 반영한 문서를 작성했던 것이다. 최종 상서도관첩이 작성되기까지 여러 부처 사이의 협의가 이루어졌고, 그에 따라 여러 편의 행정문서가 서로 수발되었다.

　여기서 주목되는 것은 상서도관에서 최종 문서를 작성한 主事가 문서 작성의 근거를 들 때 '都兵馬 記事 池洪의 名貼'이라고 했다는 사실이다. 記事 池洪은 도병마의 서리직을 맡았는데,3) 도병마의 문서가

---

　1) 허흥식,『한국의 古文書』, 민음사, 1988, 275~279쪽 및『韓國古代中世古文書研究(上)』, 3~17쪽.
　2) 허흥식, 위의 책, 90~102쪽 참조. 이 문서는 유경을 비롯하여 1258년 최씨 정권을 전복시킨 정변에 참여한 인물들에 대하여 포상한 내용을 담은 것으로 본래 '문화유씨족보'에 수록되어 있었다. 본 문서가 도관에서 작성된 까닭은 본 문서의 끝부분에 柳璥에게 지급된 10명의 노비명이 구체적으로 실린 것과 관련이 있다.
　3)『高麗史』卷77, 百官志 2, 諸司都監各色 都評議使司, 中册, 690~691쪽. 원래는 都兵馬使였는데 충렬왕 5년에 도평의사사로 고쳤다. 吏屬으로 記事 12명,

그의 이름으로 불렸던 것이다. 그것은 이 문서가 상서도관에 정리된 방식과 관련된 것으로 보인다. 이 문서는 당시 이 일의 책임자였던 都兵馬使의 이름이 아니라 문서 작성을 실제로 담당했던 記事 池洪의 이름으로 철해졌다. 그것은 池洪의 문서에서 어사대의 문서도 '御史臺 書令史 李貞甫의 庚申年 7月日 名貼'으로 불렸다는 데서도 잘 드러난다.

이같이 행정문서가 당시 기관장이 아니라 작성자의 이름으로 불리는 것은 실제로 이들이 문서를 작성한 담당자였기 때문이다. 따라서 문서의 효력에 대한 책임도 이들에게 물었던 것으로 보인다.

또한 이 일련의 행정문서들은 모두 도병마에서 수발한 것으로서, 이를 정리할 때 날짜와 함께 문서를 작성한 胥吏의 이름으로 謄錄했음을 알 수 있다. 당시 행정문서는 행정운영에 참고하고자 차곡차곡 정리되어, 필요할 때 언제든지 찾아볼 수 있도록 보존되었던 것이다. 거기에는 날짜와 함께 작성자인 서리의 이름이 명기되어 있어서, 이 문서들을 근거로 사용할 때 '御史臺 書令史 李貞甫 庚申 7月日 名貼'과 같이 표기했던 것으로 보인다.

사료 가-(1)의 문서를 작성한 상서도관의 胥吏인 主事 禹某의 서명 뒤에는 尙書 1명, 知部事 1명, 侍郎 3명, 郎中 2명, 員外郎 1명, 試員外郎 1명의 서명이 있는데, 이들은 모두 상서도관과 형부에 속하는 관직이었다.[4] 상서도관과 그 상부 기관인 형부의 고위 관인들이 모두 서명했음에도 이 문서가 나중에 근거로 인용될 때에는 '壬戌年 6月日 主

記官 8명, 書者 4명, 算士 1명 등이 있다고 되어 있다.

4) 『高麗史』 卷76, 百官志 1, 刑曹 및 都官, 中冊, 664~665쪽. 상서도관의 품관으로는 정5품의 낭중 2명, 정6품의 원외랑 2명이 있으며, 형부의 품관으로는 정3품의 尙書 1명, 겸직으로 知部事 1명, 정4품의 侍郎 2명, 정5품의 郎中 2명, 정6품의 員外郎 2명이 있다.

事 禹某'의 이름으로 불릴 것이다. 이러한 사실이 가장 잘 드러난 사례
가 바로 鄭仁卿의 政案이다.

> 가-(2)-① 典理司의 丙申年(충렬왕 22)에 鍊立한 후의 宰樞第冊에서 奉
> 翊大夫知密直司使 右常侍 上將軍 世子元賓 鄭仁卿을 準하
> 라는 敎. 至順 3年(충숙왕 복위 1) 12月日.
> ……(중략)……
> 御史臺 錄事 洪宗衍 丙辰(고종 43) 8月日 名貼.……
> 御史臺 錄事 金光俊 己未(고종 46) 6月日 名貼. 部[5])에서 아
> 뢴대로 己未年 6月 15日에 判하여 政案을 시행하라고 하신
> 將軍 李溫 指揮下 借隊正 鄭仁卿의 朝謝는 출납을 거쳤으
> 므로 部의 令史 景蘭이 담당하여 奏하여 허락 받음.
> ……御史臺 錄事 吳君保 己未 閏11月日 名貼……
> ……御史臺 令史 李承韓 庚午(원종 11) 7月日 名貼……
> ……御史臺 令史 孫安 辛未(원종 12) 正月日 名貼……
> ……御史臺 令史 李千益 辛未 6月日 名貼……
> ……御史臺 錄事 李均 癸酉(원종 14) 正月日 名貼……
> ……御史臺 錄事 李均 癸酉 正月日 名貼……
> ……御史臺 錄事 吳瑩 甲戌(원종 15) 正月日 名貼……
> ……御史臺 錄事 郭宣 甲戌 9月日 名貼……
> ……監察司[6]) 令史 朴宣 戊寅(충렬왕 4) 2月日 名貼……
> ……監察司 錄事 朴桓 戊寅 2月日 名貼……
> ……監察司 錄事 徐珣 己卯(충렬왕 5) 12月日 名貼……
> ……監察司 錄事 宋連 庚辰(충렬왕 6) 7月日 名貼……

---

5) 兵部를 가리킴.『韓國古代中世古文書硏究(上)』, 79쪽. 무반의 인사행정이므
   로 병부가 국왕에게 상주한 것이다. 당시 銓注權은 정방이 장악하고 있었지
   만 문서가 올라가는 절차는 병부에서 上奏하여 처리했던 것 같다.

6) 충렬왕 원년에 御史臺를 監察司로 개칭하였다.『高麗史』卷76, 百官志 1, 司
   憲府, 中冊, 666쪽 참조.

……監察司 錄事 沈迪元 辛巳(충렬왕 7) 3月日 名貼.

……監察司 錄事 沈元迪 辛巳 3月日 名貼.

……(중략)……

② 이 政案을 시행하고 結冊하는 일은 지난번에 鷹揚軍 將軍 정인경의 所志에 "여러 번 더하고 옮겨 직을 받은 것을 정안에 더하여 시행하실 일. 司의 壬申年 정안을 살펴보면 저의 정안을 맨 아래의 원래 폭에 結冊하신 일이 있는데, 이 정안이 맨 아래의 원래 폭이어서 거의 찢겨 떨어지기도 하였으므로, (떨어진 부분을) 더하여 시행할 일 및 準하여 갖춘 것을 돌려줄 것을 바라던 것으로써 증빙서류를 이어 붙이니, 문서의 내용이 마땅한가를 살펴셔서 時職으로 다시 결책하여 올려두실 일"이라고 하였다. 司의 主事 崔堅이 담당하여 다시 정안을 묶어 책을 만들고 사유를 기록한다. 戊子年 5월 28일 시행함.   (「鄭仁卿政案」[7])

(3) 司[8]의 丙申年에 鍊立한 후의 3품 政案 제17책에서 中顯大夫 知春州 兼勸農防禦使 李子脩를 준하라는 勅.……(중략)……

司 主事 崔澔 色 點 印 唱準

(草押) 押 (草押) 押 (草押) 押   (「李子脩政案」[9])

사료 가-(2)는 '정인경 정안'의 일부이다. 政案은 政籍 또는 政簿라고 하는 관인의 인사기록부인데[10] 사료 가-(2)는 至順 3년, 즉 충숙왕 복

---

7) 남권희·여은영, 「충렬왕대 무신 정인경의 政案과 공신녹권 연구」, 『고문서 연구』 7, 1995 및 『韓國古代中世古文書硏究(上)』, 70~84쪽.

8) 典理司. 공민왕 11년에 이부를 전리사로 개칭하였다. 『高麗史』 卷76, 百官志 1, 吏曹, 中冊, 661~662쪽 참조.

9) 허흥식, 앞의 책, 1988, 284쪽 및 『韓國古代中世古文書硏究(上)』, 87~90쪽.

10) 『高麗史』 卷75, 選擧志 3, 銓注 選法, 中冊, 631~632쪽, "舊制 吏部掌文銓 兵部掌武選 第其年月 分其勞逸 標其功過 論其才否 具載于書 謂之政案".

138

위 원년(1332)에 典理司에서 정인경에게 발급한 정안이다. 본래 두 부분으로 나뉘어 있는데 첫째 부분은 본 문서 발급의 근거가 되는 정안인 宰樞第冊이 만들어진 丙申年, 즉 충렬왕 22년(1296)까지의 기록이고, 둘째 부분은 宰樞第冊이 만들어진 이후 사망할 때까지의 기록이 첨가된 부분이다.[11] 사료 가-(2)-①은 바로 宰樞第冊의 일부분이다.

사료 가-(2)-②에는 이 문서가 작성된 경위가 적혀 있다. 정인경이 응양군 장군이었던 1281년에 임신년, 즉 원종 13년(1272)의 정안을 보고 손상된 부분이 있음을 발견하여 이를 보수해줄 것을 청하는 소지를 올렸고, 이에 대한 처리를 戊子年, 즉 충렬왕 14년(1298) 5월 28일에 했다는 것이다.

손상된 부분을 보완하기 위해 근거로 사용된 것이 御史臺 錄事 및 令史의 이름으로 된 사료 가-(2)-①의 일련의 문서였다. 이것은 병부에 보관되어 있던 낱장의 문서들로,[12] 병부에서 銓注하여 올린 문건에 대하여 서경이 끝난 후 이를 통보하는 御史臺의 문서였다.[13] 여기에는 정인경의 관직의 변화가 빠짐없이 기록되어 있는데, 매번 그 근거로서 御史臺의 문서를 제시하였다. 御史臺로부터 수신한 행정문서들은 날짜순으로 차곡차곡 정리되었으며, 그 문서명은 역시 이를 작성한 胥吏의 名貼이었다.

또한 사료 가-(2)를 보면 고려의 政案은 개별로 된 것이 아니라 연도별로 연이어서 정리되었음을 짐작할 수 있다. 그 중 임신년 정안의 맨

11) 『韓國古代中世古文書硏究(上)』, 70쪽.
12) 박재우, 「고려시기의 告身과 관리임용체계」, 『韓國古代中世古文書硏究(下)』, 81쪽.
13) 박재우, 위의 논문, 73~85쪽 참조. 당시 관리 임용과 승진에 관한 안건은 이를 관장하는 이부와 병부에서 일단 왕에게 올리고, 왕이 허락하면 왕명에 따라 서경을 거치는데 이에 대한 결과를 어사대에서 이부 또는 병부에 통보함으로써 이 안건이 처리되었다고 한다.

아래에 붙여 놓은 정인경 정안의 부분이 "찢기기도 하고 떨어지기도" 했던 모양이다. 연도별 政案은 官品別로 다시 정리되었다. 정인경의 이름이 오른 정안을 '宰樞苐冊'이라고 한 것은 宰樞에 오른 사람들만의 인사관련 문서가 별도로 정리되었음을 의미한다.

이는 사료 가-(3)의 李子脩 政案에서도 확인할 수 있다. 사료 가-(3) 은 至正 26年, 즉 공민왕 15년(1366)에 전리사의 정안을 이자수에게 謄給한 政案의 등본인데, 이 등본은 '3品 政案 제17책'을 준거로 하여 작성되었다고 밝히고 있다. 이자수의 정안은 '3品 政案 제17책'에 올라 있었다.

고려의 政案은 관인들의 관품별로 정리되어 연결되어 있었고, 그것은 다시 임신년 정안의 사례와 같이 연도별로 정리되어 있었다. 그리고 각 개인의 사안에 대해서는 개인별로 증빙 문건들을 함께 기록하여 정리했음을 알 수 있다. 이는 당시 행정문서의 정리 방침이었던 것 같다. 다른 종류의 문서들도 동일한 방법으로 정리되었다.

가-(4) ……(중략)……위 사람을 三韓後壁上功臣 楊規 등의 錄券에 올리는 일은 式目都監 記事 盧의 至元 25年 正月 日 名貼에 至元 24年 3月 26日 右丞旨 林丁杞가 王旨를 구두로 전하기를……식목도감에서 啓受하도록 하셨으므로 王旨를 해당 관청에 出納한 때에 監察司 令史 申錫의 丁亥 12月 日 名貼 判의 취지를 아울러 '依貼施行'하고 보고하라는 뜻을 出納하였으므로……(중략)……(「鄭仁卿功臣錄券」[14])

사료 가-(4)는 충렬왕이 왕위에 오른 뒤에, 원종 10년(1269)에 세자로

---

14) 남권희·여은영, 앞의 논문, 1995 및 『韓國古代中世古文書研究(上)』, 22~27쪽.

서 원나라에 갈 때 수종했던 신하들에게 하사한 공신녹권 중 1등 공신 정인경에게 준 것의 일부이다. 충렬왕 13년(1287)에 삼한후벽상공신으로 책봉하는 王旨가 우승지를 통해 식목도감에 전달되고, 여기서 名貼을 만들어 공신도감으로 이첩되었고, 일련의 절차를 거쳐서 1289년에 공신도감에서 이 녹권을 정인경에게 발급한 것이다.[15]

최종 녹권이 발행되는 명의는 공신도감이어서 여기에는 공신도감 관원의 명단이 나열되어 있다. 그런데 이 문서가 작성되기까지 근거가 되는 문서는 '式目都監 記事 盧의 至元 25년(충렬왕 14년, 1288) 正月 日 名貼' '監察司 令史 申錫의 丁亥(충렬왕 13년) 12月日 名貼 判' 등으로 여기에도 문서 작성자 명의를 반드시 명기하였음을 확인할 수 있다.

또 한 가지 사료 가-(4)에서 주목되는 것은 정인경의 공신녹권은 '三韓後壁上功臣 楊規 등의 錄券'에 이어서 올렸다는 것이다. 원래 식목도감이나 공신도감에 해당 기록이나 삼한후벽상공신녹권의 별본이 보관되어 있고, 후대에 책봉되는 공신들은 그 기록의 뒤에 덧붙이는 형태로 정리되었을 것이다.[16] 더욱이 양규 등이 삼한후벽상공신녹권을 받은 것은 현종 10년(1019) 9월의 일이었으므로, 무려 270년이 경과되었는데도 계속 이어서 올린다는 것은 이 문서가 계속 보존되었음을 나타낸다. 이는 정인경 정안의 사례에서 보았듯이 때때로 보수를 했기 때문에 가능했을 것이다.

고려사회에서 정부의 각 관청은 문서를 통해 각종 행정 처리를 진행하였고, 그 과정에서 오갔던 행정문서들을 나름대로 체계 있게 정리했음을 알 수 있다. 그런데 행정의 효율을 위하여 택한 정리방식은 문서들을 대개 사안별로 장기간 보존하였으며, 각 문서에는 근거 문서가

---

15) 『韓國古代中世古文書硏究(上)』, 22쪽.
16) 노명호, 「고려후기의 공신녹권과 공신교서」, 『고문서연구』 13, 1998, 4~5쪽.

모두 날짜와 함께 담당 胥吏의 이름으로 올라 있었다. 이를 名貼이라고 하였는데, 행정문서의 정리와 보존의 과정에서 담당 胥吏의 책임이 보다 중시되었음을 입증하는 사례라고 할 수 있다.

2) 實錄, 시대의 정리와 보존

동아시아에서 기록의 정리는 實錄이라는 형태로 이루어졌다. 前王代의 각종 기록물을 모두 모으고 취사선택하여 하나의 자료로 만드는 작업인데, 이렇게 만든 '實錄'을 국가 차원에서 철저히 보존하도록 하였다.[17] 따라서 실록의 편찬은 시대마다 기록을 정리하는 수단이면서 동시에 기록을 보존하는 방법이기도 했다.

앞으로 살펴볼 사료 다-(2)의 '歷代日錄'이나 사료 다-(3)의 '史藁'와 '實錄'은 고려시대 기록을 정리하고 보존하는 중요한 방법이었다. 이 중 歷代日錄과 史藁는 바로 실록 편찬을 위한 기초 자료로서, 史館에서 작성하고 보존한 기록물이었다.

그 중 史藁는 史官이 직접 기록한 것이다. 비록 고려 말의 기록이지만 공양왕 원년에 史官 崔蠲 등이 왕에게 올린 글에 잘 나타나 있다. 史草는 史官이 '왕의 언행 및 정사와 백관의 잘하고 잘못하는 일'을 있

---

17) 실록 편찬에 관해서는 다음의 논문을 참조하였다.
申奭鎬, 「朝鮮王朝實錄의 編纂과 保管」, 『史叢』 5, 역사학연구회, 1960 ; 車勇杰, 「朝鮮王朝實錄의 編纂態度와 史官의 歷史意識」, 『한국사론』 6, 국사편찬위원회, 1979 ; 金成俊, 「高麗七代實錄編纂과 史官」, 『민족문화논총』 1, 영남대 민족문화연구소, 1981 ; 鄭求福, 「朝鮮初期의 春秋館과 實錄編纂」, 『擇窩許善道先生停年紀念韓國史學論叢』, 일조각, 1992 ; 吳恒寧, 「조선초기 實錄編纂體裁의 변화에 관한 史學史的 고찰」, 『한국사학사학보』 1, 한국사학사학회, 2000 ; 金慶洙, 「조선 전기 史官과 實錄 編纂에 대한 연구 - 현황과 과제」, 『사학연구』 62, 2001 ; 金慶洙, 「朝鮮前期 實錄 編纂에 대한 史學史的 考察」, 『조선시대사학보』 20, 2002 ; 申炳周, 「'實錄形止案'을 통해 본 『조선왕조실록』의 관리체계」, 『국사관논총』 102, 국사편찬위원회, 2003.

는 그대로 써서 두 벌씩 작성하는 것으로, '임기가 완료되면 한 벌은 史館에 바치고 한 벌은 자기 집에 간직하여 둠으로써 후에 참고하도록 하자'[18]는 것이다.

史官이 작성한 史草의 구체적인 내용을 알 수 있는 것이 바로 歷代 日錄의 존재이다. 史官의 임무에는 日曆을 기록하는 것도 포함되어 있었다.[19]

　나-(1) 예문춘추관의 檢閱이 되었을 때 毅陵을 따라 원나라에 들어가 行宮日曆을 기록했으며, 또 批와 判의 문서를 썼다. 귀국 후 그 공으로 摠部 散郞이 되었다.[20]

　(2) 공민왕이 九齋에 나아가 경서 시험을 보게 하여, 李詹 등 일곱 명을 급제시키고 이첨을 예문 검열로 임명하였다. 세 번 전임하여 정언이 된 다음 왕에게 상소하기를 "史記를 기록하는 법은 유래가 오래 되었습니다. 옛적에 제후의 나라에는 사사로운 史記가 없고 다만 그 나라의 기록을 왕실에 보관했을 뿐이었습니다. 그러다가 三史[21]가 계속 저작됨에 이르러 열국이 모두 史官을 두고 시사 기록을 맡아보게 하였습니다. 우리나라에서는 삼한을 통일한 이후로부터 是非 善惡을 평정해서 기록할 만한 사실이 항상 많았고, 史官도 붓을 멈추지 않고 기록하기는 했으나 왕대가 바뀐 연후라야 비로소 이를 편찬하였습니다. 그러나 그 기재한 내용은 다만 흐리고 맑은 것을 기록한 日曆뿐이고 선왕의 행사한 유적과 국가에서 관리

---

18) 『高麗史』卷76, 百官志 1, 春秋館, 中冊, 668~669쪽.
19) 金成俊, 앞의 논문, 1981, 96쪽에 의하면 고려의 史館은 唐制를 주축으로 하고 宋制를 참조하였는데, 宋制에서 日曆은 史館의 兩府의 臣僚가 기록한 時政記와 起居院의 同修起居注가 撰한 起居注를 자료로 하여 편집되고, 후에 실록 편찬의 기초자료가 되었다고 한다.
20) 「韓宗愈墓誌銘」, 『高麗墓誌銘集成』, 554쪽.
21) 三史는 史記, 漢書, 後漢書를 말한다.

를 黜陟한 고사들을 더러는 기록하지 않았으니 그것은 무슨 까닭일 까요.……미담과 선행이 있더라도 재차 전해지고 모든 사람의 눈에 익숙해진 후에라야 그것을 주어 엮어 實錄을 만들고 있으므로 옳고 그른 것이 뒤섞여 한 세대가 지나도록 교정할 수 없게 되니 이것이 어찌 다만 천지의 죄인이겠습니까."22)

사료 나-(1)에서 한종유는 毅陵, 곧 충숙왕을 따라 원나라에 가서 行宮日曆을 기록하였다. 行宮日曆은 사료 다-(2)의 歷代日錄과 같은 기록으로, 궁궐 안에 보존하면서 유사시에는 왕과 같이 피신시켰던 매우 중요한 자료였다.

한종유가 원나라까지 가서 行宮日曆을 기록한 것은 그의 직책이 예문춘추관의 검열, 즉 史官이었기 때문이다. 원 간섭기에는 다른 시기와 달리 왕이 외국으로 나가는 사례가 드물지 않았는데, 그때에도 여전히 사관이 동행하면서 日曆을 작성하여 사초로 남겼다. 이러한 작업은 쉽지 않았을 것이고, 따라서 한종유는 그 공을 인정받아 승진할 수 있었다. 그만큼 日曆의 작성과 보존은 실록 편찬에서 매우 중요한 과정이었음을 의미한다. 이같이 각종의 자료를 모아 실록이 편찬되었다.

사료 나-(2)를 보면 고려에서도 통일 이후부터 史官을 두고 기록을 계속 남겼음을 알 수 있다. 이렇게 그날그날 기록한 것을 "日曆"이라 하는데, 고려 말에 이르면 기재 내용이 부실하다는 지적이다. 그리하여 日曆이 날씨의 밝고 흐림이나 적었지, 선왕의 유적과 관리의 출척을 빠트리고 있다는 것이다.

이에 고려 말의 학자들은 여러 가지 개선책을 내놓았다. 이첨 역시 공민왕 17년(1368)에 과거에 합격하여 문한관으로서 활동하였다.23) 그

22) 『高麗史』 卷117, 列傳 30, 李詹, 下冊, 577쪽.
23) 李詹은 충목왕 원년(1345)부터 조선 태종 5년(1405)까지 생존했다.

가 정언이 되었을 때에 올린 글이 바로 사료 나-(2)이다. 日曆을 남기는 것은 중요하지만 그 내용이 부실하므로, 일력을 배경으로 나중에 實錄을 만들게 되므로 역시 부실하게 된다는 것이다.

즉 일력과 실록을 만들기는 하지만 그 내용이 충분하지 못하다고 생각한 것 같다. 이첨의 건의를 받아들여 시행한 정책이 매월 여섯 번의 衙日에 6部와 사헌부의 관리들이 각자의 사무에 대하여 직접 보고하도록 하고 史官들은 왕의 측근에 모시고 있을 것을 분부하였다고 한다. 즉 기록의 근원을 다양하게 하였고 史官도 바로 왕 옆에서 모든 걸볼 수 있도록 배려한 것이다.

건국 초부터 史館을 설치한 것은 실록을 위한 자료를 보존하기 위해서였다. 그 결과 덕종 대에는 태조·혜종·정종·광종·경종·성종·목종 등 초기 7대 실록이 편찬될 수 있었다. 이와 관련하여 다음과 같은 기록이 남아 있다.

> 나-(3) 처음에 거란병이 경성을 함락하고 궁궐에 불 질러 書籍이 모두 煨燼되었으므로, 황주량이 詔書를 받들어 訪問하고 採掇하여 太祖로부터 穆宗에 이르기까지 7代 事蹟 모두 36권을 撰集하여 바쳤다.[24]

> (4) 太祖實錄은 政堂文學修國史 黃周亮이 편찬한 것이다.[25]

사료 나-(3)의 황주량전에서 태조 이래 목종 대까지 7대의 事蹟을 황주량이 기록을 모아 찬집하였다고 하였는데, 이제현은 사료 나-(4)의 『高麗史』 世系論에서 황주량이 태조실록을 편찬했다고 기술하였다.

---

24) 『高麗史』 卷95, 列傳 8, 黃周亮, 下冊, 126쪽.
25) 『高麗史』, 高麗世系, 李齊賢贊, 上冊, 8쪽.

태조실록을 편찬할 당시 황주량의 관직은 정당문학인데, 그가 정당문학이 된 것은 덕종 3년(1034) 정월이므로 태조실록은 그 이후 편찬되었음을 알 수 있다.

황주량이 修撰官에 임명된 것은 현종 4년(1013) 9월에 대규모 修史官의 임명이 있었을 때였다.[26] 하지만 이때는 侍御史에 불과했기 때문에 사료 나-(3)과 같이 그를 事蹟 편찬의 대표로 언급할 수는 없었을 것이다. 이후 몇 차례의 인사변동을 거쳐 덕종 원년(1032) 3월에는 王可道가 監修國史, 황주량이 修國史로 임명되었다. 그러나 왕가도 역시 덕종 3년 5월에 죽었으므로, 황주량이 사실상 최고 책임자가 되었다.[27]

따라서 7대 사적 36권을 찬집한 것도 사료 나-(4)와 같은 시기로 보이며, 그럴 경우 사료 나-(3)의 7대 사적은 사료 나-(4)의 태조실록과 동일한 성격의 기록물이라고 할 수 있다. 즉 7대 사적은 바로 7대 실록이며, 태조실록은 그 중 한 부분이었다.[28]

그런데 사료 나-(3)을 보면 7대 실록을 편찬한 이유를 알 수 있다. 그것은 거란 침입 이후 소실되었던 기록을 다시 정리하고 보존하기 위한 것이었다. 실제로 황주량 등 대규모의 修史官을 임명했던 현종 4년은 거란의 침입 직후였다. 그리고 이 일을 맡은 황주량은 "訪問하고 採掇"했다고 하여, 정부가 보존하다가 소실한 것을 보완하기 위해 여기저기 흩어져 있던 자료를 모으는 작업을 하였던 것으로 표현되고 있다. 그렇게 모은 기록을 다시 정리한 것이 무려 36권에 이르렀다.

따라서 실록을 편찬할 때 제대로 된 사초를 내지 않는 사관에게는

---

26) 『高麗史』 卷4, 世家, 顯宗 4年 9月 丙辰, 上冊, 93쪽.

27) 자세한 경위는 김성준, 앞의 논문, 1981, 74~78쪽 참조.

28) 7代 事蹟과 7代 實錄의 동일함에 관해서는 김성준, 앞의 논문, 1981, 주7) 참조.

엄중한 문책이 따랐다.

> 나-(5) 忠烈王 초에 (원부를) 贊成事 判軍簿修國史로 고쳐 임명하고 柳
> 璥, 金坵와 더불어 『高宗實錄』을 編修하는데 前樞密副使 任睦의
> 史藁를 얻어 열어보니 빈 종이[空紙]였다. 修撰官 朱悅이 탄핵하기
> 를 청하거늘, 원부가 유경과 더불어 저지하고 발설하지 않았으니
> 이는 원부가 일찍이 直史館으로서 역시 史藁를 바치지 않은 까닭
> 이었다.29)

사료 나-(5)에 따르면 충렬왕 초에 고종실록을 편찬하는데 이를 맡은
사람들이 元傅, 柳璥, 金坵 등이었다. 실록 편찬을 위해 고종 때 사관
을 맡았던 자들의 史藁를 거두었는데, 그 중 樞密副使였던 任睦의 사
초가 빈 종이였다는 것이다. 현재 전하는 기록만으로는 任睦의 활동을
자세히 알 수 없으나, 高宗 45년(1258)에 "西海道 按察使 任睦이 酒色
에 빠졌으므로 員外郞 李惟信으로 대체하였다"30)고 한 것으로 보아
정치에 그다지 성실하지는 못했던 듯하다.

그럼에도 사초를 담당한 것은 그가 문한관으로서 사관의 역할을 맡
았기 때문으로 보인다. 사실 元宗 6년(1265)에 시험관으로서 사람을 선
발하고 있어,31) 여러 가지 흠이 있지만 문한관의 지위를 확보하였던
게 아닐까 생각한다. 당시 수찬관 朱悅이 이를 탄핵하려고 하였으나,
실록 편찬의 일을 맡은 元傅와 柳璥이 저지하였다는 것이다. 제대로
된 사초를 내지 않는 것은 사관으로서 탄핵받아야 할 일이었다.

그런데 元傅가 탄핵을 저지한 것은 자신이 사초를 바치지 않았기

---

29) 『高麗史』 卷107, 列傳 20, 元傅, 下冊, 355쪽.
30) 『高麗史』 卷24, 世家, 高宗 45年 5月 壬戌, 上冊, 495쪽.
31) 『高麗史』 卷74, 選擧志 2, 科目 2 國子試之額, 中冊, 622쪽, "元宗 6년에 任
睦이 朴安 등을 취하였다."

때문이라고 한다. 고종 때에는 몽골과 전쟁이 치열했던 시기이다. 그러한 시기에 사관들이 기록을 남기는 것이 경우에 따라서는 위험했는지도 모른다. 그리하여 사초를 바치지 않거나, 빈 종이를 바치는 경우가 나타난 게 아닐까 생각한다.

이후에도 이러한 목적으로 역대의 實錄이 정리되고 보존되었다.

> 나-(6) 政丞致仕 閔漬, 贊成事 權溥에 명하여 太祖 이래의 實錄을 略撰하게 하였다.[32]

> (7) 고려에서는 始祖 때부터 역대로 모두 實錄이 있었다. 그러나 그 글이 兵火로 다소 遺失이 있었다. 공민왕 때에 이르러 侍中으로 致仕한 李齊賢이 史略을 撰하였는데 충숙왕에서 그치고, 興安君 李仁復, 韓山君 李穡 등이 金鏡錄을 撰하였지만 靖王에서 그쳐 모두 疏略을 면치 못했으며 그 밖에는 글로 만들어 놓지 못했다.[33]

사료 나-(6)에서 충숙왕대에 무슨 필요에서인지 태조 이래의 실록을 간략하게 편찬하게 하였다. 간략하게 편찬할 수 있었다는 것은 당시까지 태조 이래의 실록이 그대로 보존되고 있었음을 의미한다. 이러한 사실은 사료 나-(7)에서도 확인된다.

사료 나-(7)은 조선 태조대에 작성된 鄭摠의 『高麗國史』[34] 서문의 일부분인데, 이에 의하면 시조 이래 역대 실록이 모두 편찬되었고 李

---

32) 『高麗史』 卷34, 世家, 忠肅王 元年 正月 乙巳, 上冊, 698쪽.
33) 『국역 동문선』 권92, 序, 高麗國史序, 7책, 326쪽.
34) 『高麗國史』는 고려 말 李齊賢 등이 편찬하고자 시도한 『國史』로부터 비롯된다. 비록 『國史』는 완성되지 못하였으나, 조선이 건국되자 태조 원년에 趙浚·鄭道傳·鄭摠 등이 왕명을 받아 태조 4년(1395)에 편년체의 『高麗國史』 37권이 완성되었다. 그러나 이 책은 조선건국과정에 대한 기록이 부실하다는 문제점이 제기되어 재편찬되어야 했다.

148

齊賢의 史略은 충숙왕대까지였다고 한다. 충숙왕대는 사료 나-(6)에서 본 바와 같이 역대의 실록이 남아 있어 약찬할 수 있었던 시기였다. 적어도 충숙왕대까지는 역대 실록이 보존되었던 것으로 추정된다. 비록 전쟁으로 인해 유실되기도 했지만 국가는 기본적으로 이러한 실록을 계속 보완해가면서 보존하였다.

실록과 사초가 결정적으로 유실된 것은 공민왕대였던 것 같다.[35] 이 때의 기록의 유실이 얼마나 심각한 문제로 인식되었는지는 공민왕이 남은 사초와 실록을 해인사고로 옮기려 하자 백문보가 반대한 이유에서도 잘 나타난다. 백문보는 "갑자기 國史를 옮겨 사람의 視聽을 놀라게 하는 것은 옳지 않다"고 하였다.[36]

국사를 다른 지역으로 옮기는 것도 물의를 일으킨다면, 국사의 유실이 당시 민심에 어떤 영향을 끼쳤을지 충분히 상상할 수 있다. 사료 다-(1)과 다-(2)와 같이 예상하지 못한 급박한 상황에서도 이들 기록을 대피시켜 보존했던 것은 바로 이러한 당시 사람들의 인식을 배경으로 하고 있다.

더욱이 해인사고는 단순한 사찰의 기록보관 장소가 아니었다. 여기에는 국가적으로 중시되는 서적들이 보관되고 있었으며, 국가는 필요에 따라 이를 참고자료로 사용하기도 했다.

나-(8) ……처음 왕이 서울에 돌아올 때에 임시로 종묘 神主를 미타사에 모시고 還安都監을 설치하였다. 백문보와 平陽伯 金敬直이 그 일을 주관하였는데 늦추어 달을 넘겼다. 왕이 노하여 독촉하자 상고할 만한 典籍이 없다고 대답하였다. 이에 史官 南水伸을 보내어 海印寺庫에 가서 三禮圖와 杜祐通典을 취해 오니, 백문보가 통전

35) 상세한 내용은 사료 다-(3)에서 설명할 예정이다.
36) 『高麗史』 卷112, 列傳 25, 白文寶, 下冊, 451~452쪽.

을 모방하고 또 寢園의 늙은 給事인 朴忠의 말을 채택하여 儀制를 삼았다. 朴忠은 글자를 알지 못하고 많이 억측에서 나왔다.[37]

사료 나-(8)은 홍건적 침입 때문에 남으로 피난 갔던 공민왕이 수도로 돌아왔을 때의 일이다. 還安都監의 설치에 관한 儀制를 만들어야 했는데, 중앙에는 상고할 典籍이 없었다고 한다. 중앙의 史館이나 가각고에서 그토록 중시했던 실록과 사초를 잃었다면 그 밖에 서적의 실태는 미루어 짐작할 수 있다. 그러나 모든 전적이 유실된 것은 아니었다. 백문보 등은 還安都監을 설치하는 데 필요한 자료를 해인사고에서 구할 수 있었다.

중앙의 史館에서 보존하는 기록물 중 일부는 해인사고에도 보존하였던 것이다. 그렇기 때문에 해인사고는 사료 다-(3)에서 보이듯이 수도의 보존기관이 위험할 때 중요 자료를 대피시킬 수 있는 대안의 장소로 제시될 수 있었다. 그리고 거기에는 이미 많은 자료가 보존되어, 還安都監을 설치하는 데 필요한 三禮圖와 杜祐通典도 있었던 것이다.

그런데 해인사고에 보존하고 있는 자료는 어느 때나 누구나 열람할 수 있는 자료가 아니었다. 백문보 등이 해인사고의 존재를 알면서도 왕의 노여움을 사며 달을 넘겼던 것은 여기에 접근하는 데에는 일정한 기준이 있었기 때문이다. 우선 왕의 지시를 받아야 했고, 그에 따라 史官만이 접근할 수 있었다. 그렇기 때문에 史官 南水伸이 해인사까지 파견되었던 것이다.

이와 같이 고려 정부는 사관을 두어 왕의 측근에서 기록을 남기게 하였고, 그 기록을 여러 가지 방안으로 보존하여 이후 실록으로 편찬할 수 있도록 제도로 만들었다. 그리하여 오늘날 우리에게 그 시대의

---

37) 『高麗史』 卷112, 列傳 25, 白文寶, 下冊, 451쪽에서 史藁實錄과 國史가 동일한 뜻으로 사용되었음을 알 수 있다.

목소리를 남길 수 있었다.

2. 기록보존기구와 보존 실태

1) 史館과 架閣庫, 그 밖의 기록보존기구

고려 정부에서는 다양한 기구들이 기록물을 생산하고 아울러 보존
도 하였다. 각자 생산한 문서를 보존하기도 했지만, 몇몇 특수한 관청
에서는 주요 기록물을 영구 보존하였다.

언제부터 국가 차원에서 행정 기록을 보존했는지 정확히 알 수 있는
자료는 현재 전하지 않는다. 다만 그 시초를 알 수 있는 것이 史館의
설치이다. 『高麗史』百官志에서는 史館을 국초에 설치했다고 하지만,
그 구체적인 모습을 확인할 수 있는 것은 高達院 元宗大師 慧眞塔碑
의 銘文을 지은 金廷彦의 직함에서이다. 탑비가 세워졌던 광종 26년
(975)에 김정언의 관직은 大丞翰林學士內奉令前禮部使參知政事監修
國史였다. 監修國史가 史館의 장관이었으므로[38] 적어도 광종 26년 이
전에 史館이 설치되었음을 짐작할 수 있다.[39]

史館의 임무에 대하여 『高麗史』百官志에서는 '당시 정사를 기록하
는 일을 관장한다'고 하였고,[40] 조선 건국시 제정한 문무백관의 제도에
서도 '掌記國史'라고 하여[41] 주로 역사자료로서의 기록을 담당하였음

---

38) 『高麗史』卷76, 百官志 1, 春秋館, 中冊, 668쪽, "國初稱史館 監修國史 侍中
　　兼之 修國史・同修國史 二品以上兼之 脩撰官翰林院三品以下兼之 直史館
　　四人 其二權務 後陞直館爲八品".
39) 김성준, 앞의 논문, 1981, 89～90쪽 참조.
40) 『高麗史』卷76, 百官志 1, 春秋館, 中冊, 669쪽에서 春秋館은 '掌記時政'이라
　　하였다.
41) 『太祖實錄』卷1, 太祖 元年 7月 丁未, 국사편찬위원회, 1986 영인본, 1집 23

을 나타내고 있다. 하지만 史館은 기록을 직접 담당한 것만은 아니었다.

다-(1) 인종 4년 2월에 李資謙과 拓俊京 등이 왕궁을 불지를 때 直史館 金守雌가 國史를 등에 지고 山呼亭 북쪽에 피난시켜 무사하였다.[42]

(2) (박인석이) 임무를 마치고 돌아오니 都校署令이 제수되었다. 辛卯年 겨울에 周樹의 화재가 있었는데 온 조정이 당황하여 어찌할 바를 몰랐다. 공이 歷代日錄과 황금과 백은 등 물품을 거두어 山呼亭에 두었으나, 그 공을 말하지 않았기 때문에 아무도 그 사실을 알지 못했다.[43]

(3) (백문보는) 공민왕 초에……兵火 후에 史局이 소장한 史藁 實錄이 겨우 몇 상자만 남았다. 왕이 청주에 있을 때 供奉 郭樞를 보내어 해인사로 옮기게 했다. 당시 백문보는 수도에 남아 있었는데 金希祖와 의논하기를 "지금 도적의 난리가 겨우 평정되었으니 갑자기 國史를 옮겨 사람의 視聽을 놀라게 하는 것은 옳지 않다" 하고, 머물러 뒤에 명령을 기다리게 하였다.[44]

(4) 공양왕 원년에 史官 崔鑭 등이 왕에게 글을 올리기를 "……지금부터는 史翰 8명이 그 직무를 맡아서 하되, 각각 史草를 두 벌씩 작성하였다가 임기가 완료되어 다른 관직으로 이동하게 되면 한 벌은 史館에 바치고 한 벌은 자기 집에 간직하여 둠으로써 후에 참고

쪽. 이하 집수와 쪽수 표기는 영인본에 따름.

42) 『高麗史』 卷98, 列傳 11, 金守雌, 下冊, 190쪽.

43) 「朴仁錫墓誌銘」, 『高麗墓誌銘集成』, 309쪽.

44) 『高麗史』 卷112, 列傳 25, 白文寶, 下冊, 451~452쪽.

하도록 하며, 겸임관으로 수찬관 이하의 관원에 채워 각각 자기가 보고 듣는 대로 기록하여 史草를 만들어 모두 史館에 보내게 합시다. 또 本館에서 직접 중앙과 지방의 각 衙門에 통보하여 무엇이든 지 그 기관이 하는 일이 있으면 일일이 史館에 보고하여 근거 기록이 되게 합시다.……"45)

사료 다-(1)에 의하면 인종 4년(1126)에 이른바 李資謙의 난이 일어나 왕궁에 불이 났을 때, 直史館 金守雌가 國史를 피난시켜 무사히 보존했다고 한다. 김수자가 피난시킨 '國史'는 그의 직함으로 보아 아마 史館에 있던 기록물이었을 것이다. 사료 다-(3)과 다-(4)는 고려후기의 자료이긴 하지만 사관에 보존된 기록물이 어떤 것인지 알 수 있게 한다.

사료 다-(3)은 홍건적의 침입으로 공민왕이 안동까지 피난 갔을 때의 일이다. 전쟁이 어느 정도 진정된 후에 사관에는 史藁와 實錄 몇 상자만 남게 되었다고 한다. 공민왕이 이를 해인사로 옮기게 하자 백문보가 반대하면서 이 일을 의논하는데, 백문보는 史藁와 實錄을 가리켜 '國史'라고 하였다. 고려시대에 일반적으로 말하는 國史는 특정 史書를 가리킨다기보다는 포괄적인 의미의 역사 기록으로서 實錄과 史藁, 史草 등을 포함하였음을 알 수 있다. 사료 다-(4)를 보면 史館에 보존되는 기록물에는 史官들이 자기 임기 중에 작성한 史草뿐 아니라 중앙과 지방의 모든 관청의 문서도 포함되어 있었다.

즉 史館에는 實錄과 史藁 등이 소장되어 있었고, 김수자가 피난시킨 國史는 바로 이들 기록물이었다. 김수자가 史館에 소장된 역사 관련 기록물을 등에 지고 피신시킨 것은 그가 直史館을 맡은 것과 관련되었을 것으로 추정된다. 직사관은 史館 체제에서 가장 하위직이었지

---

45) 『高麗史』卷76, 百官志 1, 春秋館, 中冊, 669쪽.

만 상위직과 달리 겸직이 아닌 유일한 직책이었다.[46] 따라서 이들 직
사관이 평상시에는 史館의 실무를 전담했을 것으로 보이며, 김수자는
바로 그러한 직사관으로서 임무를 완수했던 것이다. 史官의 임무에는
기록의 보존도 포함되어 있음을 짐작할 수 있다.

이와 거의 똑같은 상황이 명종대에도 일어났다. 사료 다-(2)에서 辛
卯年, 즉 명종 원년(1171)에도 궁궐에 불이 났는데 역시 기록물을 산호
정으로 피신시켰다고 언급하고 있다. 이 신묘년의 화재에 대하여『高
麗史』에는 좀더 상세한 기록이 있다. 밤에 궁궐에서 화재가 나자 각
절의 승려와 府衛의 군사들이 불을 끄러 나왔는데, 鄭仲夫와 李義俊
등이 入直하고 李義方 형제는 변이 날까 두려워 궁궐 안으로 들어가
紫城門을 닫고 불 끄러 들어오려는 모든 사람을 들이지 않아서 결국
궁궐이 모두 불탔고, 왕은 산호정으로 나가서 통곡하였다고 한다.[47]

이때 박인석은 어떤 이유에서인지 왕을 모시고 있었던 모양이다. 화
재가 일어난 것은 밤이었기 때문에 일반 관료들은 모두 퇴청하였을 텐
데 박인석은 정중부, 이의방 등의 통제에도 불구하고 궁궐 안에 있었
다. 박인석은 당시 정8품의 도교서령으로서 궁궐 안에서 쓰는 각종 기
구와 기물을 만드는 관청을 담당하고 있었다.[48] 그가 황금과 백은 등
의 물품을 거두어 피신시킨 것은 그의 직책과 관련된 것이다.

그런데 사료 다-(2)에 의하면 박인석은 황금과 백은(黃白) 등과 함께
歷代日錄도 피신시켰다고 한다. 歷代日錄이라 함은 조정에서 일어난
사건들에 관한 매일의 기록을 의미하는데, 매일 기록하는 자가 있었고
그것이 별도로 궁궐 안에 보존되었음을 짐작할 수 있다. 그것은 사료

---

46) 앞의 주38)의 사료 참조.
47)『高麗史』卷19, 世家, 明宗 元年 10月 壬子, 上冊, 390쪽.
48)『高麗史』卷77, 百官志 2, 都校署, 中冊, 683쪽에서 도교서는 工作에 관한 일
   을 관장하였고 한다. 令 2명은 종8품으로, 丞 4명은 정9품으로 임명하였다.

다-(3)의 實錄 및 史藁와 함께 史館에 보존되고 있었던 것이다. 사료 다-(2)에서 불이 나서 모두 우왕좌왕하고 있을 때 박인석이 歷代日錄 을 거두어 내올 수 있었던 것은 그것이 체계적으로 보존되어 있었기 때문에 가능했을 것이다.

사료 다-(1)에서 김수자가 한 것과 동일하게 박인석도 산호정으로 대피시켰다고 하는데, 그가 歷代日錄을 피신시킨 산호정은 바로 왕이 피신한 곳이었다. 당시 史館에는 유사시에 소장 기록물을 피난시키는 일정한 규정이 있었던 것 같다. 즉 史館에는 기록물을 보존하기 위한 구체적인 행동지침이 있었고, 불이 나는 등 위급할 때에는 직사관과 같은 담당 관리가 그 지침대로 산호정으로 대피시킬 수 있었던 것이다.

국가 통치에 필요한 중요한 기록물을 보존하는 일은 史館 외에 가각고에서도 담당하였다. 고려시대 가각고가 언제부터 설치되었는지는 알 수 없으나, 충렬왕대 이전에 이미 있었다는 것은 확실하다.[49] 가각고에 대하여 『高麗史』에서는 '掌藏圖籍'[50]이라 하여 이 기관이 문서와 典籍을 함께 보관하는 기구임을 밝히고 있다. 후대의 기록을 보면 그 중에서도 문서에 더 비중을 두었던 것으로 짐작하고 있다.[51]

다-(5) ……架閣庫는 卷宗을 거두어 저장하는 일을 관장하는데, 丞 2명

---

49) 가각고에 관한 최초의 기록은 충렬왕 6년(1280)에 추밀원에서 관군 관리의 정원을 정할 때 "가각고 官勾 1명을 두었다"(『高麗史』 卷29, 世家, 忠烈王 6年 10月, 上冊, 599쪽)는 것이다. 이를 보면 이미 이전에 충분한 기능을 수행하고 있었음을 알 수 있다. 남권희, 「架閣庫考」, 『서지학연구』 1, 1986, 132~134쪽에 따르면 가각고는 송나라뿐 아니라 요나라, 금나라 등에도 있었던 기관으로, 『宋史』 『文獻通考』에서 처음 언급되었는데 帳籍과 文案을 소장하며, 그 관리하는 직이나 기능, 사람을 架閣이라 한다는 것이다. 고려에서도 성종 2년 (983)에서 문종 30년(1076) 즈음에는 이 제도를 도입했을 것으로 추정하였다.

50) 『高麗史』 卷77, 百官志 2, 架閣庫, 中冊, 686쪽.

51) 남권희, 앞의 논문, 1986, 142쪽.

은 종7품이고, 注簿 2명은 정8품이고, 直長 2명은 종9품이며, 司吏 2명을 둔다.[52]

(6) 의정부에서 公事를 移轉하여 맡게 할 일을 啓目하였다. "1. 府 중에 行移하지 않은 文書는 六曹의 郎廳을 불러 와서 交付하고, 이미 行移한 文書는 架閣庫에 옮겨 갈무리하되, 모든 差遣이나 受 點 따위의 일은 이조·병조에 보냅니다.……1. 各年의 條例文書 가 운데 謄錄하지 않는 일은 예조로 보내고, 이미 謄錄한 일은 架閣庫 에 갈무리합니다.……" 하니 왕이 그대로 따랐다.[53]

위의 사료는 모두 조선 초의 자료이지만, 가각고가 고려 인근 국가 들도 모두 설치한 기구라는 점에서 고려시대에도 그 기능은 크게 다르 지 않았을 것으로 보인다.

사료 다-(5)는 조선 건국 직후 관제를 정비한 내용 중 일부인데, 여기 서 가각고를 '卷宗을 거두어 저장하는 일을 관장하는' 기관으로 정의 하고 있다. 卷宗은 일반적으로 圖籍, 즉 도서와 문서를 말하지만 본 사 료에서는 文案, 文書를 가리킨다.[54] 가각고는 공문서를 거두어 저장하 는 일을 맡고 있었음을 알 수 있다.

그렇다면 어떠한 문서들이 가각고에 보존되었던 것일까 의문이다. 사료 다-(6)은 태종 14년에 의정부에서 건의한 육조가 맡아야 할 일에 대한 계목을 승인한 것인데, 거기에는 의정부에서 발송한 공문서를 어 떻게 사후 처리하는가에 관해서도 규정이 마련되어 있었다. 이에 의하

---

52) 『太祖實錄』 卷1, 太祖 元年 7月 丁未, 1집 23쪽.
53) 『太宗實錄』 卷27, 太宗 14年 4月 庚申, 2집 13쪽.
54) 남권희, 앞의 논문, 1986, 142~143쪽에서 卷宗은 하나의 내용을 가진 牘(공 문)으로 수십 건도 되며 앞뒤에 案이 있고 彙별로 나누어 한 帙을 만든 것인 데, 특히 조선왕조실록의 卷宗은 대체로 공문서나 관문서를 의미한다고 한 다.

면 의정부에서 가각고로 이관할 공문서는 이미 行移한 문서, 各年의
조례문서 중 謄錄한 것만을 대상으로 하고 있다. 즉 행정처리가 끝난
문서를 가각고에 이관하여 영구 보존하도록 한 것이다.

　다음의 사료 다-(7)과 다-(8)은 각 기관이 가각고에 이관하는 문서의
구체적인 내용을 보여주는 자료이다. 이를 통해 가각고에 문서를 이관
하는 목적과 방법도 파악할 수 있다.

　　다-(7) 各司의 奴婢刷卷色이 상소하였다. "1. 지금 丁酉年 奴婢案은 2
　　本으로 만들어, 1본은 本司에 두고 1본은 架閣庫에 두게 하며, 외
　　방에서는 1본은 本官에 두고, 1본은 營庫에 두게 함으로써 奸僞를
　　방지하고 뒤에 작성되는 續案도 이 예를 따르게 하소서. 단, 외방에
　　서 가각고로 상납하는 案은 道內 各司 노비의 편의에 따라 合錄하
　　게 하소서."55)

　　(8) 의정부에서 호조의 呈文에 의거하여 申告하기를, "……물건마다
　　시험하여 공용하는 수량을 참작 결정하고, 또 一分의 여유를 더 두
　　어 결손나는 자료에 대비하고, 일마다 뒤따라 의정부에 알려서, 申
　　聞하여 <왕의> 윤허를 받아 案籍을 정리하여 만들게 하되, 무릇
　　43司는 매 司가 각각 3건을 만들어, 1건은 본조에, 1건은 架閣庫에,
　　1건은 각기 그 官司에 간수하여 영원히 출납하는 법식을 삼게 하소
　　서.……" 하니 그대로 따랐다.56)

　사료 다-(7)은 조선 태종 17년에 각사의 노비 쇄권색에서 올린 노비
결절사목 14개항을 윤허한 것인데, 그 내용에는 최종 작성한 奴婢案을
어떻게 보존할 것인가에 관한 사항도 포함되어 있었다. 가각고에 이관

---

55) 『太宗實錄』 卷33, 太宗 17年 5月 辛酉, 2집 165쪽.
56) 『世宗實錄』 卷111, 世宗 28年 正月 丁亥, 4집 651쪽.

하여 보존하는 문서에는 사료 다-(6)과 같이 조례문서나 행정 처리를
위한 공문서뿐 아니라, 奴婢案과 같이 통치에 필요한 자료도 포함됨을
알 수 있다.

중앙 각 기관의 경우 奴婢案을 2本 만들어, 1본은 本司에 두고 1본
은 架閣庫에 두게 하였으며, 지방 각 기관의 경우 1본은 本官에 두고,
1본은 營庫에 두게 했다. 그리고 지방에서는 道內 各司의 노비안을 合
錄하여 가각고로 상납하도록 하였다. 즉 중앙과 지방의 각 기관은 모
두 행정 처리를 위한 노비안을 직접 관리하고 있지만, 또 하나의 본을
가각고에 보내어 보존하도록 하였다.

이렇게 하는 것은 사료 다-(7)의 표현에 의하면 "奸僞를 방지하기 위
해서"였다. 즉 가각고에 문서를 보내서 보존하도록 하는 이유는 각 기
관에서 소장하는 문서가 손상될 상황에 대비하기 위해서이기도 하지
만, 또 한편으로는 그 문서들의 진위를 파악하기 위해서이기도 했던
것이다.

사료 다-(8)은 세종 28년에 호조에서 산하 43개 司의 工匠들이 물건
을 제조할 때 필요한 물품을 요구하는 데 일정한 법식이 없음으로 인
해 일어나는 폐단을 지적하면서 그 규정을 만들도록 한 것이다. 그런
데 이 규정 문서는 각 司가 각각 3건을 만들어, 1건은 호조에, 1건은
架閣庫에, 1건은 그 官司에 간수하도록 한 것이다. 중요한 문서의 경
우 해당 하급 기관뿐 아니라 상급 기관에서도 보존하도록 하였으며,
궁극적으로는 역시 가각고에 이관하도록 하였음을 알 수 있다.

이같이 철저하게 보존하려는 이유를 사료 다-(8)에서는 "영원히 출납
하는 법식을 삼으려고" 했기 때문이라고 밝히고 있다. 즉 모든 행정처
리가 끝난 문서들이 가각고에 이관되는 것은 아니었던 것 같다. 적어
도 사료 다-(7)이나 사료 다-(8)과 같이 영구 보존해야 할 필요성이 있을
때 비로소 가각고에 이관하여 보존했던 것이다.

史館과 가각고 외에도 기록물을 보존한 다양한 기구들이 있었다. 이들 기구에서는 각종 서적을 보존하는 한편, 국가에서 작성한 공문서들도 보존하였다. 숙종대에 이르면 역대로 보존해온 '文書'를 다시 정리하고 분산 보관하는 데 많은 관심을 기울였다.

> 다-(9) 왕이 文德殿에 거동하여 역대에 秘藏한 文書를 열람하고 그 중에 部秩이 완전한 것을 택하여 文德殿, 長齡殿, 御書房, 秘書閣에 나누어 보관하고, 남은 것은 兩府의 宰臣 및 誥院의 史翰과 內侍文臣에게 차등 있게 내렸다.[57]

사료 다-(9)는 숙종 원년(1096)의 기록인데, 이에 따르면 문덕전은 역대로 '文書'를 보존했던 곳이다. '秘藏'했다고 한 것으로 보아 매우 소중하게 간직하였음을 알 수 있다. 그럼에도 일부는 손상되었나보다. 그 중에서 완전한 것을 나누어 보관하고 남은 것은 여러 신하들에게 나누어준 것을 보면, '文書'라 했지만 이는 공문서가 아니라 서적이었음을 나타낸다. 서적을 나누어 보관할 장소는 文德殿을 비롯하여 長齡殿, 御書房, 秘書閣 등 네 곳이 있었다.

文德殿은 延英殿과 함께 學士, 大學士를 두는 학술기관이었다.[58]

---

57) 『高麗史』 卷11, 世家, 肅宗 元年 七月 庚寅朔, 上冊, 224쪽, "御文德殿 覽歷代秘藏文書 擇部秩完全者 分藏于文德·長齡殿·御書房·秘書閣 餘賜兩府宰臣 及誥院史翰·內侍文臣 有差".

58) 『高麗史』 卷76, 百官志 1, 諸館殿學士, 中冊, 670쪽, "諸館殿 學士를 없애고 설치한 연혁은 자세하지 않으나 모두 文臣 중에서 才質과 학식이 있는 자를 선발하여 직함에 넣어 겸대하도록 하여 侍從을 갖추었다."고 하며 "仁宗 14년에 文德殿을 고쳐 修文殿이라 하고 延英殿을 集賢殿이라 하였다. 文德殿과 延英殿에는 전부터 大學士, 學士가 있었는데 지금 殿을 따라 이름을 고쳤다."고 하는데, 당대 문한관이 지니는 직함에 수문전 대학사, 집현전 대학사가 따르는 것으로 보아 최고 학술기관이었음을 알 수 있다.

따라서 당연히 많은 서적을 갖추어 놓았을 것이다. 초기에는 주로 문덕전을 중심으로 서적이 많이 보존되고 있었던 모양이다. 이제 숙종대에 이르러 여러 곳에 나누어 보존하게 된 것이다. 그 대상이 된 장소들도 본래 서적을 보존하던 곳이었으므로, 이때 귀한 서적의 분산처가 될 수 있었을 것이다. 어서방은 궁궐 내에 서적을 보존하는 대표적인 곳이었고,[59] 長齡殿은 讎校員[60]과 大學士가 있는 것으로 보아[61] 역시 학술기관의 역할을 한 기구로 보인다. 그 중에서도 秘書閣은 전국적으로 필요한 주요 서적의 정본을 보존하는 순수한 도서관의 역할을 한 기관으로 파악된다.[62]

이러한 기구들과 달리 비서성은 당시 궁궐에서 중요한 서적을 출간하거나 보관하는 기관이었으며, 아울러 국왕의 문서를 생산하고 또 보

---

59) 『高麗史』 卷6, 世家, 靖宗 11年(1045) 4月 己酉, 上冊, 138쪽, "秘書省이 새로 간행한 禮記正義 70本과 毛詩正義 40本을 올리니, 1본은 御書閣에 보관하고 나머지는 文臣들에게 하사하도록 명하였다." 어서각은 새로 간행한 서적의 1부를 보존하는 곳이었다.

60) 『高麗史』 卷12, 世家, 睿宗 元年(1106) 7月 辛丑, 上冊, 250쪽에 예종이 詔書를 내리는데, "짐이 兩府, 臺諫의 兩制 및 長齡殿의 讎校員 등이 封事한 글을 읽었다"는 글이 나온다. 장령전에는 수교원이 배치되어 있었다.

61) 『高麗史』 卷16, 世家, 仁宗 16年(1138) 5月 庚戌, 上冊, 342쪽에 의하면 長齡殿은 인종 16년에 奉元殿으로 이름을 고친다. 이 봉원전에는 대학사가 존재하였다. 이에 관해서는 『高麗史』 卷18, 世家, 毅宗 15年(1161) 5月 甲午, 上冊, 371쪽, "崔惟淸으로 奉元殿 大學士를 삼았다." 참조.

62) 『高麗史』 卷7, 世家, 文宗 10年(1056) 8月 戊辰, 上冊, 159쪽에 "西京留守가 보고하기를, '京內의 進士科와 明經科 등 諸業의 과거 응시자들이 공부하는 書籍은 대개 傳寫한 것이므로 글자가 많이 틀려 있으니 청컨대 秘閣에서 所藏하고 있는 九經, 漢書, 晉書, 唐書, 論語, 孝經, 子史, 諸家文集, 醫, 卜, 地理, 律, 算 등 여러 서적을 나누어 주어 여러 學院에 두도록 하소서.' 하니, 有司에 명하여 각 1本씩 인쇄하여 보내도록 하였다."고 한다. 여기서 비각은 바로 비서각으로, 주요 서적의 정본이 보존되고 있음을 보여준다. 비각, 비서각, 비서성의 구별에 관해서는 배현숙, 「고려시대의 비서성」, 『도서관학논집』 7, 한국도서관정보학회, 1980, 81~82쪽 참조.

존하는 역할을 하였던 것으로 보인다.

　　다-(10) 制하여 秘書省에 文籍의 板本이 쌓이고 쌓여 훼손되므로 國子
　　　　　監에 書籍鋪를 두어 이것을 옮겨 보관하여 두게 하고 널리 摹寫하
　　　　　여 印刊케 하였다.[63]

　　　　　(11) 樞密院 副使 崔溫이 아뢰기를, "秘書省은 齋醮祭享의 文書를
　　　　　맡았으므로 每月 한 사람이 入直하여 沐浴齋素하고 한 달을 마쳐
　　　　　야 나갑니다. 만약 翰林院・寶文閣・同文院・御書院이 윤번으로
　　　　　번갈아 숙직하면 혹은 飮酒食肉하고 혹은 穢惡한 일을 겪을 것이
　　　　　므로, 秘書省에 會宿하는 것은 마땅하지 못한 일입니다. 청하건대
　　　　　이를 금하소서." 하니, 制하여 가하다고 하였다.[64]

　　사료 다-(10)과 다-(11)은 비서성의 역할을 보여주는 자료이다. 사료
다-(10)에 따르면 비서성에는 많은 서적이 보존되고 있었다. 그러다보
니 시간이 흐름에 따라 서적이 상하기도 하여 肅宗 6년(1101)에는 왕이
"秘書省에 文籍의 板本이 쌓이고 쌓여 훼손됨"을 걱정하며, "國子監
에 書籍鋪를 두어 옮겨 보관하도록" 지시하기에 이른다.
　　그런데 사료 다-(11)에 따르면 비서성은 서적만을 보존하는 藏書處
는 아니었다. "齋醮祭享의 文書"를 맡았다고 하므로, 제사의 문서를
작성하는 등 기록의 생산을 맡았음을 보여준다. 본래 비서성은 "왕의
측근에서 經籍과 祝疏를 관장하는" 기관으로서[65] 왕의 명령을 시행하

---

63)『高麗史』卷11, 世家, 肅宗 6年 3月 壬申, 上冊, 232쪽, "制 以秘書省文籍板
　　本 委積損毁 命置書籍鋪于國子監 移藏之 以廣摹印".
64)『高麗史』卷24, 世家, 高宗 41年 9月 丙寅, 上冊, 486쪽.
65)『高麗史』卷76, 百官志 1, 典校寺, 中冊, 671~672쪽 참조. 國初에는 內書省
　　이라 불렀고, 成宗 14년에 秘書省으로 고쳤다.

였으며, 그에 따라 文才가 있는 사람들을 등용하는 자리였다.[66] 하지만 고종 41년(1254)에 樞密院 副使 崔溫의 의견에 따르면, 하는 일이 비슷한 계통의 기관인 翰林院·寶文閣·同文院·御書院 등일지라도 그 일을 윤번으로 맡을 수는 없다는 것이다. 비서성에서 담당한 기록의 생산과 보존은 다른 기관보다 더욱 중요한 역할이었음을 알 수 있다.

사료 다-(9)에서도 보이듯이 숙종은 즉위 초기부터 궁궐 각 처소를 돌며 서적뿐 아니라 문서의 보관 상태를 점검하고, 상황에 따라 분리하여 보존하도록 지시하였다. 숙종 4년(1099)에는 延英殿에 거동하여 御藏한 文書를 검열하였으며,[67] 숙종 6년에는 內府의 文書를 나누어 樞密院에 보관하도록 하였다.[68] 특히 內府가 宮中의 府庫로서 재화를 보관하는 곳이었으므로, 여기의 文書라면 서적을 의미하는 것은 아닐 것이다. 더욱이 그것을 나누어 보관한 곳이 추밀원이라고 하니, 이때의 문서는 행정에서 사용된 공문서로 추정된다.

궁궐 안에는 많은 서적과 문서를 생산할 뿐 아니라 보존도 하는 여러 기구가 설치되어 운영되었다.

왕이 명령을 내려 대궐에 天章閣을 설치하고 송나라 황제가 보낸 친필 조서 및 書畵를 보관하게 하였다.[69]

---

66) 『高麗史』 卷8, 世家, 文宗 14年 9月 癸卯, 上冊, 169쪽 참조, "以宋進士盧寅有文才 授秘書省校書郎". 즉 비서성의 관직은 文才가 있는 사람들 등용하는 자리였다.

67) 『高麗史』 卷11, 世家, 肅宗 4年 4月 壬辰, 上冊, 228쪽, "御延英殿 檢閱御藏文書".

68) 『高麗史』 卷11, 世家, 肅宗 6年 6月 甲辰, 上冊, 234쪽, "王分內府文書 藏于樞密院".

69) 『高麗史』 卷14, 世家, 睿宗 12年 6月 癸亥, 上冊, 287쪽.

162

위의 사료는 睿宗 12年(1117)에 새로운 기록보존 장소로서 천장각을 설치했다는 것이다. 예종 11년에 학사와 대학사를 두는 학술기관으로서 淸燕閣과 寶文閣을 세웠는데,[70] 이듬해에 그 사이에 세운 것이 천장각이었다. 이곳에는 송나라 황제가 보낸 친필의 조서와 글과 그림 등을 보관하였다는 것이다. 이는 예종이 '崇儒親宋策'을 강조했던 것과도 연관되지만, 무엇보다 글과 그림도 보존되었음을 명시하는 자료이다.

이와 같이 고려 정부에서는 史館과 架閣庫 외에도 여러 기구를 두어 서적뿐 아니라 다양한 문서를 보존하기 위해 노력하였음을 알 수 있다.

2) 지방행정기관의 기록 보존

앞의 사료 다-(4)에 따르면 史館에는 중앙뿐 아니라 지방 각 기관의 문서도 보고하도록 되어 있었다. 고려 정부는 지방행정에 필요한 기록도 체계적으로 관리하였음을 의미한다.

각 지방행정기관에도 행정에 필요한 다양한 문서가 보존되었는데, 중앙에서 매우 중시한 문서 중 하나가 收稅와 관련된 토지대장이었던 것으로 보인다. 토지대장은 비록 지방관청에서 관리하고 있었으나, 그 작성과 보존에 대해서는 국가 차원에서 관여하고 있었다.

---

70) 『高麗史』卷76, 百官志 1, 寶文閣, 中冊, 669쪽 참조, "睿宗 11년에 궁궐 안 [禁中]에 淸燕閣을 짓고 學士, 直學士 각 1명을 선발하여 두고 아침저녁으로 經書를 講論케 하였다. 學士는 視從三品으로 하고 直學士는 종4품에 견주도록 하며 直閣은 종6품에 견주도록 하였다. 또 校勘 4명을 두었는데 그 중 둘은 御書院 校勘으로 충당하고 나머지 둘은 職事로써 겸하게 하였다. 이어 淸燕閣은 궁궐 안[禁內]에 있어 學士들이 宿直의 출입에 어려우므로 곧 그 곁에 따로 각을 두고 官號를 寶文閣이라 고쳤다."

라-(1) 이보다 먼저 西京에 반란이 일어나 田簿가 모두 소실되자 나라
에서는 형부 낭중 金卿을 파견하여 土田을 측량하게 하였다. 다음
해에 量田을 마쳤으나 分授가 고르지 못하여 사람들의 쟁송이 비
등하자 有司가 金卿을 탄핵하여 파출하였다. 이에 공에게 명하여
改量하게 하니 심히 精允하였다.71)

(2) (崔宰는) 明陵의 즉위 초에 典法正郎을 제수 받았고, 그해 겨울
에 知興州로 나아갔다. 무릇 백성을 편하게 하는 것으로 하지 않은
게 없었다. 田籍이 오래되고 해어져 있으므로 공이 이를 수정하여
보관되어 있는 舊本과 대질하여 교정하니 듣는 이들이 탄복하였
다.72)

金元義는 명종이 즉위할 때 右中禁으로 어가를 수종하였고, 이후
그 공으로 발탁되었다.73) 사료 라-(1)의 사건은 명종 22년(1192)에 있었
던 일이고, 당시 金元義의 관직은 낭장이었으므로 그리 높은 관직은
아니었다.74) 그런데도 함께 서경으로 파견된 20여 명 중 유일하게 이
름이 거론되고 있어, 그가 파견된 관리들의 대표 격이었음을 보여준다.
이같이 파견된 김원의와 20여 명은 매우 실무적인 일을 담당하였던
것 같다. 이들이 서경에 가서 했던 일은 '畿內田'을 측량하는 것이었다.
그렇다면 측량한 대상은 단순히 서경 내의 토지가 아니라, 하나의 수
도인 서경과 그에 딸린 일종의 '경기전'을 의미하는 것으로 보인다. 이
에 국가에서는 대규모 인원을 파견하여 이 일을 해결하려 했던 것이
다.

___
71) 「金元義墓誌銘」, 『高麗墓誌銘集成』, 317쪽.
72) 「崔宰墓誌銘」, 『高麗墓誌銘集成』, 596쪽.
73) 金元義는 의종 1년(1147)부터 고종 4년(1217)까지 생존하였다.
74) 『高麗史』 卷20, 世家, 明宗 22年 9月 庚午, 上冊, 416쪽, "遣郎將金元義等二
十餘人 往西都 度畿內田".

여기서 말하는 서경에서 일어난 반란은 명종 4년(1174)에 서경 유수 조위총이 무인정권에 반대하여 일으켰던 조위총의 난을 가리킨다. 명종 6년 6월에 진압되었는데, 이로 인해 田簿, 즉 토지대장이 모두 소실되자 다시 제작하기 위해 정부에서는 관리들을 파견하였다. 토지대장이 손상을 입으면 정부는 그에 대한 즉각적인 조처를 취해야 했다.

대장 작성에는 당연히 토지 측량이 전제되어야 한다. 이를 위해 형부 낭중 金卿을 파견하여 토지를 측량하게 하였는데, 이에서 문제가 발생하자 김원의 등을 파견하여 수정하도록 하였다. 이는 토지대장이 국가 차원에서 작성되고 보존되었으며, 문서에 오류가 생겨도 바로 시정해야 했음을 보여준다.

그런데 이 사건에서 난이 진압되고 다시 토지대장을 작성하는 데에는 16년 정도가 걸렸다. 金卿을 파견하여 이듬해에 量田을 마쳤다고 하므로, 토지를 측량하고 대장을 작성하는 데 실제로 걸린 시간은 1년 정도였던 것 같다. 이후 김원의 등이 다시 측량한 시간을 감안하더라도 너무 많은 시간이 소요되었다. 처음 김경을 파견하여 토지를 측량하게 하고, 또 중간에 김경을 탄핵하고 다른 사람을 보내는 데에는 많은 시간을 필요로 한 것이 아닐까 생각한다. 그만큼 토지대장을 작성하는 것은 쉽지 않은 일이었음을 짐작할 수 있다.

토지대장은 민란 등 소요에 의해서 손상을 입는 것만은 아니었다. 그 자체가 오래되어 손상을 입기도 하였다. 사료 라-(2)는 최재가 明陵, 즉 충목왕의 즉위 초(1344)에 知興州事로 나가서 생긴 일이었다.[75]

최재는 충숙왕 4년(1321), 19살에 음직으로 받은 東大悲院 錄事로 관직을 시작하였으나 충숙왕 16년, 28살에 비로소 과거에 급제하였다. 이후 지방관으로도 임명되어 여러 차례 지방을 통치할 기회가 있었으

---

75) 崔宰는 충렬왕 29년(1303)부터 우왕 4년(1378)까지 생존하였으므로, 이때에는 나이가 40대에 들어선 시기였다.

며, 사료 라-(2)도 그 중의 하나였다. 사실 묘지명에서는 그의 아버지 崔得坪이 量田을 할 때에는 재상 蔡洪哲을 도와서 전라도 각 주현의 전토를 나누어 처리하였는데, 그 결과 "법을 해이하게 하지도 않고 백성들을 소란하게 하지도 않았다(不廢法 不擾民)"고 칭찬하고 있다.[76] 즉 최재 역시 아버지와 마찬가지로 지방관으로서 적절한 역할을 했음을 잘 드러내는 사례이다.[77]

사료 라-(2)에서 田籍이 오래되고 해어져 있다고 한 것으로 보아, 토지대장이 해어질 정도로 오랫동안 보관되었음을 알 수 있다. 그같이 장기간 보관할 수 있었던 것은 최재와 같이 관리들이 가끔 이를 손질하고 수정했기 때문에 가능했을 것이다.

여기서 최재가 토지대장을 수정하는 과정을 살펴보면 홍주의 토지대장이 어떻게 보존될 수 있었는지 알 수 있다. 토지대장에는 행정현장에서 계속 참고자료로 쓰이는 '田籍'이 있는데, 이를 수정할 때 대조할 수 있는 자료는 별도로 보존되고 있었다. 사료 라-(2)에서는 이를 '舊本'으로 표현하고 있다. 즉 행정에 직접 사용되는 문서를 장기간 보존하였지만, 그와는 별도로 영구 보존되는 문서가 존재했던 것이다.

토지대장도 그 용도상 사료 다-(7)의 노비안과 유사하다고 볼 수 있는데, 그렇다면 그 보존방식도 동일했을 것이다. 사료 라-(2)에서 대조에 사용된 '舊本'은 홍주 관사에 영구 보존용으로 소장하고 있던 문서이거나, 그것이 여의치 않았다면 중앙의 가각고에 보존된 것임을 짐작할 수 있다.

이밖에도 각 지방행정기관에서 보존하는 문서는 다양하였다.

라-(3) (李文鐸은) 丙寅年에 丙第에 탁용되어 寧州 掌書記로 出補하였

---

76) 「崔宰墓誌銘」, 『高麗墓誌銘集成』, 595쪽.
77) 『高麗史』 卷111, 列傳 24, 崔宰, 下冊, 438쪽 참조.

다.……州에 이르러서는 前後의 管記를 살펴 미치지 않음이 없었
다.78)

(4) (朴華는) 至大 3년에 司憲 糾正에 임명되어 경상도로 出使하여
諸州의 架閣文卷을 照刷하고 적발하여 숨김이 없도록 하였다. 그
효과를 본 자가 시기하여 오히려 공격하는 바가 되어 면직되었
다.79)

사료 라-(3)은 李文鐸이 지방에 관리로 파견되었을 때의 일을 기록
한 것이다.80) 그가 丙寅年 즉 인종 24년(1146)에 과거에 합격하여 관직
을 받은 것이 寧州 掌書記였다. 과거 합격자로서 처음 맡은 관직이 당
시 관례에 따라 지방행정기관의 기록물 관리자였다.

사실 이문탁은 悅城縣 출신으로 아버지가 후에 정9품의 都染丞을
추증받는 것을 볼 때 본래 관직자 집안이 아니었던 것 같다. 증조와 할
아버지가 모두 縣長□으로 벼슬하였다는 것은 아마도 열성현의 향리
직을 맡았던 것으로 보인다. 열성현의 호장층에 속하는 집안이었을 것
이다.

하지만 아버지는 수도 개경에 올라가서 자리를 잡았던 모양이다. 그
리하여 두 번째 부인으로 京師에서 사는 衣冠의 딸을 얻을 수 있었던
게 아닐까 생각한다. 이문탁의 계모는 개경에서 관리를 하는 집안 출
신이었다. 그 덕분에 이문탁은 17살에 개경으로 올라가 공부를 할 수
있었고, 30살에는 大學 六館에 들어갔고 마침내 38살에 과거에 합격하
였던 것이다.

---

78) 「李文鐸墓誌銘」, 『高麗墓誌銘集成』, 238~239쪽, "至今州 □請前後管記 皆
所不及".
79) 「朴華墓誌銘」, 『高麗墓誌銘集成』, 486~487쪽.
80) 李文鐸은 예종 4년(1109)에서 명종 11년(1181)에 걸쳐 생존하였다.

일찍이 지방의 호장층으로 성장한 그에게 지방행정은 매우 익숙한 업무였을 것이다. 더욱이 상당한 기간 동안 학문까지 연마한 뒤였으므로, 이제 첫 부임지인 영주에서 매우 열성적으로 일에 매달렸으리라 추정된다. 그렇게 부임하여 영주에서 한 일을 묘지명에서는 "州의 前後 管記를 꼼꼼히 살폈다"고 간결하게 정리하고 있다. 여기서 管記는 지방관청의 기록물인데, 前後의 管記가 있는 것으로 보아 관청에서 이를 보존하고 있었음을 알 수 있다. 이문탁의 업무는 바로 이러한 역대의 기록물을 먼저 꼼꼼히 살피는 것이었다. 그것은 장서기로 부임한 그의 임무이기도 했을 것이다.

이러한 지방관청의 기록물인 管記는 어떻게 보존되었을까. 이와 관련하여 좀 후대의 자료이긴 하지만 사료 라-(4)의 기록이 주목된다. 이는 朴華의 묘지명인데,[81] 그가 至大 3년 즉 충선왕 2년(1310)에 司憲糾正으로서 경상도에 別衙으로 파견되었을 때의 일이다. 당시 그의 임무는 관할 州의 문서를 조사하여 잘못이 있는지 적발하는 것이었다.

여기서 각 지방 문서를 架閣文卷이라 칭하는데, 이는 가각고에 보관된 문서라는 뜻으로 볼 수 있다. 그렇다면 지방에도 중앙의 가각고와 같이 중요 문서를 전적으로 보존하는 별도의 기구나 장소가 있었던 게 아닐까 생각한다. 그리고 '諸州의 架閣文卷'이라 한 것을 보면, 지방의 가각고는 州 단위로 설치되었던 것 같다.

고려시대에는 일부 행정구역에만 지방관이 파견되었다. 따라서 각 군현에서 생산된 문서를 영구 보존하기 위한 기구 역시 지방관이 파견된 행정기관을 중심으로 설치되었던 것으로 보인다. 그래야 그 곳에 파견된 지방관리가 문서 보존을 책임질 수 있었을 것이다. 그리고 이에 대하여 중앙 정부는 가끔 사료 라-(4)와 같이 별함을 파견하여 감사

---

81) 朴華는 고종 39년(1252)에서 충숙왕 복위 5년(1336)까지 생존하였다.

를 시행함으로써 지방의 기록물까지 관리할 수 있었다. 사료 라-(4)에
서 朴華는 58살의 나이에 지방으로 파견되어 그 기록물을 철저히 감사
하였다가 오히려 그 여파로 관직에서 물러났지만, 이러한 국가의 감시
가 있었기에 지방의 기록물도 온전히 보존될 수 있었을 것이다.

사실 지방의 각 행정기관에는 기록보존을 담당한 관리가 별도로 설
치되어 있었다. 이와 관련하여 中都護府 이상의 지방행정기관에 설치
된 司錄이 주목된다.82)

라-(5) 行成均館大司成 黃鉉 등이 상소하기를 "……外方의 敎授는 경
서에 밝고 행검을 닦아 師表가 될 만한 자를 택하여 보내고, 界首
官에서는 前朝 司錄의 例에 의하여 外史를 겸직시키되 講經의 여
가에 모든 時政과 風俗의 좋고 나쁜 점을 기록하여 歲末마다 實封
하여 춘추관으로 보내어 권계의 뜻을 보입시다.……"고 하였다.83)

(6) 禮曹에서 아뢰기를, "이제 傳敎를 받으니, 輪對한 자의 말에
'……外方의 民俗·歌謠와 守令의 政績은 견문한 것이 없어 기록
할 수 없으니, 이것은 欠典입니다. 前朝 때에는 큰 州府마다 모두
司錄을 설치하여 기록하였으니, 이제 별도로 司錄을 설치하기 어렵
다면 州府敎授 중에서 道마다 몇 사람씩을 擇差하여, 사록을 겸임
하여 民風을 보게 함이 편하겠습니다.' 하여, 그것을 자세하게 의논
하여 아룁니다. 신 등이 高麗史의 百官誌를 자세히 참고하니, 留守
府에는 司錄參軍이 2명이고, 大都護府에는 司錄兼掌書記가 1명인
데, 司錄의 소임은 말하지 않고 그 사실을 그대로 적는 것을 위임
하였으니, 다만 傳聞한 말이었습니다. 또 외방의 民俗과 수령의 政

---

82) 『高麗史』 卷77, 百官志 2, 外職, 中冊, 697~701쪽에 의하면 사록은 西京·東
京·南京 留守官과 都護府·牧 등의 州郡에 두었는데, 품계는 7품 이상 6품
이하로 나타난다.
83) 『世宗實錄』 卷49, 世宗 12年 8月 庚寅, 3집 255쪽.

績은 國史에 기록할 만하니, 별도로 外史를 설치하는 것은 번거롭고 冗員이 많으면 다 선택할 수 없으며, 기록하는 일도 혹 사사로움에서 나와 뒤에 폐단을 가져올 것이니, 청컨대 거행하지 마소서." 하니, 그대로 따랐다.[84]

고려의 사록에 다시 주목하게 된 것은 조선의 세종대부터 성종대에 이르는 시기였다. 위의 사료 라-(5)와 라-(6)이 대표적인 사례이다. 사료 라-(5)는 고려의 사록과 같은 역할이 필요하다는 주장이고, 사료 라-(6)은 굳이 그럴 필요는 없다는 반박의 논리이다. 이러한 논의는 50년 넘게 상당히 오랫동안 지속되었지만 결국 이루어지지는 못한 것 같다. 그럼에도 왜 이렇게 오랫동안 조선이 부정했던 고려의 제도를 계속 언급하며 논란이 벌어졌는지 알아볼 필요가 있다. 그것은 司錄의 중요성이 무엇인지 잘 알 수 있는 논거이기도 하다.

사료 라-(5)는 조선 세종 12년(1430)에 있었던 성균관 대사성의 발언으로, 유학 교육을 향상시키기 위한 방법을 제안한 것이다. 당시 문제는 文科 初場에서 講論을 폐지하고 疑義를 시험 보니 각종 문장을 외는 데만 열성이고 학교 교육이 피폐되고 있다면서, 서울과 지방의 교수를 맡는 이들의 지위를 높이고 그들에게 적극적인 역할을 맡기자는 것이다.

여기서 주목되는 것은 계수관에 파견하는 外方 敎授에게 外史, 즉 지방의 역사를 겸하게 하자고 건의하면서 이는 고려의 司錄의 예에 따른 것이라고 하였다. 이에 따르면 고려의 사록은 각 지방행정기관에 설치되어 지방의 역사를 담당한 관직이었다.[85] 사록을 설치한 목적은

170

사료 라-(5)에서 조선시대 外方 敎授에게 부과하려고 했던 '時政과 風俗의 미덕을 기록하여 중앙의 史館에 보고하는 것'이었다고 한다. 이때의 기록은 구체적으로 民俗·歌謠·守令의 政績 등으로 파악되는데, 이는 중앙의 史官이 담당한 임무에 해당한다.

세종은 이를 의논하게 했는데, 결국 채택되지 않았고 이후 세조, 예종, 성종대에 이르기까지 계속 논란이 되었다. 사료 라-(6)은 성종 8년(1477)에 다시 거론되는 司錄 설치의 주장에 대하여 반박한 예조의 발언이다. "외방의 民俗과 수령의 政績"은 國史에 기록할 만하다고 인정되나, 이를 위해 外史를 설치하는 것은 반대한다는 입장이다.

이러한 논란을 보면 外史를 담당했던 司錄에게도 중앙의 史官과 같이 역사의 기록뿐 아니라 그 기록의 보존 업무가 맡겨졌던 게 아닐까 생각한다. 사료 라-(3)에서 이문탁이 영주의 管記를 살폈던 것은 일반적인 행정운영을 위해서라고 볼 수도 있지만, 그의 직책이 掌書記였음을 고려한다면[86] 문서 보존을 위해 취한 조처로 이해하는 게 보다 타당할 것이다.

이는 지방의 架閣庫가 州 단위로 이루어진 것과도 관련지어 생각할 수 있다. 사록 역시 적어도 중도호부 이상의 상급 행정구역에는 설치되었으며, 지방의 역사 자료를 기록할 뿐 아니라 사료 라-(4)와 같이 중앙에서 관리하고자 했던 지방의 문서를 보존하는 임무도 맡았던 것으로 보인다. 그렇기 때문에 고려사회에서 司錄은 언제부터인지 과거에 급제한 사류가 임명되었다. 비록 관품은 높지 않지만 국가에서는 그 임무를 중시했음을 뜻한다.

풍속의 美惡과 監司의 行事를 모두 기록할 수가 없게 되었습니다."고 지적하고 있다.

86) 김성준, 앞의 논문, 1981, 98~100쪽에 의하면 司錄은 掌書記·書記·管記 등과 동일하게 사용되었다고 한다.

3) 국가의 기록 보존 실태

기록을 보존하기 위해 중앙정부에서는 史館과 史官, 架閣庫를 비롯해서 秘書省 등 다양한 기구 및 제도를 운영하는 한편, 지방에서도 자체의 鄕吏와 記官 외에도 중앙에서 파견한 掌書記·書記·司錄 등의 관료를 통해 나름대로 체계적인 관리를 하였다. 그 결과 조선 초기에는 『高麗史』를 편찬할 수 있었다.

하지만 『高麗史』의 各志 서문을 보면 각 자료를 보존하는 게 얼마나 어려웠는지 기술하고 있다. 『高麗史』를 편찬할 때에 그나마 남아 있는 역사기록을 근거로 하였음을 알 수 있다. 『高麗史』 各志의 서문에는 편찬 당시 자료의 보존상황에 대한 기록이 남아 있다. 이것은 고려시대 기록물 보존의 실태를 확인할 수 있는 중요한 자료가 된다.

마-(1) 현종 때에 남으로 피난하게 됨에 따라 문헌들이 분산, 유실되어 그 제도와 시행에 관해서는 자세히 알 수 없었다. 의종 때에 平章事 崔允儀가 선대의 법전을 수집하고 당나라의 제도에서 골라 뽑아 古今禮를 편찬하였다. 여기에는 위로 국왕의 冕服과 수레 및 왕이 거둥할 때의 의장 행렬, 아래로 백관의 관복에 이르기까지 당시의 예복 제도에 대하여 빠짐없이 기재하였다.……삼가 國史 가운데서 골라 輿服志를 편찬한다.[87]

(2) 고려 태조가 국가를 세울 초기에는 규모가 크고 원대하였으나 초창기여서 禮를 논할 겨를이 없었다. 성종대에 이르러 先業을 발전시켜 圓丘에 제사하고 籍田을 경작하고 종묘와 사직을 세웠다.

---

87) 『高麗史』卷72, 輿服志 1, 中冊, 561쪽, "及顯宗南行 文籍散逸 制度施爲莫知其詳. 毅宗朝 平章事崔允儀 裒集祖宗憲章 雜采唐制 詳定古今禮 上而王之冕服輿輅以及儀衛鹵簿 下而百官冠服 莫不具載一代之制備矣.……謹採國史作輿服志".

예종대에 비로소 기관(局)을 두어 禮儀를 정하였으나 기록으로 전하지 않는다. 의종대에 이르러 평장사 崔允儀가 詳定古今禮 50권을 편찬하였으나 누락된 바가 오히려 많았다. 남은 기록도 다시 병화를 거치면서 열 개 중 한두 개만 남았다. 이제 역사상의 기록과 『詳定禮』에 근거하고 『周官六翼』, 『式目編錄』, 『蕃國禮儀』 등의 서적을 참작하여 吉·凶·軍·賓·嘉의 5禮로 나누어 편찬하여 禮志를 만든다.[88]

(3) 고려 태조가 국가를 세우고 성종이 郊社를 세우고 친히 禘祭와 祫祭를 드린 이후 문물이 비로소 갖추어졌다. 그러나 기록이 보존되지 않아 상고할 수 없다. 예종대에 송나라에서 新樂을 보내왔고 또 大晟樂도 보내왔으며, 공민왕 때에는 명나라 태조가 특별히 雅樂을 선사하였으므로 조정과 태묘에서 사용하였다.[89]

　사료 마-(1)에서 마-(3)까지는 중세국가의 기초라 할 수 있는 禮·樂에 관련된 자료이다. 비록 국초이지만 왕과 관료의 예복과 거둥 행렬, 각종 제사 의례와 그에 따르는 음악 등은 소홀히 할 수 없었다. 하지만 고려 초의 기록은 일단 현종대에 1010년부터 1011년까지에 있었던 거란의 침입으로 큰 피해를 입었다. 당시 현종은 거란군을 피해 전라도로 내려갔고, 거란군은 개경 시내까지 들어가 궁궐을 불태웠다. 그러한 상황에서 문서자료를 별도로 옮겨 보존하지 않았다면 대부분 불탔을

---

88) 『高麗史』 卷59, 禮志 1, 中冊, 319쪽, "高麗太祖 立國經始 規模宏遠 然因草創 未遑議禮. 至于成宗 恢弘先業 祀圓丘 耕籍田 建宗廟 立社稷. 睿宗 始立局 定禮儀 然載籍無傳. 至毅宗時 平章事崔允儀 撰詳定古今禮五十卷 然闕遺尚多 自餘文籍 再經兵火 十存一二. 今據史編 及詳定禮 旁采周官六翼·式目編錄·蕃國禮儀等書 分纂吉·凶·軍·賓·嘉五禮 作禮志".

89) 『高麗史』 卷70, 樂志 1, 中冊, 522쪽, "高麗太祖 草創大業 而成宗立郊社 躬禘祫 自後文物始備 而典籍不存 未有所考也. 睿宗朝 宋賜新樂 又賜大晟樂 恭愍時 太祖皇帝 特賜雅樂 逐用之于朝廟".

것임에 틀림없다.

사료 마-(1)에서는 輿服에 관한 자료도 그때 잃었다고 한다. 이것을 다시 정리한 것은 의종 때였다. 당시 최윤의는 그때까지 남아 있던 선대의 법전을 모았다고 한다. 고려 초 이래 관복을 비롯한 여러 가지 의례에 관련된 직접적인 자료는 없어도, 법전에 실려 있는 것을 참고할 수 있었다. 그렇게 정리한 '古今禮'는 '國史'에 실렸고, 『高麗史』의 여복지는 이를 자료로 하여 편찬한 것이다. 즉 고려의 각종 제도에 관련된 문서를 보존하여, 일단 법전으로 정리하고 그 기록은 다시 '國史'로 편찬했음을 알 수 있다.

이와 같은 경로는 禮志 역시 마찬가지였다. 鄭麟趾가 서술한 禮志의 서문인 사료 마-(2)를 보면, 건국 초기에는 예를 논할 처지가 아니었다고 하지만 이는 유교식 禮制였을 것이다.[90] 무엇보다 禮는 국가의 근간인 儀式이었기 때문에 성종을 거쳐 예종대에 이르면 유교식 예절로서 정비되었던 것 같다. 이 역시 崔允儀가 詳定古今禮 50권으로 편찬하였으나 이미 누락된 것이 많았다. 하지만 이것조차도 다시 전란을 입어 열 개 중 한두 개만 남았다고 한다.

고려사회에서 국가 제사는 매우 중요한 국가 행사였다. 유교식 제사는 물론이고 그보다 더 빈번하게 행한 것이 불교 의례나 전통적인 제사였다. 국가 제사에 대해서는 아무래도 순서와 의례에 관한 자료가 정리되어 있었을 텐데, 여러 차례 전쟁을 겪으면서 관련 기록이 미흡하게 되었던 것이다. 이러한 사정은 국가 의례와 함께 연주되는 음악에서도 나타난다.

---

90) 이제까지 고려의 禮制에 관해서는 주로 유교적인 성향에 집중되어 연구되었다. 초기 의례에 관해서는 강은경, 「고려시대 지방사회의 제의와 공동체의식」, 『韓國思想史學』 21, 한국사상사학회, 2003 ; 「고려시대 祀典의 제정과 운용」, 『韓國史硏究』 126, 2004 참조.

174

사료 마-(3)의 樂志 서문에서도 鄭麟趾는 국초에 문물이 갖추어졌으나 기록이 보존되지 않아 상고할 수 없음을 고백하고 있다. 고려에서는 이른바 '鄕樂'이라 하여 전통 음악이 훨씬 다양하고 중요하게 다루어졌던 것 같은데, 주로 다룬 기록은 중국에서 보내온 '雅樂' 중심이었다. 예종대와 공민왕대의 기록이 바로 그런 것이다.

여러 차례의 전쟁 중에서였지만 이 계통의 자료가 비록 10~20%만이라도 남을 수 있었던 것은 관료들의 노력 덕분이었다. 아직은 국가의 보존 체계만으로는 기록을 계속 유지하기 어려웠기 때문이다.

마-(4) 杜景升은 무식하여 글을 알지 못하였다. 당시 한 醫員이 자기 방 벽에 글을 썼는데 玉堂人이라고 자칭하므로 어떤 사람이 비웃어 말하기를 "백전 장군이 수국사로 되는 판에 의원이 玉堂人이라 해도 무방하다."고 하였다. 듣는 사람마다 이가 시리도록 웃었다. 두경승이 동료들과 함께 고하기를 "式目都監에 보관하고 있는 判案은 나라의 귀중한 참고 도서인데, 순서가 뒤섞여 점차 상고하기 어렵게 되었으니 검토하고 베껴서 보관하여 두기를 바랍니다."고 하니 왕이 그 의견을 좇았다.[91]

(5) (李涵의 아들) 李益培는 고종 때에 과거에 급제하고 河東 監務에 임명되었다가 선발되어 한림원으로 들어갔으며, 그 후 여러 번 승직되어 禮部 員外郞이 되었다. 원종이 옛 수도로 다시 옮길 때에 여러 官府의 낡은 물건은 모두 버리고 거두지 않았으나 이익배만은 禮部의 문건과 서적을 거두었다. 그 공으로 右司諫으로 올라갔다.[92]

91)『高麗史』卷100, 列傳 13, 杜景升, 下冊, 217쪽.
92)『高麗史』卷102, 列傳 15, 李奎報 附李益培, 下冊, 247쪽.

사료 마-(4)의 두경승과 사료 마-(5)의 李益培는 무신정권을 전후로 한 시기에 활동한 사람이다. 전자가 전형적인 무관 출신이라면, 후자는 정반대로 전형적인 문한관 출신이라고 할 수 있다. 이렇게 출세의 길이 전혀 달랐지만, 소속된 관청의 기록을 보존하는 데에는 큰 역할을 하였다.

두경승은 무신란 이후 명종대에 활약이 두드러졌는데, 처음에는 控鶴軍에 편입되어 手博하는 사람의 대오에 있었다. 당시 금나라 사신이 환국하는데 서경군이 통로를 막고 있어서 지날 수 없게 되자, 두경승이 병사를 모집하여 적을 가로막아 공격 섬멸하니 왕이 그의 공을 가상히 여겨 上將軍・知御史臺事로 승진시키고 守太尉・參知政事・判吏部事・修國史로 뛰어 올렸다. "백전장군이 수국사가 된 것"은 바로 이를 가리킴이었다.

모든 사람이 그의 승진을 비웃었으나 정작 두경승의 활약은 적절하였다. 글을 잘 몰랐지만, 수국사로서 문서 보관의 중요성을 파악하고 있었던 것이다. 식목도감은 고려시대 法制 및 格式 제정에 관한 문제를 의논하는 宰臣과 樞臣의 회의기구였다. 따라서 통치에 필요한 여러 가지 참고 자료를 보관하고 있었는데, 두경승은 이를 '國之龜鏡', 즉 나라의 귀중한 참고 도서라고 하면서 다시 정리하여 참고하기 쉽도록 조처하였다.

이는 단순히 기록의 보존이 아니라 "검토하고 베껴서(謄寫)" 보관하도록 하였다. "검토했다"는 것은 오늘날과 같이 문서에 대한 평가가 이루어졌음을 의미하며, "베껴 보관"한 것은 이후 참고해야 할 때를 대비한 것이라 할 수 있다. 즉 막연한 보존의 수준을 넘어서 실제로 정치 활동에 도움이 되도록 조처를 취한 것이다. 다음에 살펴볼 사료 마-(6)에서 마-(9)에 이르는 제도의 보존은 이러한 활동에 근거한 것으로 보인다.

사료 마-(5)의 李涵은 이규보의 아들로 과거에 급제하여 벼슬이 司祭少監에 이르렀고, 이규보의 손자인 이익배 역시 과거에 급제하였다. 이후 한림원에 들어간 것으로 보아 이익배 역시 문한관의 길을 걸었던 것 같다. 어느새 문장가의 집안으로 대우를 받았던 모양이다. 집안의 분위기 때문이었는지 이익배는 자료를 다루는 것도 다른 관리들과 달랐다.

몽골과의 전쟁으로 강화도에 천도하여 있을 때 이익배는 예부 원외랑을 맡고 있었다. 개경으로 다시 돌아오게 되자 다른 관부들은 이전의 물건을 모두 버리고 거두지 않았다고 한다. 오늘날도 관부를 옮길 때 자기 관청의 문서와 서적을 일일이 옮기지 않는 것은 여전한 현상이다. 특별히 규정되지 않은 문서에는 별로 신경을 쓰지 않았을 것이다. 하지만 이익배는 자신이 속한 禮部의 '門籍', 즉 문서와 서적을 제대로 보존하여 운송하였다. 그 공으로 우사간으로 승진되었다고 한다.

적어도 儀禮에 관한 내용이 어느 정도 보존될 수 있었던 것도 바로 이러한 노력 때문이었을 것으로 생각한다. 이같이 보존된 기록은 儀禮에 관한 것만은 아니었다. 人事나 경제, 군사와 관련된 문서도 같은 경로로 정리, 보존되었을 것이다.

> 마-(6) 과거제도의 節目에 관한 자세한 것은 거의 다 잃어버렸기에 우선 역사 서적에 쓰여 있는 것을 발췌하여 자세한 것은 자세하게, 간략한 것은 간략한 대로 조목으로 나누고 같은 것을 한데 묶어 선거지를 만든다.93)

> (7) ······관직을 설치한 제도의 시종과 득실은 대개 이와 같다. 무릇

---

93) 『高麗史』卷73, 選擧志 1, 中冊, 589쪽, "其制度節目之詳 遺失殆盡 姑採見於 史冊者 隨其詳略 條分類聚 作選擧志".

여러 아문의 통합과 소속된 바는 자세한 것을 살펴볼 수 없다. 이제 우선 대소 품계의 순서대로 기록하고, 그 설립되고 파한 것도 아울러 기록하여 한때의 일을 나타내려 한다. 만일 일이 분산되어 首尾를 알 수 없는 것은 소략하였다. 都監 各色도 일로 인하여 설치되고 일이 끝나 파하거나 또는 설치되고 파하지 않은 것도 있으며, 그 이름이 武臣의 임의에서 나와 撰定되어 대부분 비속하다. 그러나 모두 附錄하여 백관지를 만들었다.94)

(8) 건국 초기에 식화 관계의 수입 지출제도가 상세하지 않은 것은 아니었는데, 여러 번 전란을 겪으면서 보존하여 참고하도록 할 수 없게 되었다. 이제 역사서에 있는 것을 발췌하여 조목별로 수집 분류하여……식화지를 만든다.95)

(9) 국가의 大事는 戎함에 있고 그 제도는 마땅히 자세히 갖추어졌을 텐데 前史를 다 갖추지 못함(不悉)을 애석하게 생각한다. 이제 특히 상고할 수 있는 것을 근간으로 하는데 병제, 숙위, 진수, 간수군, 위숙군, 검점군, 주현군, 선군, 공역군 등이다. 그 밖에 참역, 마정, 둔전, 성보 등도 兵事에 관한 것이므로 아울러 싣고 병지를 만든다.96)

---

94) 『高麗史』 卷76, 百官志 1, 中冊, 656쪽, "其設官之制 終始得失 盖如此. 凡諸衙門 所統所屬 其詳未可攷. 今姑以大小品秩 爲次錄之 其隨立隨罷者 亦幷錄之. 以著一時之事 若因事散見 而無首尾可攷者 略之. 且都監·各色 因事而置 事已則罷 或遂置而不罷 其名號 多出於武臣任意撰定 率皆鄙俚. 然亦皆附錄 作百官志".

95) 『高麗史』 卷78, 食貨志 1, 中冊, 705쪽, "當初食貨出入之制 未爲不詳 而屢經兵火 不可備考 今採見於史牒者 條分類聚……具著于篇 作食貨志"

96) 『高麗史』 卷81, 兵志 1, 中冊, 775쪽, "國之大事在戎 其制 固宜詳備 惜前史之不悉也. 今特紀其可考者 曰兵制 曰宿衛 曰鎭戍 曰看守軍 曰圍宿軍 曰檢點軍 曰州縣軍 曰船軍 曰工役軍. 其他站驛·馬政·屯田·城堡 亦兵之類也 故幷附焉 作兵志".

178

사료 마-(6)부터 마-(9)까지는 실제로 국가를 운영하는 데 필요한 기록물을 어떻게 보존하였는지 짐작할 수 있는 자료이다. 사료 마-(6)과 마-(7)은 관리를 선발하는 규정 중 과거제도와 그들을 배치하는 관청에 관한 내용이고, 사료 마-(8)은 국가의 경제 운영에 관한 내용이며, 사료 마-(9)는 국방을 대비하는 군제에 관한 내용이다. 국가 운영을 위해서는 늘 자료를 갖추고 있어야 할 분야였다. 하지만 이같이 중요한 분야도 보존의 상황이 늘 좋을 수는 없었다.

사료 마-(6)에서 밝혔듯이 과거제도는 그 자세한 節目을 다 잃어버린 상황이었다. 과거제도는 국초부터 시행되지는 않았지만, 광종대 이후 거의 끊임없이 시행되었는데 그 자세한 항목이 없다는 것이다. 이러한 사정은 사료 마-(7)의 각 관청에 대한 기록도 마찬가지였다. 각 관청의 始終과 得失에 관해서는 어느 정도 서술하지만, 여러 아문의 통할과 소속된 바는 자세한 것을 살펴볼 수 없다는 것이다.

이같이 기본 사항은 전하지만 그 자세한 사정에 관한 기록은 모두 상실한 상태였다. 사료 마-(8)에서 수입과 지출의 식화지 관련 자료도 여러 번 전란을 겪으면서 상세한 자료는 잃었다고 한다. 사료 마-(9)의 병제 역시 마찬가지였다.

따라서 고려사를 편찬할 때에는 역사서로서 "史冊, 史牒, 前史" 등에 있는 것을 자료로 하였음을 밝히고 있다. 즉 본래의 문건은 손실되었고 후에 정리한 역사서적을 참고하였다는 것이다.[97] 하지만 역사서

---

97) 국가 차원에서 필요에 따라 기록을 보존하여 마련한 역사서를 『高麗史』各志의 토대로 삼은 것은 곳곳에서 발견된다.『高麗史』卷79, 食貨志 2, 塩法, 中冊, 740쪽, "國家所資 塩利最大 國初之制 史無可攷" ;『高麗史』卷47, 天文志 1, 中冊, 1쪽, "고려의 475년간 日食이 132회 있었고 月食이 5회 있었으며, 星辰이 범한 것과 여러 가지 星變도 많았다. 이제 그 史에 보이는 것을 채집하여 천문지를 만든다." ;『高麗史』卷53, 五行志 1, 中冊, 183쪽, "이제 다만 史氏의 기록한 바 당시의 災祥을 근거로 하여 오행지를 만든다." ;『高麗史』

에 모든 자료가 망라된 것은 아니었다. 역사서는 그 자체가 자료의 선별을 거친 것이기 때문에 중시되지 않은 자료는 누락될 수 있었다. 또 역사서 편찬 당시 이미 자료가 부족하여 누락된 것도 있었을 것이다. 이는 기록에 대한 무관심에도 요인이 있지 않았나 생각한다.

> (林樸은) 공민왕 9년에 과거에 급제하여 開城 參軍으로 선발되었다. 다음 해에 홍건적이 개성을 침략하니 원수 金得培가 임박이 병법에 정통하였다 하여 자기의 부하로 두고 그와 함께 작전을 세웠다. 홍건적의 침략으로 인하여 남쪽으로 옮길 때에 春秋, 史籍, 典校, 祭享, 儀軌 등 역사 서적과 의례 준칙들을 땅을 파고 감추어 두었다가 홍건적의 난리가 평정되자 그것을 파내었는데, 군졸들이 태만하여 내어버리고 수집하지 않았다. 임박이 柳珣, 李玖와 더불어 말하기를 "나라의 전적(國典)을 인멸시켜서는 안되겠다." 하고 이것을 찾아 수집하여 10분의 2를 얻었다. 공민왕 12년에 書狀官으로 李公遂를 따라 원나라에 갔다.98)

林樸은 공민왕 9년(1360)에 과거에 합격하고 3년 뒤에는 書狀官으로 원나라에 간 것을 보면 글에 뛰어난 문한관으로 대우를 받았음을 알 수 있다. 이후 신돈의 집권기에는 田民爭訟을 처리할 기관을 세우도록 건의해서 推整都監을 설립하여 그 使로 임명되어 많은 쟁송을 처단하기도 했다. 林樸은 문한관으로, 또 개혁가로 활동하였던 인물이다.99) 그런데도 과거에 합격했던 바로 그 해에 위기에 대응하여 이러한 사

卷56, 地理志 1, 中冊, 252쪽, "이제 역사서에 보이는 연혁을 근거로 요약하여 지리지를 만든다." ; 『高麗史』 卷84, 刑法志 1, 中冊, 833쪽, "이제 史籍에 나타난 것으로써 그 大綱을 기록하여 득실을 상고케 하고자 형법지를 작성한다."
98) 『高麗史』 卷111, 列傳 24, 林樸, 下冊, 441쪽.
99) 林樸은 우왕 2년(1376)까지 생존하였다.

람을 개경의 참군으로 등용하였다는 것이다. 그만큼 임박은 병법에도 능했다고 한다. 이듬해에 홍건적이 쳐들어왔을 때에는 원수 金得培를 도와 수도 방위의 핵심 관리로서 역할을 담당하였다. 거기에는 역사 서적과 의례 준칙 등 국가의 귀중한 문서와 관련 서적을 보존하기에 전력을 다했다는 것도 포함된다.

전쟁 시기에 정부가 다른 곳으로 피난하게 되면 이러한 문서류를 감추어 두었던 모양이다. 하지만 전쟁이 끝난 후 돌아와서 이것들을 다시 거두고 잘 정리하는 것에는 아무래도 소홀했던 것 같다. 더욱이 이때에는 林樸의 직무에 해당하지도 않은 듯하다. 다른 사람들이 기록에 신경 쓰지 않고 내버렸다고 한다. 林樸이 홀로 나서서 수집하였으나, 이미 상당 부분 잃고 겨우 10의 2를 확보하였을 뿐이다.

이같이 국가 차원에서 기록의 정리와 보존에 체계를 갖추고 대책을 마련하였지만, 정작 이를 실행하고 유지하기 위해서는 많은 사람들의 노력도 필요하였다.

3. 국가의 기록 보존과 개인의 생활

고려시대는 공문서의 양식과 전달방식을 비롯해서 보존에 이르기까지 국가 차원의 기록관리 체제가 본격적으로 갖추어진 시기였다. 그럼에도 국가에서 행정기관과 인력을 동원하여 보존하려고 했던 기록물이 어떤 것인지에 관해서는 구체적으로 밝혀진 바 없다.

국가를 운영하기 위한 명령의 전달과 시행의 보고는 행정기관과 행정기관, 행정기관과 개인 사이에서 문서를 통해 이루어지는데, 이 과정에서 생산되는 무수히 많은 문서를 모두 보관할 수는 없었다. 안건에 따라 보존 기한이 정해졌고, 한정된 일부 문서만이 영구 보존의 대상이 되었다. 국가의 영구 보존 문서는 국가운영의 기본 방침을 담고 있으며, 따라서 국가의 존속과 직결되는 사안이었다.

하지만 고려의 공문서 규정은 극히 일부만이 분산되어 전하고 있어 전체를 파악할 수 없는 실정이다. 중앙관청은 물론 지방관청과 사원은 많은 문서를 보존하고 있었으나, 조선 초 고려사 편찬자들이 지적하였듯이 고려는 현종 때 거란군을 피해 남쪽으로 피난한 것을 비롯해서 대몽항쟁, 왜구 및 홍건적의 침입 등 수없는 전란을 겪으면서 많은 기록물을 잃었다. 다만 몇몇 기관에서 이러한 훼손을 면하고 보존된 문서가 약간씩 남았을 뿐이다.

또한 고려가 멸망한 지 이미 6백여 년이 지난 오늘날, 現傳하는 문서도 매우 드물다. 다만 국가의 행정기관이 개인이나 사찰에 발급한 문서가 原文書 또는 轉寫, 轉載, 抄錄 등의 형태로 전하는 것이 간간이 발견될 뿐이다.100) 여기서는 국가 차원에서 보존하여 남긴 기사 기록뿐 아니라 對民發給文書를 중심으로 국가의 기록물 관리를 살펴보려 한다.

1) 현존하는 對民發給文書

본서는 국가의 기록물 관리를 살펴보기 위해, 비록 그 수는 적지만 현재 전하는 對民發給文書에 주목하고자 한다. 이들 문서는 대부분 종이로 된 것이기 때문에 보존하기에 대단히 어려웠을 것이다. 더욱이 엄청난 전란과 정치적 변동을 겪으면서도 대를 이어 보존했다면, 그만큼 보존의 필요성이 절실했음을 보여주는 것이라고 생각한다.

---

100) 원문서가 전하지 않는 문서는 『韓國古代中世古文書硏究(上)』凡例에 따라 문서양식을 살려 베낀 것을 轉寫本, 내용 위주로 써서 원문서의 행을 알기 어렵게 된 것을 轉載本, 문서의 일부를 발췌한 것을 抄錄 등으로 분류하였다.

182

먼저 국가의 행정기관이 개인에게 발급했던 문서 중 현재까지 어떠한 문서들이 전하는지 살펴볼 필요가 있다. 고려의 공문서는 現傳하는 것이 워낙 적으므로 原文書뿐 아니라 轉寫本도 분석 대상에 포함하였다. 事案別로 분류함으로써 개인이나 사찰에서 중시된 문서는 주로 어떤 사안과 관련되었는지 밝히려고 한다.

그런데 이들 문서가 오랜 세월 보존된 이유는 무엇이었을까. 이를 해명하기 위해서 현재 전하는 모든 문서를 대상으로 분석하려고 한다. 문서에 나타난 구체적인 사례를 분석하여, 사찰이나 개인이 국가로부터 보호받거나 확인받으려고 했던 권리가 어떤 것이었는지 그 실체를 살펴보려는 것이다. 이 과정에서 실제적인 보존의 필요성도 파악할 수 있으리라 생각한다.

마지막으로 개인 소장 기록물이 궁극적으로 국가의 기록물 관리와 어떻게 연관되는지 살펴보려 한다. 이들 문서는 국가가 개인이나 사찰에게 권리나 지위를 확인해주기 위해 발급한 것이므로, 국가 역시 그 원본을 보존하고 있었음을 나타낸다. 각 문서별로 보존 유형을 살펴본다면, 국가에서 행정운영을 어떻게 했는지도 알 수 있을 것이다.

이러한 연구를 통해 고려의 국가운영체계를 살펴볼 수 있음은 물론이고, 나아가 국가의 기록물 관리가 개인의 일상생활에 어떠한 영향을 끼쳤는지도 밝힐 수 있으리라 기대한다.

많은 전란과 정치적 변동 속에서 국가가 개인에게 발급한 문서가 원문서 그대로 전하는 것은 거의 없는 실정이다. 원문서로 전하는 것 중 파악된 것은 다음과 같다.101)

101) 자료 조사에서 참고한 문헌은 다음과 같다.
許興植 편, 『韓國中世社會史資料集』, 아세아문화사, 1972 ;『한국의 古文書』, 민음사, 1988 ; 李基白 편, 『韓國上代古文書資料集成』, 일지사, 1987 ; 崔承熙, 『(增補版) 韓國古文書硏究』, 지식산업사, 1989 ; 노명호 외, 『韓國古

<표 3> 원문서로 전하는 對民發給文書

문서명	작성연대	발급기관	수신자	안건	소장처
張良守及第牒	1205	中書門下省	張良守	국자감시 급제	울진 月溪書院 景德祠
慧諶告身	1216	禮部	慧諶	대선사 임명	松廣寺
修禪社乃老宣傳消息	1281	忠烈王	修禪社乃老	국가 지급 노비 소유 변경	松廣寺
禹倬紅牌	1290	典理司	禹倬	丙科 及第	영남대 박물관
張桂紅牌	1305	典理司	張桂	同進士 及第	경북 영주 개인 소장
德寧公主書	1349	德寧公主	淸州牧官	사찰토지 수조권	서울 개인 소장
尹光琠奴婢別給文書	1354	耽津 監務	尹光琠	노비 증여	海南尹氏綠雨壇
楊以時紅牌	1355	典理司	楊以時	同進士 及第	전북 순창 개인 소장
鄭光道褒奬敎書	1360	恭愍王	福州牧使 鄭光道	칭찬	경북 안동 三太師廟
楊首生紅牌	1376	禮儀司	楊首生	乙科第二人 及第	전북 순창 개인 소장

<표 3>을 보면 총 10건의 공문서가 원문서로 전하는데, 모두 무신 집권 이후의 것이다. 가장 오래된 것이 13세기 초의 '張良守及第牒'이 므로 건국한 지 거의 3백년 지난 뒤의 문서이다. 초기의 문서가 얼마나 보존되기 어려웠는지 짐작할 수 있다. 이 중 '德寧公主書'는 개인이 행 정기관에 보낸 문서이지만 행정적 효력이 있는 지시를 내리고 있어 공 문서로 분류하였으며,[102) 수신자가 淸州牧官으로서 행정기관이지만 그것이 개인에게 소장되었음을 고려하여 對民發給文書로 취급하였 다.[103)

代中世古文書硏究(上)』, 2000 ; 南權熙, 「族譜에 수록된 麗末鮮初의 문서기 록 Ⅱ」,『서지학회 학술발표논집』 제1집, 2000 ;『高麗時代 記錄文化 硏究』, 청주고인쇄박물관, 2002.
102) 허흥식,『한국의 古文書』, 153쪽 참조.

문서의 안건으로는 과거 급제를 인증하는 及第牒 또는 紅牌가 5건
으로 가장 많고, 노비 관련 문서가 2건이며, 그 밖에 토지 관련 문서,
선사 임명장, 포상의 문서가 각각 1건씩 있다. 비록 극소수이긴 하지만
원문서로 전하는 것이 토지와 노비 관련 문서, 급제첩이라는 점은 주
시할 만하다. 전자가 소유권을 입증하기 위한 문서라고 한다면, 후자는
신분을 입증하기 위한 문서이기 때문이다. 이러한 경향은 轉寫本 또는
轉載本에서도 비슷하게 나타난다.

<표 4> 轉寫本·轉載本으로 현존하는 對民發給文書

문서명	작성연대	발급기관	수신자	안건	轉寫·轉載處
都評省帖	939	都評省	자적선사 홍준 문도	선원건립 부지 허가	「境淸禪院慈寂禪師凌雲塔碑」
金傅告身	975	內議省	金傅	尙父都省令 임명	『三國遺事』
長城監務官貼	1198	長城監務官	長城郡司	장성군 백암사 주지 승계	『朝鮮寺刹史料』
李喬戶口資料	1237(?)	개경부	李喬	호구 확인	『驪州李氏小陵公派譜』
尙書都官貼	1262	尙書都官	柳璥	국가 노비 지급	『文化柳氏嘉靖譜』
李秀海戶口資料	1270(?)	개경부	李秀海	호구 확인	『驪州李氏小陵公派譜』
金鏡高准戶口	1280	개경부	金鏡高	호구 확인	『咸昌金氏族譜』
鄭仁卿功臣錄券	1289	功臣都鑑	鄭仁卿	功臣 수여·포상	『瑞山鄭氏家乘』
鄭仁卿准戶口	1292	개경부	鄭仁卿	호구 확인	『瑞山鄭氏家乘』
金汝盂功臣敎書	1292	忠烈王	金汝盂	功臣 포상 추가	『扶寧金氏族譜』
鄭仁卿功臣敎書	1292~1299	忠烈王	鄭仁卿	功臣 포상 추가	『瑞山鄭氏家乘』

---

103) 이 문서가 국가기관이 아니라 개인에게 소장된 것은 아마도 淸州牧官이 이
안건을 처리하면서 근거 문서로 붙였기 때문으로 보인다. 과정에 대한 상세
한 분석은 '개인간 분쟁에 대한 증빙 문서'에서 다루려고 한다.

金璉准戶口	1301	개경부	金璉 후손	호구 확인	『光山金氏族譜』
李子脩紅牌	1330	典理司	李子脩	二科 第四人 明 書業 及第	『眞寶李氏世譜』
韓康准戶口	1331	개경부	韓康 후손	호구 확인	『淸州韓氏族譜』
李光時准戶口	1332	개경부	李光時	호구 확인	『龍仁李氏族譜別 錄』
鄭仁卿政案	1332	典理司	鄭仁卿	官歷 확인	『瑞山鄭氏家乘』
樂浪郡夫人崔 氏戶口資料	1333	개경부	樂浪郡夫 人 崔氏	호구 확인	『驪州李氏小陵公 派譜』
金積准戶口	1334	개경부	金積	호구 확인	『光山金氏族譜』
金克孫准戶口	1336	개경부	金克孫	호구 확인	『咸昌金氏族譜』
僧錄司貼	1357	僧錄司	전라도 안렴사	백암사 주지 임 명	『朝鮮寺刹史料』
李子脩政案	1366	典理司	李子脩	官歷 확인	『眞寶李氏世譜』
朴得賢准戶口	1372	개경부	朴得賢	호구 확인	『密陽朴氏漢城公 派譜』
朴惟幹准戶口	1372	개경부	朴惟幹	호구 확인	『密陽朴氏漢城公 派譜』
永州李氏戶口 資料	1372	개경부	李氏 夫人	호구 확인	『驪州李氏小陵公 派譜』
朴秀准戶口	1373	개경부	朴秀	호구 확인	『海南朴氏世譜』
李子脩朝謝牒	1376	密直司	李子脩	判書雲觀事 임 명	『眞寶李氏世譜』
李子脩朝謝牒	1382	密直司	李子脩	判典儀寺事 임 명	『眞寶李氏世譜』
柳從惠朝謝牒	1383	密直司	柳從惠	試軍器少尹 임 명	『終天永慕錄』
百姓卜莊奴婢 許與文書	1386	蔚珎郡 安集別監	南永蕃	노비 증여 확인	『南宗通記』
柳從惠朝謝牒	1387	密直司	柳從惠	1384년 三司右 尹 임명 확인	『終天永慕錄』

비록 원문서는 아니지만 그대로 베껴 전한 轉寫本 또는 轉載本은 대부분 각 가문의 家乘이나 族譜에서 발견할 수 있다.[104] 총 30건이 확인되는데,[105] 초기 문서인 '都評省帖'과 '金傅告身' 외에는 모두 족

186

보나 사찰의 기록물에 전재된 문서이다.106) 따라서 가문과 사찰의 이
해와 관련된 문서가 주로 보존의 대상이었음을 알 수 있다. 이 중 '長
城監務官貼'은 수신자가 長城郡司이고 '僧錄司貼'은 전라도 안렴사로
나타나지만, 앞의 '德寧公主書'와 마찬가지로 이 자료 역시 사찰에서
근거자료로 보존하고 있었다는 점에서 對民文書로 분류하였다.

　<표 4>에서 안건으로는 호구 관련 문서가 14건으로 가장 많고, 관
직 및 승직 임명, 과거 급제 등 인사 관련 문서가 10건이 있다. 그 밖에
공신 수여 및 포상 관련 문서는 3건, 노비 관련 문서 2건, 토지 관련 문
서가 1건씩 있다. <표 3>의 원문서와 비교할 때 호구 관련 문서가 다
수 있는 것이 특징이며, 그 밖에 인사 및 소유 관계 문서는 대체로 비
슷하게 나타난다. 원문서를 그대로 보존하거나 전사본, 전재본으로 보
존하든지 그 종류는 거의 한정되어 있음을 알 수 있다.

　<표 3>과 <표 4>의 문서를 안건에 따라 분류하면 다음의 <표 5>
와 같다. 현존하는 문서는 <표 5>와 같이 크게 호구, 인사, 소유권, 포
상 등으로 나눌 수 있다. 주로 지배층이 자신의 노비 소유권이나 토지
에 대한 수조권을 위해서, 또는 자신의 신분을 확인할 수 있는 문서를
가문이나 사찰에서 보존하였던 것이다.

---

104) 참조한 자료는 주101)과 동일하다. 다만 「境淸禪院慈寂禪師凌雲塔碑」은 許
　　興植 편, 『韓國金石全文 中世上』, 아세아문화사, 1984, 317쪽 ; 한국역사연구
　　회 편, 『譯註 羅末麗初金石文(上)』, 혜안, 1996, 102~103쪽 ;『韓國古代中世
　　古文書硏究(上)』, 357~358쪽 참조.
105) 이밖에도 호구 자료는 각 족보에 매우 많으나, 행정기관이 발급한 공문서에
　　한정했으므로 개인이 행정기관에 제출한 戶口單子나 발급자·수신자를 명기
　　하지 않은 발췌 자료는 제외하였다.
106) <표 4>에서『南宗通記』는 1668년에 英陽 南氏 집안의 자료를 정리한 것이
　　고,『終天永慕錄』역시 柳成龍이 豊山 柳氏의 조상을 기리기 위해 편찬한
　　기록물이다.

<표 5> 현존 對民發給文書의 분류

대분류	소분류	문서명
호구		李喬戶口資料 李秀海戶口資料 金鏡高准戶口 鄭仁卿准戶口 金璉准戶口 韓康准戶口 李光時准戶口 樂浪郡夫人崔氏戶口 資料 金積准戶口 金克孫准戶口 朴得賢准戶口 朴惟幹准戶口 永州李氏戶口資料 朴秀准戶口(이상 <표 4>)
인사	급제	張良守及第牒 禹倬紅牌 張桂紅牌 楊以時紅牌 楊首生紅牌 (이상 <표 3>) / 李子脩紅牌(<표 4>)
	인사발령	金傳告身 鄭仁卿政案 李子脩政案 李子脩朝謝牒(1376)(1382) 柳從惠朝謝牒(1383)(1387) (이상 <표 4>)
	승직	慧謹告身(<표 3>) / 長城監務官貼 僧錄司貼(이상 <표 4>)
소유권	노비	修禪社乃老宣傳消息 尹光琠奴婢別給文書(이상 <표 3>) / 尙書都官貼 百姓卜莊奴婢許與文書(이상 <표 4>)
	토지	德寧公主書(<표 3>) / 都評省帖(<표 4>)
褒奬	공신 수 여·포상	鄭仁卿功臣錄券 金汝盂功臣敎書 鄭仁卿功臣敎書 (이상 <표 4>)
	포장	鄭光道褒奬敎書(<표 3>)

　주목되는 것은 인사 관련 문서 중 관직에 임명될 때마다 발급받은 朝謝牒은 주로 족보에 전사본 또는 전재본으로 남아 있는 반면에, 科擧 及第 증서인 紅牌는 원문서로 전한다는 점이다. 물론 급제할 당시에 "國學進士·權知都評議綠事 張桂"[107]와 "從事郎 掌服直長 楊首生"[108]과 같이 이미 관직에 있던 사람도 있으나, 대체로 과거 급제는 관직 진출을 위한 첫 걸음이었다.

　특히 李子脩와 같이 鄕貢擧人 출신일 경우 더욱 그러하였다.[109] 이들에게 紅牌는 단순히 시험에 합격했다는 증서가 아니었다. 그것이야말로 관인층으로 진입했음을 나타내는 상징으로, 각 가문의 사회적 지위에 영향을 끼칠 수 있는 중요한 문서였다. 따라서 대를 이어 보존해

---

107) 「張桂紅牌」, 『韓國古代中世古文書硏究(上)』, 66~67쪽.
108) 「楊首生紅牌」, 위의 책, 91쪽.
109) 「李子脩紅牌」, 『眞寶李氏世譜』, "眞寶李氏世譜遺事"에 轉載/『韓國古代中世古文書硏究(上)』, 68~69쪽 재인용.

야 할 가치가 있었다.

더욱이 과거 급제는 가문으로서 경제적으로도 상승할 수 있는 기회가 되었다. 급제자에게는 국가에서 토지를 지급하였기 때문이다.110) 그리하여 及第牒과 紅牌는 조선시대를 넘어서 오늘날까지 原文書 그대로 전하는 게 아닐까 생각한다.

2) 대민문서의 발급과 개인의 보존

(1) 국가에 대한 신분입증 문서

현재 가장 많이 전하는 공문서는 호구 및 인사 관련 문서이다. 이를 소장한 집안이 결국 조선시대에 족보를 만들 수 있는 가문을 형성했다는 점을 고려할 때, 이들 문서가 가문의 盛衰와도 연결되고 있음을 알 수 있다.

그런데 과거 급제나 공신호를 수여받은 문서는 집안의 지위를 드러내는 데 중요한 증거로서 당연히 보존되었다고 하지만, 호적 등본이라고 할 수 있는 準戶口를 보존한 이유는 무엇이었을까 의문이다.111) 이

---

110) 『高麗史』 卷74, 選擧志 2, 科目 2 崇獎之典, 文宗 30年 12月, 中冊, 614쪽, "判 國制 製述明經明法明書筭業出身 初年給田 甲科二十結 其餘十七結 何論業出身義理通曉者 第二年給田 其他手品雜事出身者 亦於四年後給田. 唯醫卜地理業 未有定法 亦依明法書筭例 給田".

111) 崔承熙, 「戶口單子·准戶口에 대하여」, 『奎章閣』 7, 1983, 81쪽 및 吳英善, 「고려말 조선초 호구자료의 형식 분류」, 『韓國古代中世古文書硏究(下)』, 2000, 118쪽 참조. 이에 의하면 호구자료를 크게 戶口單子, 戶籍, 準戶口로 구분하는데, 戶口單子는 戶主가 호구 상황을 관청에 보고하는 호구신고서이고, 그것을 접수하여 확인한 후 대장에 기록한 것이 戶籍이며, 準戶口는 호적에 기재된 호구 사항을 베껴서 개인에게 지급한 호적등본이라고 정의하고 있다. 한편 許興植, 『고려사회사연구』, 아세아문화사, 1981, 2~5쪽에서는 낱장으로 개인에게 지급되는 호적을 '戶口單子'라 하고, 戶口單子를 모아서 帳籍을 작성한 다음 돌려주는 '一般戶口單子'와 帳籍을 대조하여 개인에게 주

에 어떤 사람들이 해마다 準戸口를 발급받았으며 그 내용이 무엇인지 검토함으로써, 이후 각 문중에서 계속 보존한 이유를 추정해보려 한다.

<표 4>에서 주목되는 것은 準戸口를 발급받은 사람이 모두 개경부에 거주하는 사람이라는 점이다.[112] 그리고 準戸口의 호주는 여성을 제외하면 모두 散職이라도 갖고 있었던 관직자 계층이었다. 여성의 경우는 남편이 관직자였거나 또 낙랑군부인처럼 여성에게 내리는 품계를 받은 사람도 있었다. 즉 현존하는 準戸口는 대부분 관인의 신분에 있었던 사람들이 근거자료로 갖고 있었던 것이다.

고려사회에서 관인층은 자신들의 신분을 입증하기 위한 자료를 갖추도록 되어 있었다.

바-(1) 都堂이 啓하기를 "舊制에 兩班의 戸口는 반드시 3년에 한번씩 成籍하여 1건은 官에 바치고 1건은 집에 보관하는데, 각 戸籍에는 戸主의 世系와 同居하는 子息·兄弟·姪壻의 族屬 分派에서 奴婢에 이르기까지……모두 備錄하여 쉽게 考閱하도록 하였습니다.……원컨대 지금부터 舊制를 따라 施行하여 戸籍이 없는 자는 告身을 주어 관직에 나가는 것을 불허하소서.……" 하니 왕이 이를 받아들였으나 끝내 시행하지는 못하였다.[113]

는 '準戸口單子'가 있다고 보았다. 본서는 전자의 견해를 따라 용어를 사용하였다.

112) 그 선조의 本은 다양하고 대부분 지방의 호장직을 세습하던 호장층이었지만, 이들의 현 거주지는 개경으로 나타난다. 이에 관한 자세한 내용은 강은경, 「高麗後期 戸長層의 변동과 '兩班鄕吏戸籍'의 정리 - 국보호적을 중심으로」, 『동방학지』 97, 1997 ; 「'李太祖戸籍原本'에 나타난 高麗末 鄕吏의 身分 變化」, 『실학사상연구』 10·11, 1999 참조.

113) 『高麗史』 卷79, 食貨志 2, 戸口, 恭讓王 2年 7月, 中冊, 733쪽, "都堂啓 舊制 兩班戸口 必於三年一成籍 一件納於官 一件藏於家 各於戸籍內 戸主世系 及同居子息兄弟姪壻之族派……一皆備錄 易以考閱.……願自今 倣舊制施行 其無戸籍者 不許出告身立朝……王納之 然竟未能行".

사료 바-(1)은 공양왕대의 기록이지만, 이에 따르면 이전부터 兩班의 戶口에는 戶主의 世系는 물론이고 同居하는 一家를 모두 올리게 되어 있으며, 3년에 한 번씩 관청에 제출하는 것 외에도 집에서 보관하도록 되어 있었다. 이때에는 호적에 올리지 않으려는 자들도 많아서114) 호적이 없는 자는 아예 告身을 주지 말자고 하였던 것이다. 이전에도 관리가 되려는 자는 스스로 자신의 신분을 입증해야 했고 準戶口는 그렇게 사용되었다.

고려사회에서 호적은 단순히 거주지와 인구를 파악하기 위한 자료가 아니었다.115) 이는 準戶口의 내용을 분석하면 더욱 분명하게 드러난다.116)

<표 6>에서 눈에 띄는 것은 14건의 준호구 중 10건이 주로 호적이 작성된 그 해 또는 다음 해에 발급되었다는 점이다. 이는 사료 바-(1)의 내용과도 일치하는 것으로, 각 호구는 새로운 호적이 작성되면 바로

---

114) 『高麗史』卷119, 列傳 32, 鄭道傳, 下冊, 617쪽에는 당시 호적 작성과 관련된 다음과 같은 기사가 전한다. "그가 또 왕에게 글을 올리기를 '호구를 조사하여 호적을 작성하는 것은 재상들이 건의하고 전하가 비준한 것이며 이 일은 제가 중국에 있었을 때에 제기되었습니다.……그런데 戶籍이 없고 남의 이름을 쓰는 자들은 호적이 자기에게 불편하다고 원망하면서 이것이 정도전이 한 짓이라고 합니다.'라고 하였다."

115) 허흥식, 앞의 책, 1981, 10~16쪽 참조. 국가에서 호적을 파악한다는 것은 첫째 대상지역에 통치권이 작용함을 의미하며, 둘째 徵兵과 調役의 기본 자료였고, 셋째 良賤의 구별 등 신분사회의 안정을 확보하는 수단이었으며, 넷째 노비 소유권 등 권리를 입증하기 위한 자료였다. 그밖에 호적을 바탕으로 政籍(政案), 吏籍, 功臣錄券, 宗籍, 軍籍, 士籍(士版), 僧籍, 賤籍 등 직역과 신분에 따른 특수한 호적이 다시 작성되었다고 정리하고 있다.

116) 戶籍에 대한 연구는 다음을 참조하였다.
許興植, 앞의 책, 1981 ;「고려시대 戶籍 記載樣式의 성립과 그 사회적 의미」, 『진단학보』 79, 1995 ;「13~15세기 호적자료의 보완과 비판」, 『고문서연구』 9 ·10, 1996 ; 吳英善,「고려후기 호구자료의 기재내용과 형식에 대한 일고찰」, 『국사관논총』 87, 1999 ; 앞의 글, 2000.

그것을 증빙하는 문서를 확보하였음을 알 수 있다.

<표 6> 準戶口 분석

문서명	시기	戶主 身分	근거 호적	내용	비고
李喬戶口資料	?	郎將同正	丁酉(1237) 北部興國里戶口	4祖	
李秀海戶口資料	?	尙衣院 直長同正	庚午(1270) 北部興國里戶口	4祖	李喬의 2男
樂浪郡夫人崔氏 戶口資料	1333	樂浪郡夫人. 戶主의 夫 檢校軍器監 李謙	癸酉(1333) 南部德山里戶口	4祖	李謙은 李秀海의 1男
永州李氏 戶口資料	1372	戶主의 夫 司醞令同正 李允芳	壬子(1372) 北部五冠里戶口	4祖	李允芳은 李謙의 3男
金鏡高准戶口	1280	寫經院判官·文林郎·禮賓同正	東部上楊堤七里己卯年(1279) 戶口	4祖	
金克孫准戶口	1336	養賢庫判官 及第	中部上卞羊一里乙亥年(1335) 戶口	4祖	金鏡高의 孫
鄭仁卿准戶口	1292	奉翊大夫·同知密直司事·軍簿判書·上將軍·世子元賓	部上星化一里辛卯(1292) 戶口	4祖	
金璉准戶口	1301	試小府監	東部上奉香一里辛酉年(1261) 坊戶口	4祖	
金積准戶口	1334	中顯大夫·成均祭酒	西部上香川十一里癸酉年(1333) 戶口	8祖	金璉의 孫
韓康准戶口	1331	匡靖大夫·都僉議中贊·修文殿太學士·監修國史·判典理司事 致仕	東部上奉香二里甲午年(1294) 戶口	4祖	
李光時准戶口	1332	奉翊大夫·同知密直事·版圖判書·上護軍	北部屬師巖八里戶口	4祖	後妻의 外祖가 韓康
朴得賢准戶口	1372	檢校大護軍	中部上洪道六里壬子年(1372) 戶口	8祖	
朴惟幹准戶口	1372	千牛衛海領別將	中部上洪道六里壬子年戶口	8祖	朴得賢 3男
朴秀准戶口	1373	奉翊大夫·密直副使·上護軍 致仕	北部上五冠山三里壬子年戶口	4祖	

그렇게 새로운 호구 자료를 확보해야 했던 이유는 準戶口 자체에도

192

나타나 있다. 무엇보다 주목되는 점은 고려의 호적은 그때그때 변화하는 상황을 반영하여 매우 정확하게 작성되었다는 사실이다. 예를 들어 '朴得賢准戶口'[117]는 1372년 4월에 檢校大護軍 박득현에게 발급했는데, 근거 호적은 그 해에 작성된 '中部上 洪道六里 壬子年 戶口'였고 그때 나이 81세였다. 그런데 같은 해 6월에 발급한 그의 3남 '朴惟幹准戶口'[118]도 동일하게 '中部上 洪道六里 壬子年 戶口'에 준거하지만 여기에서는 박득현이 사망한 것으로 기록되어 있다. 불과 두 달 사이에 朴得賢이 사망했고, 새로이 호주가 된 朴惟幹의 호적에는 이를 반영하였던 것이다.

관직의 경우에는 더욱 그러했다. '韓康准戶口'[119]에서 韓康의 관직이 '匡靖大夫·都僉議中贊·修文殿太學士·監修國史·判典理司事 致仕'로, '朴秀准戶口'[120]에서 朴秀의 관직이 '奉翊大夫·密直副使·上護軍 致仕'로 기록되어 있는데, '致仕'라는 표현과 같이 현직, 전직, 퇴직 등의 상황이 매우 구체적으로 표기되었다. 즉 3년마다 호구가 작성될 때 호주나 구성원의 관직은 그때의 현직으로 기록하였던 것이다.

이같이 호주의 신변의 변화를 호적에 올리기 위해서는 신고와 함께 증거 자료를 제출했을 것이다. <표 5>의 인사 관련 문서에서 朝謝牒과 告身은 본래 국가에서 "협잡을 방지하기 위해 9품에서 1품에 이르기까지 품마다 각각 주는 것"으로,[121] 국가에서도 특정직에 임명할 때

---

117)『韓國古代中世古文書硏究(上)』, 218~219쪽.
118) 위의 책, 221~222쪽.
119) 위의 책, 192~193쪽.
120) 위의 책, 225~226쪽.
121)『高麗史』卷75, 選擧志 3, 銓注 選法, 中冊, 633쪽, "恭愍王十一年 密直提學 白文寶 上箚子曰 自九品至一品 每品各給職牒 所以防奸. 近世品職朝謝 初 則僉署 終則一官署 故始難終易 吏緣爲奸. 今後六品以上 各自寫牒投省 具 署經印 七品以下 典理軍簿具署經印 每品同品轉移者 只給謝牒".

에는 이를 다시 확인하는 경우도 있었다.[122] 그리고 호적을 작성할 때
에는 자신의 관직 변화를 입증하는 데 필요한 자료였다.[123]

戶口의 인적 사항에는 관직뿐 아니라 과거 급제도 중요한 사항이었
다. '金克孫准戶口'[124]의 경우 "養賢庫判官 及第"라는 기록이 보인다.
이 역시 국가 차원에서 중요하게 파악하는 사항이었음을 알 수 있다.
이것이 紅牌가 각 집안에서 보존되어야 했던 이유가 아니었을까 생각
한다.[125]

대부분의 관직자는 관직의 이동이 빈번했을 터이고 그러한 상황은
곧바로 호적에 반영되었다. 따라서 호적이 작성될 때마다 준호구를 발
급받아 새롭게 작성된 호적에 정확하게 올랐는지 확인할 필요가 있었
다. 그것은 그들의 현재의 상황을 입증하기 위한 자료로 사용되어야
했기 때문이다.

준호구는 현재뿐 아니라 과거에 대한 입증 자료로서 발급되기도 하

---

122) 『高麗史』 卷75, 選擧志 3, 銓注 成衆官, 恭讓王 3年 4月, 中冊, 651쪽, "吏曹
가 啓하기를 '內侍·茶房·司楯·司衣·司彛 등의 成衆阿幕은 宿衛와 近侍
의 직임에 대비하는 것이므로 가리지 않을 수 없습니다. 처음 설치하였을 때
에는 반드시 世籍과 才藝와 容貌를 상고하여 入屬을 허락하였는데, 근래에
는 軍役을 기피하기 위해 다투어 서로 投屬하여 世籍이 분명치 않습니다.…
…이제부터는 本曹가 반드시 戶籍 및 初入仕의 朝謝를 상고하여 용모를 본
뒤에 技藝를 시험하여 書·算·射·御 중 1藝에 통하는 자라야 入屬을 허락
하게 하소서.' 하니 이를 따랐다."
123) 朴宰佑, 「高麗時期의 告身과 官吏任用體系」, 『韓國古代中世古文書研究
(下)』, 2000, 58~73쪽에 의하면 告身은 관료가 특정 관직에 임명될 때 지급한
문서로 국왕의 결재를 받아 상서성에서 발급한 것이며, 朝謝牒은 왕의 결재
를 받은 후 어사대 또는 사헌부에서 첩을 발급한 뒤 중추원의 堂後官이 서명
하여 지급한 문서로 구별하였다.
124) 『韓國古代中世古文書研究(上)』, 210~211쪽.
125) 한강의 집안은 이후 매우 번성하였다. 자세한 내용은 『高麗史』 卷107, 列傳
20, 韓康, 下冊, 353~355쪽 참조.

194

였다. <표 6>에서 '金璉准戶口'126)는 金璉의 후손이 40년 전의 호구를 발급받았는데, 金璉은 10년 전에 사망한 상태였다.127) 또 '韓康准戶口'는 韓康의 후손이 37년 전의 호구를 발급받은 것이다. 이 자료만으로는 그들의 후손이 발급받은 이유를 알 수 없으나, 아마도 현재 자신들의 호구로는 파악할 수 없는 좀더 이전의 선조에 대한 신분을 확인할 필요가 있었기 때문이 아닐까 생각한다.

이러한 목적은 통상적인 4祖 戶口가 아닌, 8祖 戶口 형식의 準戶口를 발급받은 사례에서도 짐작할 수 있다. 8祖 戶口라고 하지만 발급받은 문서의 내용은 약간씩 달랐다. '朴得賢准戶口'128)와 '朴惟幹准戶口'129)에서는 4조 호구 이외에 祖妻父·曾祖·曾祖妻父·外祖·外祖妻父의 4祖를 각각 추심하였는데, '金積准戶口'130)는 祖妻父·曾祖·曾祖妻父·外祖·妻父·妻外祖의 4祖를 추심하였다.

金積의 祖인 金璉의 호구를 보면 그와 妻家가 모두 관인층에 속하지만 고위 관직자는 거의 없었다. 그러나 손자 金積 때에 이르면 당대 강력한 집안들과 혼인관계를 맺었음을 알 수 있다. 그의 外祖는 安珦131)이었고, 妻外祖는 "宣授中奉大夫·都元帥·推忠靖難定遠功臣·匡靖大夫·三重大匡·僉議中贊·上將軍·判典理司事·世子師·上洛公·忠烈公" 金方慶이었다. 가문이 급성장하였음을 알 수 있다.

이 같은 집안을 배경으로 첫째 아들의 처가는 元忠132) 및 洪奎133)의

---

126) 『韓國古代中世古文書研究(上)』, 188～190쪽.
127) 위의 책, 190쪽, 주19) 및 『高麗史』 卷107, 列傳 20, 金連, 下冊, 357쪽 참조.
　　 金璉을 충렬왕대의 인물 金連(1214～1291)과 동일인물로 추정하고 있다.
128) 『韓國古代中世古文書研究(上)』, 218～219쪽.
129) 위의 책, 221～222쪽.
130) 위의 책, 201～206쪽.
131) 『高麗史』 卷105, 列傳 18, 安珦, 下冊, 322～323쪽 참조.
132) 『高麗史』 卷107, 列傳 20, 元傳 附元忠, 下冊, 355～356쪽 참조.
133) 『高麗史』 卷106, 列傳 19, 洪奎, 下冊, 351～352쪽 참조.

집안과 연결될 수 있었고, 큰 딸은 朴全之[134])의 집안과 혼사를 맺었으며 둘째 아들은 洪子藩[135])의 집안과 혼사를 맺을 수 있었다. 혼인한 자식의 4祖까지 추심한 것은 이러한 변화를 드러내기 위함이 아니었나 생각한다.

경우에 따라서는 아예 직계만을 추심한 사례도 보인다. '李光時准戶口'[136])도 형식은 4조 호구이지만 덧붙여서 曾祖의 4祖와 曾祖의 직계 9대조인 "三韓壁上功臣 三重大匡 吉卷"까지 기록하고 있다. 호주의 12대조까지 추심한 것이다. 조선 건국 직후인 1393년 정월에 발급된 '沃溝郡夫人宋氏准戶口'[137]) 역시 이와 같은 사례에 속한다. 호주와 남편 奉顯大夫·司宰令 崔珙의 4祖를 기재한 뒤에 호주가 아닌 崔珙의 曾祖·祖妻父·曾祖妻父·外祖·外祖妻父·妻父·妻外祖의 4祖를 추심하되 특히 崔珙의 9대조 崔冲까지 추심한 것이다.

통상적으로 발급되는 준호구의 형식은 4祖 戶口가 원칙이지만, 다양한 형식으로 그 이상의 호구를 상세하게 기재한 것은 신분관계를 입증해야 했기 때문으로 보인다. 또 국가에서도 필요에 따라 다양한 유형의 준호구를 발급해주었던 것이다.

이같이 발급받은 준호구는 때로는 호적의 보완이나 확인의 근거자료가 되었다. 호적은 정부가 주도하여 작성하지만 때에 따라서는 개인이 요구할 수 있었기 때문이다.

바-(2) 中郎將公 外家戶口 立案
　　　　前修義校尉·興威衛 中領郎將 金 <手決>

---

134)『高麗史』卷109, 列傳 22, 朴全之, 下册, 382쪽 참조.
135)『高麗史』卷105, 列傳 18, 洪子藩, 下册, 316~320쪽 참조.
136)『韓國古代中世古文書研究(上)』, 195~196쪽.
137)『海州崔氏大同譜』轉載本/위의 책, 285~287쪽 재인용.

右謹言所志矣段 母邊東部上戶口一丈乙 傳准粘連爲白去乎
監踏印立案
成給向敎是事乙良望白內臥乎事 □ 亦在 謹言
完山府處分
洪武三十一年四月 日 所志 官題 同月二十五日付 斜只
典議
部上庚申年戶口良中 前監門衛郎將 崔天釰乙准爲內敎[138]

사료 바-(2)의 '崔天釰 戶口立案'은 洪武 31년(1398) 4월에 前修義校
尉·興威衛中領郎將 金浩가 외가쪽 호구를 확인해달라고 所志를 올
렸고, 4월 25일에 完山府에서 확인해준 문서이다. 이때 金浩가 근거
문건으로 제출한 것은 "母邊의 東部上戶口" 1장이었다. 이는 어머니
쪽 집안에서 거주하던 지역인 '東部'에 정리되어 있는 호적을 근거로
발급받은 準戶口로 보인다. 아마도 그 근거 호적이 '部의 庚申年(1380)
戶口'에 올라 있는 前監門衛郎將 崔天釰이 아니었을까 추정된다. 그
렇기 때문에 완산부에서는 이를 확인해 줄 수 있었다.

호적에 따르면 최천일의 셋째 딸 大寧郡夫人 崔氏가 김호의 어머니
인데, 18년 전 호적에서 최천일은 83살로 살아 있으나 셋째 딸과 그의
남편 "匡靖大夫 版圖□□ 文翰學士 金遠登"은 이미 사망한 상태였다.

김호가 어머니 쪽의 18년 전의 준호구를 갖게 된 것은 어머니 사망
과 관련되었던 것으로 보인다. 김호는 당시 27살이었고 이미 결혼한
누이만 둘이 있었다. 따라서 유일한 아들로서 어머니의 사망이라는 호
구 변동사항을 신고한 후 그것이 반영된 준호구를 보존하고 있었던 것
같다. 그것은 이후 김호의 직계 호적에는 외가의 호구가 갱신되지 않

---

138) 『通川金氏族譜』 轉載本/남권희, 『高麗時代 記錄文化 硏究』, 2002, 455~458
　　쪽 재인용.

앞음을 보여준다. 18년이 지나서야 김호는 외가의 호구를 확인해달라는 소지를 올렸고, 그 확인을 근거로 자신의 호구를 정리할 수 있었을 것이다.

각 집안은 자신뿐 아니라 母家, 妻家의 準戶口를 보존하고 있었다.[139] 이를 근거로 신분이 확인되고 그에 따라 이해관계가 달라지기 때문이었을 것이다. 이 경우 신청자는 스스로 그 문건을 가지고 입증해야 했다. 따라서 수시로 작성되는 호구 문건은 각 집안에서 늘 가지고 있어야 했다.

(2) 개인간 분쟁에 대한 증빙 문서

호구 및 인사 관련 문서가 주로 국가에 대하여 자신들의 권리나 지위를 입증하는 데 필요하였던 반면에, 토지 및 노비 관련 문서를 보존하는 것은 개인 상호간의 분쟁에 대비하기 위해서였다. 특히 상속 또는 그 밖의 사유로 인한 所有權의 移轉이 있을 경우에는 분쟁이 발생하는 일이 많았던 모양이다. 이는 개인 소유의 노비를 이전할 때 문서에서 늘 지적되는 사항이었다.

사-(1) 前神虎衛保勝郎將 南永蕃 著名署
　　　右啓狀矣段 連次爲白臥乎 戶奴 龍萬矣大父 郡百姓卜莊
　　　亦 其矣出父百姓狄三 許與論當 孫子龍萬亦中 婢永珎
　　　衣 許與內
　　　監當敎是弥 斜是 監踏印
　　　許文成給向叱敎是事乙良 告爲白內……
　　　……
　　　洪武十九年十一月 卄日 狀 付

---

139) 본서 제3장 사료 바-(2), 아-(4) 참조.

198

(2) 洪武十九年十一月 日 典議 印

　　이 검토한 청원서의 내용을 말미암아 앞 文記의 타당함을 확인
　　하고 立案을 허락하니 살펴 인장을 찍은 뒤 狀員에게 돌려줄
　　것.

蔚珎郡安集別監 (署) 記官 (印)140)

　사료 사-(1)은 우왕 12년(1386) 11월에 南永蕃이 자신의 노비인 龍萬
이 할아버지 卜莊으로부터 婢 永珎衣를 상속받은 문건을 검토하고 확
인해달라는 所志를 올린 것이고, 사료 사-(2)는 그 달에 울진군 안집별
감이 立案을 허락한 문서이다. 즉 노비 소유권 이전에 대한 요구와 허
가의 문서이다.

　南永蕃이 所志에 덧붙여 증빙서류로 올린 '百姓卜莊奴婢許與文記'
에는 婢 永珎衣를 卜莊의 父 狄三이 어떻게 소유하게 되었으며 왜 卜
莊의 아들 龍金에게 상속시켰는지, 또 卜莊이 어떻게 해서 다시 손자
龍萬에게 주려고 하는지에 관한 내용이 상세하게 기록되어 있다. 그리
고 말미에는 이 문서를 작성하는 이유에 대하여 다음과 같이 언급하고
있다.

　사-(3) 문서로 증명할 것이 없으면 안되겠기에……뒤에 나의 형제자매
　　나 친척들이 유별나서 특별히 의논을 일으키고 다투어 바라는 사람
　　이 있거든 이 문서의 내용 및 都文記의 내용을 가지고 官에 고하여
　　辨別하여 오래도록 사용할 일이다.141)

　사료 사-(3)은 앞의 사료 사-(1)과 사-(2)가 작성되기 4년 전인 우왕 8

140)「百姓卜莊奴婢許與文記」,『한국의 고문서』, 298쪽 및「百姓卜莊奴婢許與粘
　　連文書」,『韓國古代中世古文書硏究(上)』, 123~128쪽 참조.
141)「百姓卜莊奴婢許與粘連文書」,『韓國古代中世古文書硏究(上)』, 126쪽.

년에 卜莊이 작성한 문서인데, 자신의 서명과 함께 證人에 副戶長 孫伯, 筆執에 令同正 黃臣裕를 세워 그들의 서명도 받은 것이다. 이같이 문서를 만들어 증인을 세운 것은 뒤에 있을 분쟁에 대비한 증빙 자료임을 적시하고 있다. 그리고 여기에 덧붙여 관할 관청의 공증까지 받은 것이다. 다만 상속 당사자가 노비였기 때문에 그의 주인인 南永蕃이 所志를 올렸다.

토지와 달리 노비의 경우 대를 이어 상속되는 과정에서 그 소생 노비의 상속을 두고 친척 또는 형제 사이에 다투는 일이 자주 있었다. <표 3>에서 노비 관련 문서인 '修禪社乃老宣傳消息'[142]과 '尹光琠奴婢別給文書'[143]에도 이러한 우려가 잘 나타나 있다.

'修禪社乃老宣傳消息'은 1281년(충렬왕 7)에 좌승지 조인규가 왕명을 받아 수선사 사주 乃老에게 발급한 문서이다. 乃老가 생부 禮賓卿 梁宅椿에게서 받은 노비와 그 소생을 수선사에 예속시키겠다고 올린 所志에 대한 허락을 국가로부터 받은 것인데,[144] 이렇게 하는 이유에 대하여 "다투고 원망하는 경우가 있거든 금지하고 영구히 修禪社에 속하도록" 하기 위함이라고 밝히고 있다.

'尹光琠奴婢別給文書'는 1354년(공민왕 3)에 直長同正 윤광전이 아들 丹鶴에게 노비를 증여하는 데 따른 일괄 문서인데, 이 문서를 작성

---

142) 「梁宅椿奴婢相續文書」, 『한국의 고문서』, 282~283쪽 및 「修禪社乃老宣傳消息」, 『韓國古代中世古文書硏究(上)』, 19~20쪽 참조.

143) 「尹光琠奴婢許與文記」, 『한국의 고문서』, 285~287쪽 및 「尹光琠奴婢別給粘連文書」, 『韓國古代中世古文書硏究(上)』, 114~118쪽 참조.

144) 所志에서는 먼저 그 노비가 어떻게 전래되었는지 다음과 같이 상세히 밝히고 있다. "至元 18年(1281) 閏8月日. 修禪社主 乃老가 所志하시되 지난 甲寅年 (1254년, 고종 41)에 조정에서 주살되고 유배된 관원과 장군의 奴婢를 관과 개인에게 분속시켰을 때, 그 해 2월에 일을 주관한 都官에서 敎定別監의 出納에 의거하여, 나의 生父 禮賓卿 梁宅椿에게 죽은 宰臣 鄭晏의 婢인 世屯의 所生婢 48세 古次左의 몸과 소생들에 대한 官文을 작성하여 주셨다."

200

하는 이유에 대하여 역시 "다른 자식들이 다투어 바라면서 일어나 떠들거든 이 문서의 내용을 가지고 內外의 官司에서 辨別할 것"이라고 말하고 있다.

이에 상속 문서를 관청으로부터 인증 받는 절차를 밟았고, 그 결과 위의 노비상속 문서는 관청에서 발급받은 인증서와 함께 보존되어 원문서로 지금까지 전하는 것이다. 만일 분쟁이 발생한다면, 이 문서를 증거로 삼아 관청에 판결을 요구할 수 있었다.

> 사-(4) 공이 護軍이었을 때 忠正公 洪子藩의 천거로 辨正都監 副使가 되었는데, 巨室이 고향의 백성과 한 여자 종의 자손 1백 명을 두고 다투었다. 공이 그 문서를 살펴보고 "이것은 아무개 왕 때의 아무개 재상이 아무 해에 여러 아들과 더불어 文券을 만든 것으로, 지금으로부터 몇 년 전이 될 것이오. 여종의 아들 및 손자의 나이를 따져 보면 선후가 서로 차이가 나고, 여종 이름의 글자 하나가 희미하게 기울어져 있으니, 어찌 '魚'자를 고쳐 '魯'자로 만든 것이 아니겠소. 아무개 재상의 여러 아들들이 모두 후손이 있고, 당연히 집집마다 문서를 가지고 있을 것이오. 그 중 하나를 대개 가져다가 그 다름과 같음을 살펴보시오."라고 하였다. 공의 말과 같이 하니 巨室이 드디어 굴복했다.[145]

> (5) 공이 侍丞이 되었을 때에 甲과 乙 두 사람이 집안의 노비를 다투었다. 을이 말하기를, "선대 때에 일찍이 臺閣에 송사를 올렸습니다만, 知臺의 성은 許氏라는 것만 알고 이름은 잊었습니다. 분명하게 구분해 나눠주었는데, 갑이 받은 노비는 죽어서 후손이 없었으나, 을이 얻은 노비는 다행히 늘었습니다. 그런데 불이 나서 그 문서를 잃게 되자, 갑은 화재를 다행으로 여겨 을을 무고하고 노비를

---

145) 「金倫墓誌銘」, 『高麗墓誌銘集成』, 534쪽.

독차지하려 합니다."고 하였다. 공이 조용히 시간을 계산하여 보고 "이른바 許知臺는 반드시 우리 집안의 文敬公일 것이오."라고 말하였다. 관리에게 명하여 당시의 印簿를 조사하니, 나누어 준 노비의 이름과 수효가 함께 보존되어 있었다. 이에 갑에게 캐물으니 갑이 역시 굴복하였다.146)

사료 사-(4)와 사-(5)는 충목왕 4년(1348)에 죽은 金倫의 墓誌銘 중 일부분이다.147) 김륜은 김취려의 증손으로 명문가 출신이었으며, 그 자신도 음서로 관직에 올랐다.148) 여기에는 金倫이 행정 처리에서 얼마나 정밀하고 자세했는지를 설명하기 위해 몇 가지 사례를 서술하고 있다. 그런데 사례로 든 것은 둘 다 노비 소유권 분쟁을 어떻게 다루었는지에 관한 사항이었다. 아울러 묘지명에서는 그가 이와 같이 처리한 것이 많았다고 정리하고 있다. 사료 사-(4)는 김륜이 辨正都監 副使였을 때의 일이었고, 사료 사-(5)는 侍丞이었을 때의 일이다. 당시 관리들에게는 노비 소유권의 판결이 매우 중요한 사안이었음을 알 수 있다.

사료 사-(4)는 巨室과 鄕民이 노비 1백 명을 두고 분쟁한 것이다. '巨室'이라고 표현한 것으로 보아 직급이 높은 관료의 집안이었을 것으로 짐작되며, '鄕民'이라고 하지만 노비 1백 명을 두고 맞설 정도의 집안이었다면 이 역시 평범한 고향의 농민은 아니었던 것으로 추정된다.

---

146) 「金倫墓誌銘」, 『高麗墓誌銘集成』, 534쪽.
147) 『高麗史』 卷110, 列傳 23, 金倫, 下冊, 402~403쪽에 동일한 기사가 실려 있는데, 내용에서 묘지명보다 간략하게 서술하였다.
148) 金就礪에 관해서는 『高麗史』 卷103, 列傳 16, 金就礪, 下冊, 263~269쪽 및 「金就呂墓誌銘」, 『高麗墓誌銘集成』, 362~364쪽 참조. 김취려는 고종 21년 (1234)까지 살았으며, 그의 아버지가 예부시랑이었고 음서로 등용되었다. 고종 3년(1216)에 大遼收國을 세운 거란의 일부가 몽골군에 쫓겨 압록강을 건너 고려의 북방지역으로 밀려왔을 때 後軍兵馬使가 되어 방어하였다. 이를 보아도 대대로 고위 관직을 한 집안임을 알 수 있다.

관직에는 오르지 못하였으나 그 지방에서는 토착세력을 형성한 집안으로 짐작된다. 이에 대하여 김륜은 이들이 제시한 문서를 통해 어느 왕 때에 어느 재상의 집안에서 작성한 것임을 확인하고, 그 집안에서 문서 하나를 얻어다가 대조하면 될 것이라고 판결하였다.

즉 분쟁의 대상인 여자 종은 본래 어느 재상집에 소속되어 있다가 '향민'에게 이전된 자로 보인다. 문제는 여종의 이름을 정확히 해야 하는데, 그 근거로 이전 주인의 문서와 대조하자는 판결을 내린 것이다. 그의 말대로 하니 거실이 굴복하였다고 하는데, 여종에 대한 소유권을 입증하기 위해서는 그 유래까지 말할 수 있는 문서를 확보하고 있어야 했다. 그렇기 때문에 김륜이 대조할 수 있는 근거를 댈 수 있었던 것이다.

사료 사-(5)는 형제간에 노비를 두고 다툰 문제였다. 화재로 문서를 잃게 되자 부모로부터 물려받은 노비가 일찍 죽은 갑이 후손을 늘린 을의 노비를 독차지하려고 했던 사건이다. 이때 김륜은 을이 선대 때 송사를 올렸고 당시 담당자가 허씨라는 말을 하자, 그가 바로 자신의 外舅, 즉 외숙인 文敬公 許珙임을 깨달았다.[149] 그리하여 당시 문서를 조사하여 노비를 나누어준 증거를 찾아내었다.

노비의 변정은 당사자들의 문건만으로 해결할 수 없는 것도 상당수 있었고, 이를 해결하기 위해서는 당시 상황을 여러 모로 분석하고 파악할 수 있는 능력이 필요했다. 바로 그러한 점에서 김륜은 그 자신이 매우 치밀했을 뿐 아니라, 명문가였던 그의 집안이 배경이 되어 옛일을 소상히 파악할 수 있어서 이렇게 정확하게 일을 처리할 수 있었던 것으로 보인다.

소유권의 변경은 토지에서도 문제였다.

---

149) 『高麗史』 卷110, 列傳 23, 金倫, 下冊, 402쪽.

사-(6) 都評省 帖洪俊和尙衆徒 右法師 師矣啓以 僧矣段 赤牙縣鷲山中
　　　 新處所 元聞爲 成造爲內臥乎亦在之白賜 縣以入京爲使臥 金達
　　　 舍進置 右寺原 問內乎矣 大山是在以 別地主無亦在弥……
　　　 ……(중략)……
　　　 敎旨 然丁戶丁矣地□ 知事者 國家大福田處爲 成造爲使賜爲敎
　　　 天福四季歲次己亥八月一日 省史 臣光
　　　　　　　　　　　　　　　　　（「境淸禪院慈寂禪師凌雲塔碑」150)）

　　사료 사-(6)은 이른바 '都評省帖'으로, 태조 22년(939)에 작성되어 태
조 24년에 境淸禪院 慈寂禪師 凌雲塔碑가 세워질 때 경천선원의 창
건 과정과 비 건립 관련 인물들의 명단과 함께 비의 뒷면에 새겨 전하
는 것이다.151) 문서의 발송기관은 都評省이며152) 수신자는 洪俊和尙
의 衆徒였다.
　　이 문서에는 국가에서 慈寂禪師 洪俊의 門徒에게 赤牙縣 鷲山에
선원의 건립을 허락하는 과정이 잘 나타나 있다. 門徒 중 한 法師가
선원을 건립하겠다는 啓를 올리자, '국가의 大福田處로 삼아 사원을
건립하도록 하라'는 왕의 敎旨가 내렸다. 그런데 허가를 하는 과정에
서 중앙정부에서 유일하게 확인한 것이 "右寺原", 즉 "절터"에 대한
것이다. 마침 적아현에서 보낸 金達舍이 "큰 산이므로 따로 地主가 없

---

150) 『韓國金石全文 中世上』, 317쪽의 碑文의 行을 따라 정리했으며, 몇몇 글자의
　　판독은 『譯註 羅末麗初金石文(上)』, 102~103쪽 校勘과 『韓國古代中世古文
　　書硏究(上)』, 357~358쪽 참조.
151) 문서에 관한 상세한 분석은 강은경, 「고려시기 공문서 관리체계에서 胥吏의
　　地位」, 2004, 101~102쪽 참조.
152) 현존하는 자료에는 존재가 확인되지 않고, 다만 <표 4>의 '金傅冊尙父誥'에
　　서 金傅를 都省令에 임명하고 있는데 그 都省과 관련되는 게 아닌가 추측되
　　고 있다. 廣評省과 동일한 관청으로 추측하기도 하지만, '金傅冊尙父誥'에서
　　都省과 함께 廣評省을 구별하여 사용하고 있어 이 역시 확신하기 어렵다.

다"고 대답하자, 위와 같은 회신을 발송하였다.

그렇다면 절의 건립에 대한 허가에서 가장 중시된 것은 바로 토지의 소유권 문제였음을 알 수 있다. 문서에도 이를 분명히 하여 답변한 자와 그 내용을 상세히 밝히고 있는 것이다. 결국 이 문서는 절을 짓는 사업 그 자체에 대한 허가가 아니라, 절의 부지로 택한 곳이 별도의 땅 주인이 없으므로 사용해도 좋다는 토지 이용에 대한 허가였던 게 아니었을까 생각한다. 그렇기 때문에 2년 뒤에 사찰을 완공한 뒤에도 이를 분명히 하기 위해 비에 그 내용을 고스란히 새겨 남긴 것이다. 이렇게 하는 이유는 역시 분쟁에 대비하기 위해서였다.

菩薩社와 龜山寺의 토지 분쟁에는 국가 최고권력자가 개입한 사례가 보인다. <표 3>의 '德寧公主書'[153]는 충정왕 원년(1349) 10월에 충혜왕의 비인 덕녕공주가 淸州牧官에 내린 문서이다. 당시 청주 관내의 應天寺 소속 南禪院과 化林寺의 토지를 菩薩社에 속하게 했는데, 개경의 龜山寺가 그 전조를 거두려고 했기 때문이다. 이에 공주는 보살사의 수조권을 확인해 주면서 아울러 "龜山寺에서 仇由를 내려 보내 소요케 하는 것을 금지하고자" 이 문서를 내린다고 밝히고 있다.

토지의 소속이 바뀌었다면 당연히 토지문서도 함께 이전되었을 텐데, 분쟁이 일어나 결국 공주의 판결을 요구하게 되었던 모양이다. 판결을 낸 이 문서는 앞으로의 분쟁에 대비하여 근거로서 보존하였던 것이다. 그리하여 비록 일을 처리해야 할 담당 지방행정기관에 보낸 것이지만, 菩薩社에서 보존하고 있었던 것으로 보인다.

토지에 대한 소유권은 늘 입증서를 필요로 하였다. 따라서 보살사에서는 650년이 훨씬 지난 오늘날까지 그 문서를 보존하였던 것이다.[154]

---

153) 허흥식, 「1349년 淸州牧官의 이두문서」, 『한국의 고문서』, 145~152쪽에 처음 소개되었다. 『韓國古代中世古文書硏究(上)』, 411~412쪽에서는 「德寧公主書」로 부르고 있다.

3) 대민발급문서를 통해 본 국가의 기록물 관리

오늘날까지 보존되고 있는 對民發給文書는 개인과 가문뿐 아니라 국가 차원에서도 중요한 안건이었다. <표 3>에 나타난 官吏의 인사 및 襃奬 관련 기록물은 정치운영에 필요한 인적 자원에 대한 기록물이었고, 토지와 노비 관련 문서는 국가의 경제 근간에 관한 기록물이었으며, 호구 관련 문서는 중세사회의 신분제를 유지하기 위해 생산된 기록물이었다. 따라서 국가 차원에서도 이를 관리하고 보존하기 위한 지침이 있었다.

특히 중앙 관료에 대한 인사 관련 문서는 철저히 중앙에서 보존하였으며, 개인적으로 필요할 때 발급해 주었다. 정부는 모든 관인을 '政案'으로 정리하여 관리하였는데, 여기에는 근속 연월, 근면과 태만, 공로와 허물, 재능의 유무 등을 평가하여 기록하여 두었다가 관직의 任免의 자료로 이용하였다.[155]

政案은 官品別로 정리되어 연결되어 있었고, 그것은 다시 연도별로 정리되었다. <표 4>의 '鄭仁卿政案'[156]은 충숙왕 복위 원년(1332)에 典理司에서 정인경에게 발급한 것인데 "宰樞芳冊"을 준거로 작성되었으며, '李子脩政案'[157]은 공민왕 5년(1356)에 이자수에게 발급한 문서로 "3品 政案 제17책"을 준거로 작성되었다.[158] 관품별, 연도별로 정리

---

154) 허흥식, 위의 논문, 146~147쪽에 문서를 직접 확인한 내용이 자세히 소개되었는데, 이 문서는 두 군데에 인장의 혼적이 남아 있다고 한다. 따라서 공문서의 사본이 아니라 원문서로 추정된다.
155) 『高麗史』卷75, 選擧志 3, 銓注 選法, 高宗 12年, 中冊, 631~632쪽, "舊制 吏部掌文銓 兵部掌武選 第其年月 分其勞逸 標其功過 論其才否 具載于書 謂之政案".
156) 남권희·여은영, 「충렬왕대 무신 정인경의 政案과 공신녹권 연구」, 『고문서연구』 7, 1995 및 『韓國古代中世古文書硏究(上)』, 70~84쪽 참조.
157) 허흥식, 앞의 책, 1988, 284쪽 및 『韓國古代中世古文書硏究(上)』, 87~90쪽 참조.

된 정안은 다시 개인별로 증빙 문건과 함께 정리되었는데, 관직이 바뀔 때마다 사헌부 또는 어사대의 문서를 근거로 하고 있어 최종 朝謝牒이 발급된 뒤에 이를 바탕으로 정리했음을 알 수 있다.[159]

政案이 이같이 한번 정리되어 보존되기 시작하면 그것을 수정하는 것이 얼마나 어려운 일인지 보여주는 사례가 있다.

> 아-(1) 공이 잘못 사람들에게 거리끼게 되어 죄명이 政案에 기록되었는데, 인종이 더욱 가슴 아파하여 특별히 지시하여 삭제하여 없애도록 하였으나 담당 관청에서 굳게 고집을 부렸다. 지금의 왕이 즉위하여 과감하게 결정하여 마침내 없애니, 이른바 신하를 알아주는 사람은 왕만한 이가 없다고 한 것이다.[160]

사료 아-(1)은 예종대부터 인종대에 걸쳐 활동했던 尹彦頤의 묘지명이다.[161] 윤언이는 尹瓘의 아들이며 18살에 아버지의 음서로 일찍부터 관직에 나아갔고, 예종 9년(1114)에 25살이 되어 진사에 1등으로 합격함으로써 그 문장과 실력을 인정받았다.[162] 하지만 묘청의 난을 진압하는 데 앞장섰으면서도 정지상과의 관련성을 의심받아 오히려 폄출되었다.[163] 바로 그러한 과정에서 政案에 죄명이 올랐던 것 같다.

하지만 인종 때에는 왕이 수정하고자 하였으나, 담당 관청의 반대로 뜻을 이루지 못하였다는 것이다. 지금의 왕, 즉 毅宗 때에서야 왕의 강력한 의지로 인해 비로소 정안을 수정할 수 있었다고 한다. 한 번 정안

---

158) 자세한 내용은 강은경, 「고려시기 공문서 관리체계에서 胥吏의 地位」, 2004, 119~121쪽 참조.
159) 朝謝牒에 관해서는 주123) 참조.
160) 「尹彦頤墓誌銘」, 『高麗墓誌銘集成』, 114쪽.
161) 尹彦頤는 선종 7년(1090)부터 의종 3년(1149)까지 생존했다.
162) 「尹彦頤墓誌銘」, 『高麗墓誌銘集成』, 110~114쪽.
163) 『高麗史』 卷96, 列傳 9, 尹瓘 附彦頤, 下冊, 148~151쪽 참조.

에 기록이 오르면 그 내용을 수정하는 것이 얼마나 어려운지 잘 보여
주는 사례이다.

政案에 오른 기록은 왕조차도 마음대로 수정할 수 없도록 보완 장
치가 잘 되어 있었던 것이다. 또 인종도 끝까지 고집할 수 없을 정도로
그것이 당시 사회에서 타당하게 받아들여졌던 것 같다. 윤언이 개인에
게는 유감스러운 일이었지만, 그만큼 국가 차원에서 기록의 보존을 철
저하게 하고 있음을 나타내는 증거이기도 하다.

功臣錄券 역시 국가 차원에서 보존하는 기록물이었다. 거기에는 功
臣에게 포상으로 주는 노비 및 토지의 내역과, 당사자뿐 아니라 후손
에 대한 赦免의 약속이 구체적으로 기록되어 있었다. 때때로 功臣 子
孫의 入仕를 허락할 때 功臣職牒을 잃은 사람도 가능했던 것은 국가
에서 별도로 기록물을 보존하고 있었기 때문이다.[164]

'鄭仁卿功臣錄券'[165]은 충렬왕 15년(1289)에 20년 전 세자로서 원나
라에 갈 때 수종했던 신하들을 공신으로 책봉하면서 공신교서와 함께
내린 錄卷이다. 이 문서는 '三韓後壁上功臣 楊規 등의 錄券'에 이어서
올렸다고 한다. 양규 등이 三韓後壁上功臣錄券을 받은 것은 현종 10
년(1019)의 일이었으므로, 무려 270년이 경과되었는데도 이 문서가 계
속 보존되었던 것이다. 式目都監이나 功臣都鑑에 해당 기록이나 '三韓
後壁上功臣錄卷'의 別本을 보관하고 있었고, 후대에 책봉되는 공신들
은 그 뒤에 덧붙이는 형태로 정리되었던 것 같다.[166]

이같이 政案과 功臣錄券이 연도별로 정리되었다는 것은 관인층 관

---

164) 『高麗史』 卷75, 選擧志 3, 銓注 敍功臣子孫, 文宗 37年 閏6月, 中冊, 645쪽,
    "判 三韓功臣承蔭者 其功臣職牒 雖或遺失 的是功臣子孫 許初入仕".

165) 남권희·여은영, 앞의 논문, 1995 및 『韓國古代中世古文書硏究(上)』, 22~27
    쪽.

166) 노명호, 「고려후기의 공신녹권과 공신교서」, 『고문서연구』 13, 1998, 4~5쪽.

런 문서가 영구 보존되고 있었음을 보여준다. 그리고 그것의 정리와 보존을 담당한 것은 중앙행정기관이었음을 알 수 있다.

그러나 모든 對民發給文書의 원본을 중앙에서 직접 관리한 것은 아니었다. <표 5>에 나타난 중앙 관료에 대한 인사 기록 외에 호구, 노비, 토지 관련 기록물과 심지어 僧職 기록물까지 중앙 정부는 다만 보존만 담당하였고,[167] 실제적인 문서의 갱신과 확인 및 발급 업무는 각 郡縣의 지방행정기관에서 담당하였다.

對民發給文書에서 큰 비중을 차지했던 準戶口의 경우 그 원본인 戶籍의 최종 관리와 책임은 국가에 있었다. 그런데 그 작성과정을 보면 『高麗史』에도 "지방의 각 州郡이 해마다 戶口를 헤아려 編籍하여 戶部에 바치면, 이 戶籍을 통해 徵兵과 調役을 정한다."[168]고 되어 있어서, 군현 단위가 주체였음을 나타낸다. 하지만 현재 남아 있는 기록에서 작성의 방침을 살펴보면 호적의 작성 주체가 호부 또는 군현과는 다르게 나타난다.

> 아-(2) 至大 戊申年에 충렬왕이 승하하고 덕릉이 즉위하자 대신들을 여러 도에 나누어 보내어 백성의 생활을 살피고 호적을 정리하려 할 때에, 공을 楊廣水吉道計點使・行水州牧使로 삼았다. 각도에서 僉議司에 글을 올려 적용할 법규를 요청하였으나, 첨의사에서는 정해진 것이 없었으므로 회송문서에 마땅히 양광수길도에 의거해서 각도에서도 정한 예에 따라 시행하라고 하였다. 이에 모두 관리를 보내어 그 법을 배워 갔다.[169]

---

167) 보존 과정과 방법에 대해서는 강은경, 「고려시대 기록보존체제」, 2004, 154~162쪽 참조.
168) 『高麗史』卷79, 食貨志 2, 戶口, 中冊, 732쪽, "國制 民年十六爲丁 始服國役 六十爲老而免役 州郡每歲計口籍民 貢于戶部 凡徵兵調役 以戶籍抄定".
169) 「金台鉉墓誌銘」, 『高麗墓誌銘集成』, 473쪽. 이 묘지명은 崔瀣의 문집인 『拙

사료 아-(2)는 崔瀣가 지은 金台鉉의 묘지명이다.[170] 이에 따르면 김
태현은 15살에 司馬試에 으뜸으로 합격하였으며,[171] 16살에 예부시에
나가 진사시에 합격하였고, 충렬왕 3년(1277)부터 관직에 진출하였다.
충렬왕 6년에 20살의 나이로 殿試에 합격하여 좌우위 참군 겸 直文翰
署에 임명되어 본격적으로 문한관으로서 활동하기 시작하여, 忠烈
王·忠宣王·忠肅王 등 3대의 왕에 걸쳐 관직에 있었다.

더욱이 묘지명에서 "歷代의 典故를 마치 어제 일처럼 환하게 알고
있어서, 매번 나라에서 크게 의심스러운 일이 있을 때마다 그를 찾아
가 바로잡고는 했다."고 한 것으로 보아, 그가 단순히 문장을 잘하는
정도가 아니라, 행정의 역사에도 밝아서 문한관으로서 적절한 역할을
할 수 있었음을 나타내고 있다.[172]

그러한 김태현의 능력이 제대로 발휘된 때가 바로 호적 작성의 일이
었다. 戊申年, 즉 충렬왕 34년(1308)에 즉위한 충선왕이 전국의 호적을
정리하려 할 때 김태현을 양광수길도의 계점사로 삼았다. 그런데 이때
에 각도에서는 첨의사에 적용 법규를 요구하였다는 것이다. 호적 정리
는 오랜 기간 동안 국가에서 일상적으로 하는 일이었으며, 충렬왕대에
만 해도 두 차례의 기록이 남아 있다.[173] 그런데 왜 각도에서는 새삼스

藁千百』1과『光山金氏文簡公派世譜』에 수록되어 있는데, 여기서는『光山
金氏文簡公派世譜』를 번역하였다.

170) 金台鉉은 원종 2년(1261)부터 충혜왕 즉위년(1330)까지 생존했다.
171)『高麗史』卷74, 選擧志 2, 科目 2 國子試之額, 中冊, 622쪽, "忠烈王 元年 4
월에 尙書右丞 李仁成이 詩·賦로 金台鉉 등 21명, 10韻詩로 趙戩 등 49명,
明經으로 2명을 취하였다."
172)『高麗史』卷110, 列傳 23, 金台鉉, 下冊, 400~401쪽 참조.
173)『高麗史』卷79, 食貨志 2, 戶口, 中冊, 732쪽을 보면, 忠烈王 5년 9월에 計點
使를 여러 道에 나누어 보냈다고 하였으며, 충렬왕 18년 10월에도 사신을 보
내어 戶口의 증감과 土田의 墾荒을 헤아려 백성들의 賦稅를 計定하라고 하
였다. 또 당시 교서에는 원종 己巳年, 즉 원종 10년(1269)에 民戶를 計點하고

럽게 첨의사에 적용 법규를 요구하였으며, 또 첨의사에서는 왜 정해진 것이 없다고 하였는지 의문이다.

이때 호적 작성이 이전과 달라진 점이 있었던 게 아닐까. 원나라의 고려에 대한 관여가 공식적으로 이루어지던 시기였으므로, 호적도 원나라 식으로 정리해야 했던 것으로 추정된다. 하지만 아직 僉議司에서는 그 법규를 정하지 못한 상태였고, 그리하여 그간의 행정을 잘 간파하고 있던 김태현이 양광수길도에서 시행한 방법을 따르기로 한 것이다. 전국의 각도에서는 김태현에게 관리를 파견하여 그 방법을 익히도록 하였고, 그 방법대로 호적을 정리하였다고 한다.

고려사회에서 호적의 정리가 오늘날의 공문서처럼 일괄된 틀로 전국을 통일적으로 작성하지는 못했던 것 같다. 그 법규가 일정하지 않아서 지역마다 차이가 있었던.[174] 그 때 기본이 되었던 게 김태현이 정리한 양광수길도의 본이었다. 적어도 호적은 도를 단위로 하여 작성되었음을 알 수 있다.

하지만 문서의 관리와 처리는 그 단위가 달랐다. <표 6>의 準戶口는 모두 개경부에서 발급된 것으로 나타난다.

아-(3) 典議 部上香川十一里癸酉年(1333)良中 中顯大夫成均祭酒金積乙
准
內……(결락)……
元統二年 十一月日 西部上香川十一里癸酉年戶口準
……(중략)……
唱 准 錄事 錄事 錄事<서명> 錄事<서명> 部令<서명> 印

貢賦를 다시 정했다는 기사를 언급하고 있다. 따라서 일정 기간이 되면 호적 조사가 이루어졌음을 알 수 있다.
174) 대한제국기에 작성한 광무년간의 量案도 지역에 따라 서술의 차이가 있었으므로, 고려의 호적은 미루어 짐작할 수 있겠다.

判事	少尹	參軍	唱	主事	金永富
判事	少尹	參軍	準	知印	金寬龍
	少尹	判官			
		判官			('金積准戸口'175))

사료 아-(3)은 元統 2年, 즉 충숙왕 3년(1334)에 발급된 '金積准戸口'
의 마지막 부분이다. 대부분 轉載本인 다른 자료에는 발급처가 생략되
어 있으나 여기에는 발급기관의 조직이 모두 표기되었다. 발급자로서
서명한 관리로는 판사, 소윤, 참군, 판관, 녹사 등이 있으며 主事, 知印
은 이름도 명기하고 있다. 이들은 개경부의 관리로 추정된다.176) 그렇
다면 개경부 단위로 호적이 만들어졌던 것일까.

<표 6>에서 준호구의 근거호적을 보면 당시 호적 작성의 원칙을
짐작할 수 있다. 현존하는 14건 중 9개가 정확히 '5部名-里名-작성
연도'로 구성되어 있다. 다른 것도 다소 차이는 있지만 대개 이러한 요
소를 포함하고 있다.

이를 보면 호적은 '楊堤 七里'와 같이 각 部의 하급 기관인 里를 최
소의 단위로 하여 작성되었고, 작성 연도별로 철해졌다. 그런데 部의
상급 기관을 일일이 밝히지 않은 것은 문서의 최종 집결이 상급 기관
인 개경부를 단위로 했기 때문으로 보인다. 그리하여 발급할 때에는
개경부의 이름으로 하였고, 문서의 근거를 이같이 밝혔던 것이다.

이러한 원칙은 조선 초기의 준호구에서도 확인할 수 있다. 세종 23
년(1441) 2월 14일에 작성된 '崔仲澤准戸口'177)는 漢城府에서 호주인
內侍·前修義校尉·神武侍衛司後領郎將 최중택에게 발급한 것이다.

---

175) 『韓國古代中世古文書硏究(上)』, 201~206쪽.
176) 오영선, 앞의 논문, 2000, 126쪽 참조.
177) 『海州崔氏大同譜』 轉載本/『韓國古代中世古文書硏究(上)』, 309~310쪽 재인용.

212

당시 최중택은 北部 觀光坊 3里에 거주하였는데, 근거 호적은 '本府上
去癸卯年 戶口帳'이었다. 이 호적 역시 한성부를 단위로 하여 연도별
로 철해져 있음을 알 수 있다. 세종 5년(1423)에 만들어진 '계묘년 호구
장'은 바로 그렇게 해서 나온 표현이다.

　戶口帳은 중앙에서는 개경부 단위로, 각 지방에서는 郡縣 단위로
보관, 관리하였기 때문에 발급뿐 아니라 확인하는 사안도 군현 단위로
시행되었다.

　　아-(4)　永樂十三年七月十四日立案
　　　　　右立案 狀告 前郎將 張仁淑所志內乙用良 同員及妻氏邊內外
　　　　　八祖戶口乙良 狀員所納
　　　　　持音戶口草件乙用良 傳……(결락)……郡上去辛未年 戶口帳 憑
　　　　　考斜只 監踏印 狀員亦中退向事. 合
　　　　　行立案者. 知蔚珍郡事　　　　　　　　(「張仁淑戶口立案」178))

　사료 아-(4)의 '張仁淑戶口立案'은 태종 15년(1415) 7월 14일에 장인
숙이 본인 및 妻邊의 八祖戶口를 인정해달라는 所志를 올리자, 知蔚
珍郡事가 처리방침을 지시한 立案이다. 비록 조선 초의 기록이지만 아
직은 호구양식이 개정되지 않았으므로179) 고려의 형식을 유지하고 있
을 때였다. 이때 장인숙은 "자신이 지니고 있던 戶口草件"을 함께 제
출하였으며, 울진군에서는 이를 "郡에 전해오는 지난 辛未年, 즉 1391
년의 戶口帳"에 근거하여 확인하고 있다.

---

178) 『蔚珍張氏世譜』 轉載本. 원본은 1970년까지 보존되다가 유실되었다고 하므
　　로, 원본이 제대로 반영된 것으로 짐작된다. 『韓國古代中世古文書硏究(上)』,
　　296~299쪽 재인용.
179) 「崔仲澤准戶口」, 『韓國古代中世古文書硏究(上)』, 309쪽 참조. 주1)에 의하면
　　조선의 호구식 개정은 세종 10년(1428)에 있었다.

비록 왕조가 바뀌었지만 울진군에는 24년 전에 작성된 고려의 호구
장이 계속 보존되고 있었다. 그 보존 단위는 역시 울진군이었고, 여기
서도 戶口帳은 연도별로 정리되어 있었다. 그리하여 장인숙이 제출한
그의 戶口草件, 즉 戶口單子와 비교하여 확인해줄 수 있었던 것이다.
　인사 관련 문서 중 僧職 관련 문서는 戶籍과 같은 방법으로 관리되
고 보존되었다.

아-(5) 監務官 貼長城郡司
　　　當司准 僧錄司史 椿穎 丁巳十一月日 貼. 同郡
　　　監務兼勸農使將仕郎尙衣直長 宋某 丙辰十月日 狀 申省 當司准
　　　僧錄司僧史仁敘 九月日 貼
　　　……(중략)……
　　　問備申省爲乎味了乎等用良 依貼爲 傳出納下問令是乎矣 任內同
　　　郡戶長徐純仁等丙辰十月 報狀內　　　爲乎矣
　　　……(중략)……
　　　貼內 思乙用良 村伏公案良中 法孫傳繼施行爲遣 由報爲在味 出
　　　納爲臥乎事
　　　……(중략)……
　　　戊午三月二十三日　　　　　　　　　　　　　（「長城監務官貼」[180]）

　사료 아-(5)는 戊午年, 즉 신종 원년(1198)[181] 3월 23일에 장성 감무
가 長城郡司, 곧 장성군의 邑司에 보낸 문서이다.[182] 관청간에 오간
공문서이지만 원문서가 白巖寺의 후신인 백양사에 보존되었다가 『朝

180) 『韓國古代中世古文書硏究(上)』, 365～368쪽.
181) 연대는 위의 책, 369쪽, 주82)의 견해에 따랐다.
182) 長城郡司는 장성군의 鄕吏 機構를 말한다. 흔히 邑司라 부르지만, 당시 공식
　　명칭은 郡司 또는 縣司였다. 강은경, 『高麗時代 戶長層 硏究』, 혜안, 2002,
　　74～80쪽 참조.

214

鮮寺刹史料』에 전재되었다. 이 역시 어떤 경로에서인지 사찰에서 자신들의 입장을 증빙할 수 있는 근거문서로 보존하고 있었다.

당시에 성주사 주지 性照禪師 中延은 白巖寺를 고치고 자신의 法孫으로 백암사를 계승하도록 해달라는 所志를 僧錄司에 올렸고, 승록사에서 장성 감무에 공문을 발송하자 장성 감무는 丙辰年, 즉 명종 26년(1196) 9월에 이를 장성군 戶長 徐純仁에게 전달하여 10월에 보고를 받았다. 그리고 결정된 조치를 장성군사에 공문으로 보낸 것이다.

이 일의 최종 결정은 아마 승록사에서 하였을 것이다.[183] 그 지시사항을 해당 지역의 행정 책임자인 長城郡 監務에게 전달하였는데,[184] 감무도 자신이 직접 처리하지 않고 邑司의 보고를 받은 뒤에 다시 지시하고 있다. 지시사항은 "村에 있는 公案에 法孫 傳繼를 시행"하는 것이었다.

여기서 주목되는 것이 '村의 公案'이다. 법손의 계승을 확실히 하기 위해서는 '村의 公案'에 기록해야 했는데, 이를 관리하는 곳이 邑司였고 관리 책임자가 호장 徐純仁이었다. 전체 僧職 기록은 중앙에서 관리하였지만,[185] 변동사항에 대한 처리는 군현 단위, 좀더 구체적으로

---

183) 동일한 사건이 공민왕 6년(1357)에도 있었는데, 백암사를 중창한 覺眞國師 復丘의 문도가 나라에서 문도가 아닌 若雲을 백암사 주지로 임명하자 그 시정을 요구하는 狀을 올렸고, 이에 대한 승록사의 허락 문서를 전라도 안렴사에게 보낸다. 즉 최종 결정은 승록사에서 하고 그에 따르는 구체적인 처리는 해당 군현이 시행하도록 하였다. 「僧錄司貼」,『韓國古代中世古文書硏究(上)』, 414~417쪽 참조.
184) 長城郡은『高麗史』卷57, 地理志 2, 全羅道 靈光郡, 中冊, 293쪽에 영광군 屬縣으로 나오며,『世宗實錄地理志』全羅道 長城縣 조항에서는 고려 초부터 장성현으로 불렸고 明宗 2년(1172)에 監務를 두었다고 되어 있다. 사료 아-(5)의 문서는 감무를 설치한 지 얼마 안되어 작성되었는데, 당시의 직제가 잘 반영되어 있고 공식 지명도『高麗史』의 기록처럼 '長城郡'으로 되어 있다.
185)『高麗史』卷84, 刑法志 1, 公式 職制, 中冊, 841쪽, "三年一度 考閱僧籍".

말한다면 군현의 邑司를 단위로 이루어졌다. 그리고 對民文書는 행정
구역의 책임자 명의로 발급되었다.

이같이 전국적으로 파악해야 하는 기록의 관리와 보존은 각 지방 행
정구역의 최소 단위 차원에서 이루어졌다. 특히 개인간에 소유분쟁이
자주 일어나는 토지와 노비에 관한 기록물의 경우 한층 더 세심한 관
리가 필요하였다.

> 아-(6) 至正十四年 十月十二日 典議
> 右所志內乙用良 尹丹學奴婢
> 許與 粘連 訂人筆執木矣
> 所志相考 監踏印 立
> 案 狀者亦中退者
> 監務 嚴 (手決)
> 記官 (印)[186]

사료 아-(6)은 尹光珷이 至正 14년, 즉 공민왕 3년(1354) 8월 11일에
아들 學生 丹鶴에게 자신의 妻父 박씨 쪽에서 전래한 婢 吾火伊가 낳
은 婢 大阿只를 奉祀條로 許給하면서 작성한 '奴婢別給文書'에 대한
해당 지역 지방관의 인증서이다. 문서는 같은 해 10월 12일에 발급되
었는데, 발급자는 耽津 監務로 되어 있다. 監務는 탐진현의 행정 책임
자였기 때문이다.[187]

---

186) 「尹光珷奴婢許與文記」, 『한국의 고문서』, 285~287쪽 및 「尹光珷奴婢別給粘
　　連文書」, 『韓國古代中世古文書研究(上)』, 114~118쪽 참조.
187) 『高麗史』卷57, 地理志 2, 全羅道 長興府, 中冊, 292쪽에 탐진현은 장흥부의
　　속현이었다가 후에 영광군 속현이 되었다고 한다. 또 『高麗史』卷80, 食貨志
　　3, 祿俸 外官祿, 中冊, 755~756쪽에 耽珍縣令과 縣尉가 보이지만 監務의 설
　　치 기사는 확인할 수 없다.

216

사료 사-(2)에서 보았던 卜莊의 奴婢許與文書에 대한 立案도 蔚珍郡 安集別監이 작성하여 발급하였다.[188] 당시 安集別監은 임시 지방관이 아니라 상설 지방관으로 파견되었는데,[189] 울진군의 행정 책임자로서 이 사안의 처리를 지시한 것이다.

고려사회에서 노비 문서 및 노비관계 소송을 담당하는 기관은 중앙의 都官이었지만,[190] 문제가 발생할 경우 그에 대한 처리는 군현 단위에서 이루어졌음을 알 수 있다. 그것은 노비 관련 문서가 군현 단위로 관리되었기 때문이다. 노비는 각 호주의 호적에도 올라 있었지만 그와는 별도로 기록하여 관리되었던 것 같다.

조선 세종 9년(1427)에 張戩이라는 사람의 妻 辛氏가 경상도 都觀察黜陟使에게 도망노비를 찾고 役價를 물릴 것을 순흥부에 지시해달라고 所志를 올리자, 이에 대하여 都觀察黜陟使는 順興府에 지시하기를 "신씨의 所志 내용을 推考한 뒤 賤籍을 상고하여 분간하라"고 지시한 문서가 남아 있다.[191] 신씨가 경상도 都觀察黜陟使에게 소지를 올리지만 결국 일의 처리는 해당 지역인 順興府에서 담당하고 있다. 그것은 검토해야 할 노비 관련 기록물이 그곳에 보존되어 있었기 때문이다.

188) 『高麗史』 卷58, 地理志 3, 東界 蔚珍縣, 中冊, 309~310쪽 및 『世宗實錄地理志』 江原道 蔚珍縣 조항에는 고려시기 내내 울진현으로 불린 것으로 나온다. 어느 시기에 울진군으로 바뀌었는지 확인할 수 없다.
189) 본래 安集別監은 가뭄이나 외적 침입으로 민심을 안정시켜야 할 때 임시로 각 지방에 파견한 지방관이었으나, 恭愍王 2년(1353)에 諸道의 縣令과 監務를 安集別監으로 고치고 5, 6품의 관리로 임명하였으며, 이후 창왕이 즉위하면서 다시 현령과 감무로 고쳤다. 이상은 『高麗史』 卷37, 世家, 忠定王 元年 2月 丙戌, 上冊, 749쪽 ; 『高麗史』 卷44, 世家, 恭愍王 22年 正月 癸亥, 上冊, 851쪽 ; 『高麗史』 卷77, 百官志 2, 外職 諸縣, 恭愍王 2年, 中冊, 701쪽 ; 『高麗史』 卷80, 食貨志 3, 賑恤 災免之制, 忠烈王 17年 7月, 中冊, 767쪽 참조.
190) 『高麗史』 卷76, 百官志 1, 都官, 中冊, 664쪽, "掌奴婢簿籍決訟".
191) 원문서로서 경북 영주의 개인이 소장하고 있다. 『韓國古代中世古文書研究(上)』, 146~147쪽 재인용.

이를 賤籍이라 부르는 것으로 보아, 순흥부에는 노비만 별도로 관리하는 기록물이 있었음을 짐작할 수 있다.

오늘날까지 보존되고 있는 고려의 對民發給文書는 국가에서도 그 原本을 영구 보존한 기록물이었다. 즉 기록물의 전체적인 정리와 보존은 국가 차원에서 관리하였던 것이다. 다만 영구 보존 기록물은 내용의 추가 또는 갱신이 지속적으로 이루어져야 했는데, 이 업무를 해당하는 중앙 또는 지방의 행정기관에서 각각 맡았을 뿐이었다.

이와 같이 제3장의 '기록의 정리와 보존'에서는 그때그때 행정 실무를 위해 생산한 記錄을 이후의 필요성에 대비하기 위해 어떻게 정리하고 관리했는지에 관한 부분을 다루었다. 작성된 기록물은 체계 있게 정리되어야 편리하게 활용할 수 있는데, 고려 정부는 어떠한 방법으로 문서를 정리하고 보존했을까. 행정운영상의 필요에 따라 정리, 보존되었던 문서를 중심으로 그 정리방식, 보존 연한 등의 원칙이 어떠했으며 그러한 업무를 전적으로 담당한 기구는 어떤 것이 있었는지 살펴보았다. 그리고 현재 전하는 기록물을 중심으로 국가의 기록물 정리와 보존이 각 개인에게 어떠한 영향을 끼쳤는지도 분석하였다.

제1절에서는 행정실무에서나 후대의 필요성에 대비한 기록의 정리방법이 어떤 것이 있었는지 주로 다루었다.

중앙 모든 행정기관에는 胥吏가 배치되어 있었는데, 각 기관의 기록 정리에서 바로 이들의 이름이 명기된 名貼이 있었다는 데 주목하였다. 그것은 문서 작성에서 서리의 역할이 중요했음을 보여주는 동시에 기록을 정리하는 방식에서도 이들의 역할을 주목할 필요가 있음을 보여준다. 고려시대에도 공문서를 정리하여 언제든지 참고할 수 있도록 보존하였다. 문서들은 대개 사안별로 장기간 보존되었으며, 각 문서에는 근거 문서가 모두 날짜와 함께 담당 胥吏의 이름으로 謄錄되었다. 문서를 담당하는 서리직은 상위 지배층의 자제들이 문음을 통해 진출하는 관직이었으며, 지방 향리의 자손들에게 제한적으로 개방되었다. 또 서리를 거치면 품관으로 진출할 수도 있었다.

이같이 정리된 문서는 시대별로 '實錄'으로 정리되었다. 前王代의 각종 기록물을 모두 모으고 취사선택하여 하나의 자료로 만드는 작업인데, 이렇게 만든 '實錄'을 국가 차원에서 철저히 보존하도록 하였다. 따라서 실록의 편찬은 기록을 정리하는 수단이면서 동시에 기록을 보존하는 방법이기도 했다. 고려정부가 건국 초부터 史館을 설치한 것은 실록을 위한 자료를 보존하기 위해서였다. 이같이 기록물을 체계적으로 정리하고 보존한 결과 조선시대의 『高麗史』편찬의 자료를 제공할 수 있었으며, 나아가 實錄의 보다 철저한 보존을 꾀하여 오늘날까지 풍부한 역사자료로 남길 수 있었다.

제2절에서는 고려시대에 우리 역사에서 처음으로 국가 주도의 체계적인 기록보존체제를 갖추었던 점에 주목하고, 그 기록물이 어떻게 관리되고 보존되었는지 관련 기구와 체제를 살펴보았다.

언제부터 국가 차원에서 행정 기록을 보존했는지 정확히 알 수 있는 자료는 현재 전하지 않지만, 기구가 정비되기 이전 국초부터 史館을 설치하여 '정사를 기록하는 일을 관장하도록' 하였다. 史館은 기록을 담당했을 뿐 아니라 기록물을 보존하기 위한 구체적인 행동지침이 있었다. 국가의 중요한 기록물을 보존하는 일은 가각고에서도 담당하였다. 가각고가 언제부터 설치되었는지는 알 수 없으나, 충렬왕대 이전에 이미 있었다는 것은 확실하다.

가각고는 史館과는 달리 공문서를 거두어 저장하는 일만 전담하였다. 중앙과 지방행정기관에서 행정처리가 끝난 중요한 문서는 각 기관에서 한 부를 보존하고, 한 부는 가각고에 이관하여 영구 보존하도록 했다. 사관과 가각고 외에도 문덕전·장령전·어서방·비서각·비서성·연영전·추밀원·천장각 등에도 서적과 함께 문서를 보관하였다.

史館에는 중앙뿐 아니라 지방 각 기관의 문서도 보고하도록 되어 있었다. 정부가 지방행정에 필요한 기록도 체계적으로 관리하였던 것이다. 그에 따라 각 지방행정기관에도 중앙의 가각고와 같이 중요 문서를 전적으로 보존하는 별도의 기구나 장소가 있었고, 그것은 州 단위로 설치되었다. 각 지방행정기관에는 기록을 담당한 관리로서 司錄이 별도로 설치되었다. 司錄은 中都護府 이상의 지방행정기관에 설치되어 外史, 즉 지방의 역사를 담당했다. 사록에게도 중앙의 史官과 같이 역사의 기록뿐 아니라 기록의 보존 업무가 맡겨졌던 것으로 추정된다.

하지만 전쟁을 많이 겪었던 고려사회에서는 국가의 기록보존체제만으로는 기록물을 온전히 보존하기 어려웠다. 『高麗史』各志의 서문마다 그러한 어려움을 토로하고 있다. 그럼에도 어느 정도 자료를 모을 수 있었던 것은 국가의 기록체제를 유지하려고 노력했던 관료들이 있었기 때문이다.

제3절에서는 기록의 실제적인 보존체제를 파악하기 위해 현재 전하는 기록물을 중심으로 실제로 국가의 기록 보존이 개인의 생활에 구체적으로 끼친 영향을 살펴보았다. 국가의 행정기관이 개인에게 발급했던 對民發給文書에 주목하고, 현재까지 어떠한 문서가 전하고 있으며, 이들 문서가 보존된 이유는 무엇이었는지 살펴보았다. 아울러 비록 개인에게 발급된 문서이지만, 그것이 국가의 기록물 관리와 어떻게 연관되는지 밝히고자 하였다.

고려시대는 공문서의 양식과 전달방식을 비롯해서 보존에 이르기까지 국가 차원의 기록관리체제가 본격적으로 갖추어진 시기였다. 고려가 멸망한 지 이미 6백여 년이 지난 오늘날, 現傳하는 문서도 매우 드물다. 다만 국가의 행정기관이 개인이나 사찰에 발급한 문서가 原文書 또는 轉寫, 轉載, 抄錄 등의 형태로 전하는 것이 간간이 발견될 뿐이다. 이에 對民發給文書를 중심으로 국가의 기록물 관리를 살펴보았다. 현존하는 對民發給文書는 크게 호구, 인사, 소유권, 포장 등으로 나뉘는데, 주로 자신의 노비 소유권이나 토지에 대한 수조권을 위해서, 또는 자신의 신분을 확인할 수 있는 문서를 지배층의 집안이나 사찰에서 보존한 것이다.

그 중 가장 많은 것은 호구 및 인사 관련 문서이다. 현존하는 準戶口는 대부분 관인들의 것으로, 당시 관인층은 자신의 신분을 입증하기 위한 자료를 갖추어야 했음을 알 수 있다. 호적에는 그때그때 변화하는 상황이 매우 정확하게 반영되었는데, 관직의 이동이 빈번했던 시대에 각 戶에서는 호적이 작성될 때마다 준호구를 발급받아 새롭게 작성된 호적에 정확하게 올랐는지 확인할 필요가 있었다. 준호구는 현재뿐아니라 과거에 대한 입증 자료로서 발급되기도 하였다. 발급받은 준호구는 때로 호적의 보완이나 확인의 근거가 되었다.

반면에 토지 및 노비 관련 문서를 보존하는 것은 개인 상호간의 분쟁에 대비하기 위해서였다. 특히 상속 또는 그 외의 사유로 인한 所有權의 移轉이 있을 경우에는 분쟁이 발생하는 일이 많았다. 이에 소유권 이전 문서를 관청으로부터 인증 받는 절차를 밟아, 그 공문서를 함께 보존하였다. 만일 분쟁이 발생하면 이 문서를 증거로 관청에 판결을 요구할 수 있었기 때문이다.

오늘날까지 보존되고 있는 對民發給文書는 개인과 가문뿐 아니라 국가 차원에서도 중요한 안건이었다. 官吏의 人事 및 襃奬 관련 기록물은 정치운영에 필요한 인적 자원에 대한 기록물이었고, 토지와 노비 관련 문서는 경제 근간에 관한 기록물이었으며, 호구 관련 문서는 중세사회의 신분제를 유지하기 위해 생산된 기록물이었다. 하지만 모든 對民發給文書의 원본을 중앙에서 직접 관리한 것은 아니었다. 중앙 관료의 인사 기록 외에 호구, 노비, 토지 관련 기록물과 僧職 기록물 등은 중앙 정부에는 다만 보존을 위한 기록물을 남겨 두고, 실제적인 문서의 갱신과 확인 및 발급 업무는 각 郡縣의 지방행정기관에서 담당하였다. 즉 변동사항에 대한 처리는 군현 단위, 좀더 구체적으로 말한다면 군현의 邑司를 단위로 이루어졌다.

이와 같은 문서를 原文書 또는 轉寫本 및 轉載本으로 보존해온 집안이 결국 조선시대에 族譜를 만들 수 있는 가문을 형성했다는 점을 고려할 때, 이들 문서가 가문의 盛衰와 결코 무관하지 않음을 시사해 준다. 따라서 고려사회에서 국가의 기록물 관리는 개인의 일상적인 이해관계와 긴밀하게 연결되어 이루어졌다고 할 수 있다.

제4장 기록의 전달과 행정운영

　국가가 체계적으로 운영되려면 중앙 정부의 정책과 그에 따른 시행방책이 각 행정기관에 전달되고, 그 실행 여부를 확인할 수 있는 각 행정기관의 보고가 이루어져야 한다. 또 이를 위해서는 중앙과 지방의 어느 관청이나 같은 형식으로 지시와 보고를 할 수 있는 행정체계가 마련되어야 한다. 그러한 행정체계로서 요구되는 것이 공문서의 書式과 傳送을 체계화한 규정이다.

　고려시대에도 중앙과 지방의 각 관청에서 생산된 공문서가 업무에 따라 서로 교류되었다. 공문서는 중앙행정기관 사이에서, 중앙과 지방 관청 사이에서, 또 지방관청들 사이에서, 그리고 지방관청과 다양한 別衙 사이에서도 授受되었다. 공문서가 교류된다는 것은 그들 상호간에 업무의 지시와 시행상황의 보고, 그리고 업무 협조가 이루어졌음을 나타낸다.

　제4장에서는 지방행정기관에서 공적 업무를 수행하기 위해 중앙 또는 지방 기관에 발송하거나, 또는 이들 기관으로부터 수신했던 문서의 授受 관계를 통해 중앙과 지방의 명령 및 보고 체계를 파악하려고 한다. 아울러 이러한 공문 교류를 가능하게 했던 전송방법도 살펴보려고 한다. 이같이 중앙과 지방관청 사이에서 이루어졌던 문서의 전달체계를 분석함으로써, 정부가 지방행정을 어떻게 운영했는지 밝히고자 한

다.

통치의 실체는 행정기관에서 생산된 공문서를 통해 나타난다. 현재 행정기관에서 작성한 공문서는 몇 개 남지 않아서 구체적인 내용을 분석하기는 어렵다. 하지만 행정기관의 공문 수수에 관한 규정이 公牒相通式에 남아 있어서 이들 상호 관계를 살펴본다면 실질적인 통치구조를 파악할 수 있을 것이다.

1. 공문서를 통한 의사 소통

1) 중앙행정기관의 공문서 교류와 시행

고려의 공문서 규정은 앞서 살펴본 제2장의 사료 가-(1)과 같이 대체로 문서의 수신 대상과 내용에 따라 정한 書式과 중앙과 지방관청 상호간에 통용될 수 있는 行移公文式을 갖추고 있었다. 구체적인 사례가 제2장에서 이미 살펴보았던 사료 가-(3)의 '制誥의 規式'과 사료 가-(4)의 '姓名草押規式'이라고 할 수 있다.

'姓名草押規式'이나 제2장에서 사료 가-(5), 가-(6), 가-(7)의 公牒相通式의 사례를 보면 당시 공문서 규정에서 특히 중시된 것이 서명양식이었던 것으로 보인다. 이는 문서를 다른 기관에 발송할 때의 책임 서명에 관한 규정으로, 문서 작성의 최종 단계에서 작성한 관원과 책임자가 서명, 날인하도록 하여 문서의 내용을 책임질 수 있는 관리를 명확히 하기 위한 것이었다.

이것이 완성되어야 비로소 공문서가 효력을 발생하게 되므로, 공문서를 작성할 때 서명은 매우 중요한 격식이었다. 따라서 公牒相通式의 서명양식에는 당시 공문서 규정의 기본적인 원리와 특성이 잘 반영되었을 것이다. 다음은 公牒相通式의 京官條로서 중앙기관이 공문을 교류할 때 사용하는 서명양식에 관한 규정이다. 기관명을 일일이 언급하지 않고 핵심적인 중앙행정기관을 체계적으로 정리하고 있다.

가-(1) 內史門下·尙書都省이 6官 諸曹와 7寺·3監에게 公牒을 出納할 때 門下侍郎 이상은 姓을 붙이지 않고 草押하고, 拾遺 이상은 姓을 붙여 草押하며, 錄事·注書·都事·內位는 姓名을 쓴다. 6官 諸曹·7寺·3監이 3省에 대해서는 侍郎·少卿 이하는 位와 姓名을 갖추고, 御史·卿 이상은 姓을 붙여 草押한다.

(2) 6官 諸曹가 7寺·3監에 대하여 員外郎 이상은 姓을 붙여 草押하고, 7寺·3監이 6官 諸曹에 대해서 少卿 이하는 官衙과 姓名을 쓴다.

(3) 7寺·3監이 諸署局에 대하여 丞·注簿는 姓을 붙여 草押하며, 諸署局이 7寺·3監에 대해서 直長 이상은 姓名을 쓴다.

(4) 諸下局署가 3省·諸曹·式目·7寺·3監에 대하여 直長 이하는 位와 姓名을 쓴다.

(5) 吏部 臺省이 6官 諸曹·7寺·3監에 대하여 門下侍郎平章 이하 拾遺 이상은 姓을 붙여 草押하고, 錄事는 官衙과 姓名을 쓰며, 諸署局에 대해서는 錄事·注書는 草押을 한다.

(6) 諸署局이 3省에 대해서는 直長 이상은 官衙과 姓名을 쓴다.[1]

위의 사료를 근거로 하여 기관별 공문서의 출입 관계를 표로 만들면 다음과 같다.

---

1) 『高麗史』卷84, 刑法志 1, 公式 公牒相通式 京官, 中冊, 837~838쪽.

<표 7> 중앙행정기관의 공문서 교류

수신＼발송	3省	6官 諸曹	式目都監	7寺 3監	諸署局
吏部 臺省		(入)		(入)	(入)
6官 諸曹	(出) (入)				
7寺 3監	(出) (入)	(出) (入)			
諸署局	(入)			(出) (入)	
諸下局署	(入)	(入)	(入)	(入)	

비고 : (出)은 발송기관의 발송 공문, (入)은 발송기관의 수신 공문

　사료 가-(1)에서 가-(6)까지를 <표 7>로 만들어 보니, 중앙행정기관은 內史・門下・尙書都省－6官 諸曹－式目都監－7寺・3監－署・局의 다섯 단계로 구분되고 있다. 이들 기관은 기관의 지위에 따라 공문서를 교류하는 대상이 달리 적용되었다.

　먼저 사료 가-(1)에는 중앙행정기관 중 최고 관부인 3省이 보이는데, 당시의 기관명은 內史・門下・尙書都省이었다. 3성에서 문서를 발송하는 기관은 6官 諸曹와 7寺・3監이고 그 아래 기관인 署・局은 보이지 않는다. 그에 비해 모든 기관은 3성에 대하여 문서를 발송하고 있다. 즉 3성의 명령 하달 대상은 일정하게 정해져 있었지만, 필요할 때면 모든 기관이 3성에 보고 체계를 갖추고 있었음을 보여준다.

　사료 가-(2)의 6官 諸曹는 3성과 7寺・3監에 대해서는 문서를 수발할 수 있는데, 3성과 마찬가지로 署・局에 대해서는 문서의 발송 규정이 보이지 않는다. 그대로 해석한다면 署・局에 대해서는 직접적인 문서 전달이 없었음을 보여준다. 그에 비해 署・局과 직접적인 문서 교류를 하는 기관은 사료 가-(3)에서 7寺・3監으로 나타난다.

　이같이 제한된 문서 교류가 이루어지는 가운데, 모든 부서에 문서를

보내는 규정이 마련된 관청은 사료 가-(4)의 諸下局署였다.[2] 諸下局署
는 수신 규정은 없지만 발송 규정은 3省·諸曹·式目·7寺·3監 등에
대해서 마련되어 있었다. 특히 다른 관청과 달리 식목도감에 대한 문
서의 발송이 규정되어 있는 것이 두드러진다.[3] 이 규정이 운영되던 시
기가 성종대에서 문종대로 추정되는데, 고려 초에는 아직 막강한 권력
을 가진 宰樞의 기구가 되지 못한 것 같다. 그리하여 6부보다 하부 기
구로 언급되었던 것 같다. 諸下局署와 달리 사료 가-(6)의 署·局은 3
省과 7寺·3監에 문서를 발송할 수 있었다.

사료 가-(5)의 吏部 臺省은 좀 특이한 경우이다. 6官 諸曹가 있음에
도 별도로 吏部를 언급한 것이나 이를 사헌부와 동일하게 취급하고 있
다. 또 公牒相通式에서 6부보다 더 상층으로서 거의 3省에 준하는 지
위를 부여하였다. 그리고 문서의 발송 대상으로는 3성 및 6官 諸曹와
는 달리 6官 諸曹와 7寺·3監뿐 아니라 署·局도 포함되어 있었다.

건국 초기여서 아직은 행정 구조를 체계화시키고 있을 때였지만, 위
의 공문서 양식은 자리 잡히지 않은 행정기관을 나름대로 정리한 것이
었다. 즉 가장 상위 기관으로는 內史·門下·尙書都省의 3성을 두었
고, 그 다음으로 6官 諸曹를 두었으며 식목도감과 7寺·3監, 署·局을
그 하위 단계로 구분하였던 것이다. 이들 기관도 하는 역할에 따라 각

---

2) 署·局은 당나라와 마찬가지로 寺·監·省에 각각 예속되었을 것으로 추정
   되나 모두 분속되었는지는 확실하지 않다(변태섭, 「중앙의 통치기구」, 『한국
   사』 13, 국사편찬위원회, 1993, 101~102쪽). 사료에 보이는 '諸下局署'는 상부
   기관에 분속된 署·局으로 짐작된다.
3) 『高麗史』 卷77, 百官志 2, 諸司都監各色 式目都監, 中冊, 691쪽 참조. 문종
   때 使는 2명의 省宰로, 副使는 4명으로 정3품 이상, 判官은 6명으로 5품 이
   상, 錄事 8명은 甲科 權務로 임명할 것을 정하였다. 충선왕 2년에 교서를 내
   리기를 "式目이 나라의 중요한 일을 장악하여 僉議, 政丞, 三司의 判事, 密直
   使, 僉議贊成事, 三司 左右使, 僉議 評理로 判事를 삼고 知密直 이하는 使
   로 삼는다."고 하였다.

각 지위가 다를 수 있었지만 전체적인 지위를 제시했다는 점에서 그 의미가 있다고 할 수 있다.

고려는 건국 초부터 공문서의 생산과 시행에서 체계를 잡았고, 이후 그러한 체계가 더욱 굳건하게 완성되었다. 그리하여 후대의 기록이지만, 중앙에서 최고의 지위라고 할 수 있는 왕의 명령서일지라도 반드시 兩府를 통해 생산되어야 했다. 이것이 지방관에게조차 당연하게 받아들여져, 그 체계를 밟지 않았을 경우 담당 기관의 관리들이 시행을 거부하는 사태가 일어나기도 했다. 그리고 그것은 지방행정기관과 중앙행정기관 어디에나 해당하는 사항이었다.

> 가-(7) 왕이 친히 敎書를 써서 자기가 총애하는 사람에게 公州倉의 쌀을 주라고 명령하였다. 按廉使 李之泰가 말하기를 "왕의 명령은 반드시 兩府를 경유해서 내리는 것이며, 또한 군량은 허투루 사람에게 줄 수 없다."고 하면서 왕의 명령을 집행하지 않았다. 왕의 총애를 받는 사람이 하소연하니 왕이 성을 내기에 그 죄를 예측하지 못할 형편이었는데 유숙은 안된다고 고집하였다. 왕은 아주 성이 나서 말하기를 "일을 모두 다 그대들의 뜻대로 하겠는가." 하면서 유숙에게 나가라고 눈짓하였다. 유숙은 빠른 걸음으로 나갔다. 왕은 그를 다시 불렀다. 유숙은 이지태의 말을 모두 다 왕에게 고하면서 말하기를 "전하께서 끊임없이 성을 내니 저는 이것이 후세에 핑계될 것이 두렵습니다."라고 하니 왕의 노기가 풀려 내버려두고 다시 그 일을 추궁하지 않았다. 후일에 유숙이 사죄하여 말하기를 "제가 오랫동안 은혜를 받고 있으나 조금도 도와 드리지 못하고 오히려 말썽만 부려 분수없이 전하의 뜻을 거역하였으니 그 죄를 용서받지 못할 것입니다."라고 하자, 왕은 황금을 주면서 위로하고 "그대의 말에 대하여 상을 주는 것이다."라고 하였다.[4]

---

4) 『高麗史』 卷112, 列傳 25, 柳淑, 下冊, 448쪽.

(8) (공민왕 13년) 후에 왕이 豊儲倉使 丁得年에게 명령해 내시에게 쌀을 주게 하였다. 정득년이 그 명령이 兩府를 거치지 않았다는 이유로 응하지 않자, 왕이 노해 杖을 쳐서 유배 보내려고 하였다. 이때 최영이 말하기를 "책임이 저희에게 있으며 정득년의 죄가 아닙니다."라고 하였으므로 곧 그를 석방하였다.[5]

위의 사료는 둘 다 공민왕대에 일어난 사건으로, 사료 가-(7)은 지방 행정기관에 대한 왕의 명령문서가 거부된 경우이고, 사료 가-(8)은 중앙행정기관에 대한 왕의 명령문서가 거부된 경우이다.

사료 가-(7)의 사건은 공민왕 10년(1361) 11월 이후에 일어났다. 당시에 공민왕은 홍건적의 대대적인 침입을 피해 남쪽으로 내려가고 있었는데, 그때 왕을 잘 받들지 못했다 하여 양광도 안렴사 安宗源 대신에 李之泰가 안렴사가 되었다.[6] 그리고 공민왕 11년 8월에 이지태는 晉州道兵馬使가 되었으므로, 안렴사 이지태의 사건은 그 사이에 발생하였다. 당시 각 지방에서는 사람들이 모두 산성으로 피난가고 왕을 잘 접대할 상황이 아니었다. 이로 인해 안종원도 관직에서 밀려나는 굴욕을 당하였다. 이러한 상황에서 왕은 총애하는 사람에게 공주창의 곡식을 주라고 명한 것이다.

그 명령은 왕의 친필로 작성된 교서로 전달되었으며, 직접 들어야 할 사람은 당시 양광도 안렴사 이지태였다. 하지만 이지태는 왕의 명령은 반드시 양부를 경유해야 하는 것이라 하면서 이를 시행하지 않았다. 물론 들어줄 형편이 아니어서 그럴 수도 있었겠지만, 아무리 왕이

---

5) 『高麗史』卷113, 列傳 26, 崔瑩, 下冊, 479~480쪽.
6) 『高麗史』卷39, 世家, 恭愍王 10年 11月 丁卯 및 丁丑, 上冊, 789쪽 ; 『高麗史』卷109, 列傳 22, 安軸 附安宗源, 下冊, 393쪽 참조. 안종원은 안축의 아들로 17살에 과거에 합격하여 관직에 나아갔으며, 이후 최고의 관직에 올랐던 인물이다.

라도 그 명령을 전달하는 체계에서 어긋날 경우 이를 집행하지 않을 수 있음을 보여주는 좋은 사례이다. 이러한 안렴사의 대응에 대하여 공민왕은 노하여 펄펄 뛰었지만, 당시 評理인 柳淑까지 나서서 막으므로 어쩔 수 없었던 것 같다. 후에 柳淑은 왕에게 개인적으로 사과하는데, 왕도 오히려 그에 대하여 상을 준다며 자신의 잘못을 인정하고 있다.

왕의 명령서인 교서일지라도 양부를 거쳐 제대로 내려오지 않으면, 지방관은 이를 거부하는 것이 정당한 조치였음을 알 수 있다. 결국 안렴사 이지태의 조치와 이를 옹호했던 평리 유숙의 의견에 왕도 동의한 것이다.

사료 가-(8)의 사건은 바로 그 뒤인 공민왕 13년에 일어난 일이다. 당시 풍저창은 궁궐의 미곡을 담당하던 관청으로 풍저창사는 종5품의 관직이었다.[7] 관품이 높지는 않지만 궁궐의 곡식을 맡았다면 매우 중요한 역할이었을 것이다. 이를 맡은 丁得年에게 내시에게 쌀을 주라는 왕의 명령이 내려갔는데, 그 명령서가 兩府를 거치지 않았다는 이유로 역시 거절당하였다.

이때에도 왕은 노하여 정득년을 곤장을 치고 유배를 보내려 하였지만 최영의 만류로 이루지 못했다. 당시 최영의 관직은 정2품의 贊成事로[8] 거의 최고의 관직에 있었다. 결국 왕도 더 이상 어쩌지 못하고 정득년을 풀어주었다. 왕의 명령이라 할지라도 행정기관에서 시행하기 위해서는 양부 대신들의 동의가 필요했음을 보여준다. 최영은 이에 대

---

7) 『高麗史』卷77, 百官志 2, 豊儲倉, 中冊, 684~685쪽 참조. 궁궐의 미곡을 담당하던 관청은 고려시대 내내 左右倉으로 불렸는데, 忠烈王 34년에 忠宣王이 右倉을 고쳐 豊儲倉이라 하고 정5품의 使 1명, 정6품의 副使 1명, 정7품의 丞 1명을 두었다. 恭愍王 때에는 使를 종5품으로, 副使는 종6품으로, 丞은 종7품으로 낮추고 注簿를 더 두어 종8품으로 하였다.

8) 『高麗史節要』卷28, 恭愍王 13年 12月, 713쪽에도 동일한 기록이 남아 있다.

하여 상당히 원칙적인 입장을 견지하고 있었다.

> 우왕 2년에 都堂에서 왕의 명령이라 하여 유배중인 康舜龍, 鄭思道, 廉興邦, 成大庸, 鄭寓, 尹虎, 鄭夢周 등을 석방하고자 이미 결의하였는데, 이때 최영은 사냥가고 없어서 논의에 참여하지 않았다. 최영이 돌아오자 錄事가 그 문건에 서명을 요구하였더니 노하며 말하기를 "국가의 중대한 문제는 반드시 대신이 합의한 연후에 시행하는 것인데, 무엇 때문에 미리 알리지 않고 갑자기 서명을 받는가." 하고 마침내 서명하지 않았다.9)

우왕 2년(1376)에 우왕은 유배당한 관료들을 풀어주려 하였다. 이들은 成均大司成 鄭夢周와 함께 원나라와의 관계 회복을 반대하고 계속 명나라와 외교할 것을 주장하다 유배당한 사람들로 보인다. 恭愍王이 피살되고 金義라는 인물이 명나라 사신을 죽였으나 鄭夢周 등의 주장에 따라 명나라에 사신을 보내어 喪中을 알리고 金義의 사건을 변명하였는데, 그때에 北元이 사신을 보내니 權臣 李仁任과 池奫이 다시 元을 섬기고자 하므로 鄭夢周와 文臣 10여 명이 上書하여 반대하였다. 하지만 이로 인해 정몽주는 彦陽에 유배되었고, 약 2년 뒤에야 居住를 편리하도록 할 것을 허락받았다.10)

우왕은 이들을 풀어주려 하였다. 이에 왕의 뜻을 따라 도당에서는 석방을 결의하였는데, 최영은 미리 알리지도 않은 채 회의를 열고 서명을 받은 것은 잘못이라며 끝내 서명하지 않았다는 것이다. 물론 외교관계의 입장이 달라서이기도 했으나, 왕의 명령서가 통과해야 하는

---

9) 『高麗史』卷113, 列傳 26, 崔瑩, 下冊, 482쪽.
10) 『高麗史』卷117, 列傳 30, 鄭夢周, 下冊, 563~565쪽. 우왕 3년부터 정몽주가 다시 외교에 투입되는 걸 보면, 최영의 반대에도 불구하고 정몽주 등을 풀어준 것으로 보인다.

대신들의 합의가 그리 쉽게 이루어지는 것은 아님을 보여준다. 사실 그렇기 때문에 사료 가-(7)과 가-(8)의 사례가 일어났던 것이다.

상하관계가 분명한 중앙행정기관에서 문서의 교류는 반드시 정해진 체계대로 작성되어야 했다. 거기에는 서명 양식과 같이 문서 작성법 자체도 문제였지만, 또 하나 중요한 것은 문서의 생산과정이었다. 일정한 단계를 밟아 작성되어야 하는데, 그 단계를 제대로 밟지 않는다면 왕이라 할지라도 문서의 내용을 시행하기 어려워진다. 그렇다면 중앙 행정기관의 명령서 역시 마찬가지였을 것이다. 공문서의 시행에서 가장 중요한 것은 타당한 생산방식을 전제로 한다는 점이다.

2) 중앙과 지방의 공문서 교류

통일 후 여러 제도가 차츰 정비되면서 중앙정부도 그 정책을 관철시켜 갔다. 조세와 역의 수취뿐 아니라 학교교육과 과거제도 등 국가를 운영하기 위한 기초적인 제도가 전국적으로 시행되기 시작했다. 이러한 제도를 중앙정부의 입장에서 전국적으로 시행하려면 의사소통을 위한 통로를 확보해야 하는데, 그 통로로 마련된 것이 지방관의 파견이었다. 정부는 지방관을 통해 그 시책을 전달하고 보고를 받음으로써 지방통치를 구현할 수 있었다. 이 과정에서 나타나는 지방과 중앙의 公文 授受는 지방행정운영의 실체라고 할 수 있다.

성종 6년(987)에는 이미 중앙과 지방의 公文書 書式과 교류에 관한 규정이 제정되었다.[11] 공문서 규정은 실질적인 운영을 위해 제정되기 때문에 당시 정부 각 기관의 체제가 그대로 반영되어야 한다. 따라서

---

11) 『高麗史』卷3, 世家, 成宗 6年 8月 乙卯, 上冊, 70~71쪽, "命李夢遊 詳定中 外奏狀 及行移公文式". 여기서 '中外奏狀'을 朴宰佑, 「고려전기 政策提案의 주체와 提案過程」, 『진단학보』 88, 1999, 64~67쪽에서는 중앙과 지방에서 국 왕에게 상주하는 문서로 이해하였다.

제도가 체계화됨에 따라 공문서 규정도 변화되었을 것이다.

고려전기에 정비된 중앙과 지방의 제도를 반영한 공문서 규정으로 『高麗史』 刑法志에 公牒相通式이 남아 있다.[12] 여기에는 당시 중앙정부와 지방행정기관, 또 지방행정기관과 중앙 파견 관리들이 어떠한 방식으로 의사소통을 해야 하는지 규정되어 있었다.

公牒相通式에서 外官의 공문 교류는 다섯 부분으로 나누어 볼 수 있다. 첫째 다양한 관품의 別命使臣과 상주하는 지방관의 공문 수수, 둘째 특정 別命使臣과 지방관의 공문 수수, 셋째 別命使臣 상호간의 공문 수수, 넷째 지방관 상호간의 공문 수수, 그리고 마지막으로 지방관 및 別命使臣이 중앙정부에 공문을 발송하는 경우[13] 등이다.

다음은 公牒相通式 外官條 중 지방에서 중앙에 공문을 보낼 때의 서식이다.

> 나-(1)-① 西京留守는 申省狀에서 姓을 붙여 草押하고, 副留守 이하 監軍使, 東西都巡檢使 등 別命使臣 및 諸道 外官은 비록 3품 이상이라도 姓名을 붙인다.
> ② 鎭將·縣令·監倉·驛巡官은 防禦鎭使 이상의 官에 대해서 官

---

12) 公牒相通式에는 중앙과 지방의 각 기관이 적용해야 할 양식이 상세하게 정해졌는데, 대체로 문종대에 정비된 지방제도를 반영한 것으로 보인다. 이때에는 현종대에 4都護 8牧 56知州郡事 28鎭將 20縣令을 설치한 것에 이어 外職과 外官 祿俸을 제정하는 등 제도가 완비되었던 시기였다(河炫綱, 「지방통치조직의 정비와 그 구조」, 『한국사』 13, 국사편찬위원회, 과천, 1993, 166~167쪽). 公牒相通式에서 지방행정기관을 西京留守官, 8牧 2大都護, 中都護 이하, 縣令과 鎭將 등의 等差를 둔 것도 이를 바탕으로 한 것이다. 변태섭, 「고려전기의 외관제」, 『한국사연구』 2, 1968 ; 『고려정치제도사연구』, 일조각, 1971, 136~138쪽에서도 『高麗史』 百官志 外職條와 食貨志 外官祿條를 토대로 표를 만든 결과 당시 외관이 세 계층으로 나타난다고 밝힌 바 있다.

13) 이에 관해서는 강은경, 「고려시대 공문서의 전달체계와 지방행정운영」, 『한국사연구』 122, 한국사연구회, 2003, 41~47쪽에서 상세히 다루었다.

衙을 갖추어 姓名을 붙인다.14)

사료 나-(1)은 두 부분으로 나뉜다. 사료 나-(1)-①은 '申省狀'의 書式
이고, 사료 나-(1)-②는 지방 파견 관리 중에서도 鎭將·縣令·監倉·
驛巡官이 防禦鎭使 이상의 관리에게 공문을 발송할 때의 書式이다.
　사료 나-(1)-①에서는 '申省狀' 즉 중앙에 보고하는 公文15)을 보낼 수
있는 관리로서 西京留守를 비롯하여 別命使臣 및 諸道의 外官 등을
거론하고 있다. 여기서 西京留守와 副留守, 監軍使 등과 諸道의 外官
은 각 지방에 파견하여 상주하도록 한 지방관을 가리킨다. 그런데 이
들과 함께 중앙에 직접 공문을 보낼 수 있었던 別命使臣은 어떤 관리
를 가리키는 것일까.
　그 단서가 되는 것이 바로 사료 나-(1)-①에서 '東西都巡檢使等別命
使臣'이라는 구절이다. 별명사신에는 東西都巡檢使가 포함되어 있다

---

14)『高麗史』卷84, 刑法志 1, 公式 公牒相通式 外官, 中冊, 839쪽.
15) '申省狀'이 구체적으로 어느 기관에 보고하는 문서인지는 분명하지 않다. 박
　　재우, 앞의 논문, 1999, 64〜65쪽에서 고려시대 '狀' 유형의 문서는 私文書인
　　書信으로 많이 남아 있으며 공문서로는 주로 上奏文으로 쓰였다고 하였지만,
　　이 자체를 가지고 문서양식을 판단하기는 어렵다. 다만 사료 나-(1)-①에 나오
　　는 서명 양식을 통해 짐작할 수는 있다. 公牒相通式의 서명 양식은 기관의
　　서열과 담당자의 관품에 따라 대체로 네 가지 양식으로 나뉜다. 가장 상위 등
　　급은 草押만 하는 것으로 자기의 이름을 일정한 字形으로 서명하는 것이다.
　　두 번째 등급은 姓을 붙여 草押하는 것으로 대체로 발송기관의 상급자에게
　　해당되었다. 세 번째 등급은 姓名을 쓰는 것이고, 가장 하위 등급은 관함과
　　성명을 갖추어 쓰는 것이다. 사료 나-(2)에서 주요 別衙은 대개 지방관에 대하
　　여 姓을 붙여 草押하는데 지방관은 성명을 붙이도록 되어 있어 別衙이 상위
　　에 있었다. 또 사료 나-(1)-①에서 서경유수관은 중군병마사나 左右東西都巡
　　檢使 등에 대해서 가장 상위 등급인 草押을 하도록 하여 어떤 別衙보다 상위
　　에 있었다. 따라서 서경유수가 '申省狀'에 姓을 붙여 草押한다면 이 문서는
　　지방행정기관 사이에서 오간 것이 아님을 알 수 있다.

는 말인데, 公牒相通式 外官條에는 東西都巡檢使를 포함하여 많은
관직명이 보인다. 그 중 관련된 부분을 발췌하면 다음과 같다.

나-(2)-① 三軍兵馬使가 西京 留守官에 대해서는 判官 이상은 姓을 붙
여 草押하고, 이하의 관원은 姓名을 붙인다. 東西巡檢使가 留守官
에 대해서는 副使 이상은 姓을 붙여 草押한다. 留守官이 中軍兵馬
使에 대해서는 留守는 草押하고 副留守는 성명을 붙인다. 左右東
西都巡檢使에 대해서는 副留守 이상은 草押하고 判官 이하는 姓
名을 붙인다.
② 西京監軍使가 中軍兵馬使에 대해서는 姓을 붙이고, 東西巡檢使
에 대해서는 草押을 한다. 西京留守와 三軍兵馬使가 監軍에 대해
서는 判官 이상은 姓을 붙여 草押한다. 東西都巡檢使가 監軍에 대
해서는 副使 이상은 姓을 붙여 草押한다.
③ 西京留守와 三軍兵馬使·東西都巡檢使·都部署가 8牧·2大都
護府 諸道府官에 대해서는 모두 姓을 붙여서 草押한다. 8牧·2大
都護가 三軍兵馬使 및 西京留守官·監軍使·西都巡檢使·東西
海巡察使에 대해서는 姓名을 붙이고, 諸都部署使에 대해서는 姓을
붙여 草押하며, 副使 이하는 姓名을 붙인다.
④ 中都護·知州 이하 諸道 外官이 兵馬使·西京留守官·東西都
巡檢使·東西海巡察使·都部署에 대해서는 姓名을 붙인다.
⑤ 慶尙道巡檢使·西海巡察使·猛州都知兵馬使가 西京留守 및
監軍使에 대해서는 副使 이상은 姓을 붙여 草押하고, 이하는 姓名
을 붙인다.
⑥ 諸都部署가 西京留守官과 監軍使에 대해서는 叅上 이상이 都
部署副使가 되면 副使 이상은 姓을 붙여 草押하고, 叅外의 관원이
副使가 되면 姓을 붙여 草押하며 副使 이하는 姓名을 붙인다. 留
守官과 監軍使가 諸都部署에 대해서는 判官 이상은 姓을 붙여 草
押하고 이하는 姓名을 붙인다.[16]

236

사료 나-(2)-①에서 나-(2)-⑥까지는 많은 관리들의 공문 교류시 서명 양식이 규정되어 있는데, 여기에 언급되는 관리들은 두 부류로 나눌 수 있다. 하나는 8牧·2大都護, 中都護·知州 이하, 그리고 서경유수 관 등 지방에 상주하는 지방관이고,17) 다른 하나는 이들과 公文을 授 受했던 또 다른 지방 파견 관리들이다. 사료 나-(1)-①에서 별명사신으 로 적시했던 東西都巡檢使도 여기에 포함되어 있다. 따라서 이외의 다른 관리들도 別銜으로 보아도 별 무리가 없을 것 같다.18)

즉 사료 나-(1)-①의 別命使臣은 사료 나-(2)에 나오는 三軍兵馬使, 東西都巡檢使, 都部署使, 東西海巡察使 등 지방에 별도로 파견했던 관리들을 총칭한 것으로 볼 수 있다. 東西都巡檢使를 비롯해서 사료 나-(2)의 다양한 別銜에게는 중앙에 직접 公文을 발송할 수 있는 지위 가 부여되어 있었다.

여기서 주목되는 것은 대표적인 지방 파견 관리로 알려져 있는 按察 使가 전혀 언급되지 않는다는 점이다. 오히려 안찰사와 병존했다가 사 라진 都部署使는 비중 높게 나타난다. 그것은 이 규정이 아직 안찰사 가 자리 잡기 이전에 제정되었기 때문이 아닐까 생각한다.19) 안찰사가

16) 『高麗史』 卷84, 刑法志 1, 公式 公牒相通式 外官, 中冊, 838~839쪽.
17) 제4장 주12) 참조.
18) 고려후기의 기록이지만 '諸道의 計點使와 中護評理尹使가 서로 만나는 의례' 에서 計點使로서 '提察等 4품 이하의 別銜'이나 '別命叅外別銜' 등이 보이는 데(『高麗史』 卷68, 禮志 10, 嘉禮, 中冊, 503쪽), 필요에 따라 지방에 파견되었던 계점사, 제찰사 등이 別銜 또는 別命別銜으로 불렸음을 알 수 있다. 別銜 또는 別命別銜은 '東西都巡檢使等 別命使臣'과 동일한 존재였다.
19) 안찰사의 성격에 대해서는 여러 가지 의견이 제시되고 있다. 이에 관해서는 다음의 논문을 참조하였다.
河炫綱, 「高麗 地方制度의 一研究」, 『사학연구』 13·14합, 한국사학회, 1962 ; 河炫綱, 『韓國中世史研究』, 일조각, 1988 ; 邊太燮, 「高麗按察使考」, 『역사 학보』 40, 1969/『高麗政治制度史研究』, 일조각, 1971 재수록 ; 金潤坤, 「麗代 의 按察使制度 성립과 그 배경」, 『교남사학』 1, 영남대 국사학회, 1985. 변태

본격 활동하고 비중이 높아지기 이전에는 위의 別銜들을 통해 지방행
정운영에서 중앙정부의 입장을 관철시키려 했던 것이다.

하지만 縣令과 鎭將까지 포함한 모든 外官과 別銜이 중앙에 공문을
직접 발송할 수 있었는지는 의문이다.[20] 공첩상통식 외관조를 보면 牧
과 都護, 中都護와 知州, 縣令과 鎭將은 각각 等差가 있었고, 그에 따
라 다른 문서양식이 적용되었기 때문이다. 중앙에 공문을 발송할 때의
書式에서 나-(1)-②와 같이 防禦鎭使 이상에 대한 鎭將·縣令의 公文
書式을 별도로 밝혀놓은 것은 이들이 사료 나-(1)-①의 書式에 포함되
지 않았기 때문으로 보인다. 鎭將·縣令은 監倉使·驛巡官과 함께 보
다 상급 기관을 통해 보고하도록 했던 것 같다.[21]

또한 이들은 公文의 서명양식도 官銜을 갖추어 姓名을 붙이는 가장

섭, 위의 논문, 150~162쪽에서 지적했듯이 안찰사 기록은 靖宗 때 처음 나타
나고 문종 초부터 자주 보이는데 東北兩界 監倉使와 溟西道 按察使가 함께
나온다든지 東西州鎭 各界 兵馬使와 關內西道 按察使, 都部署, 界首官 등
이 함께 나오는 것으로 보아 아직은 안찰사제도가 전국적으로 시행된 것이
아닌 것 같다. 公牒相通式에서 안찰사를 별도로 다루지 않은 것도 그만큼 비
중이 적었기 때문으로 보인다. 공첩상통식은 안찰사가 본격적으로 활동하기
이전에 제정되었으며 그 때에는 사료 나-(2)에 보이는 別銜의 역할이 더 컸던
것으로 추정된다.

20) 변태섭, 앞의 논문, 1968, 130~133쪽에서는 중앙의 公貼은 州府에 直牒됨이
원칙이어서 중앙정부와 州郡의 守令이 직접적인 명령체계를 이룬다고 하였
다.

21) 監倉使는 적어도 문종대 이전에 양계 지방에 파견되었으며, 사례를 보면 대
개 6, 7품관이 임명되었다고 한다(김남규, 「고려 양계의 감창사에 대하여」,
『사총』 17·18합, 1973, 238~243쪽). 驛巡官은 고려시대 다른 기록에서는 보
이지 않는데, 『高麗史』 卷77, 百官志 2, 外職, 中冊, 701쪽에 "館驛使가 국초
에는 諸道의 巡官이었다"는 기록과 그 職名으로 보아 驛과 관련된 직책으로
추정된다. 정요근, 「高麗前期 驛制의 정비와 22驛道」, 『한국사론』 45, 서울대
국사학과, 2001, 14쪽에서도 巡官이 唐의 절도사 예하에서 1道의 館驛을 관
장했던 '館驛巡官'에서 유래한 것으로 보았다.

238

하위의 단계가 적용되었다. 사실 鎭將·縣令은 7품 이상이고 防禦鎭
使는 5품 이상으로서 관품의 차이는 그리 크지 않았다.22) 하지만 여기
에는 叅上과 叅外의 경계가 있었고, 이는 고려의 정치체제에서 일관된
기준이었다.23)

> 나-(3) 牧·都護의 判官 이상과 知州·防禦의 副使·判官 이상은 같
> 은 廳에 앉고 牧·都護의 掌書記·法曹와 知州·防禦의 法曹는
> 別廳에 앉는다.24)

사료 나-(3)은 牧·都護·知州·防禦鎭의 관원이 한자리에 모일 경
우 적용해야 할 儀禮이다. 官品이 비슷하고 같은 청에 앉는데도25) 굳
이 牧·都護와 知州·防禦鎭을 별도로 표기한 것은 중앙에서 파악하
는 지방행정체계가 그렇게 되어 있었기 때문일 것이다. 더욱이 그 지
역에 상주하는 지방관이 한자리에 모이는데 縣令과 鎭將은 제외되어

---

22) 李鎭漢, 「고려시대 守令職의 제수자격」, 『사총』 55, 2002 참조. 이에 의하면
실제 사례를 분석한 결과 수령직에는 일반적으로 제수자격보다 낮은 관직에
서 임명되는 경우가 많았으며, 縣令의 경우 7품 이상이라고 하지만 겸직으로
띤 京職이 7품을 넘지 않았다고 한다.

23) 이러한 구별은 '按察使와 別銜 및 外官이 行幸을 맞이하는 의식'(『高麗史』
卷68, 禮志 10, 嘉禮, 中冊, 499쪽)에서도 잘 나타나는데, 叅上 이상의 外官만
직접 叅狀을 올리도록 해서 같은 外官이라도 관품에 따라 의례가 달랐음을
알 수 있다. 叅上·叅外職에 관해서는 박용운, 「官職과 官階」, 『한국사』 14,
국사편찬위원회, 1993 ; 박용운, 『고려시대 官階·官職 硏究』, 고려대출판부,
1997 ; 이진한, 「고려시대 叅上·叅外職의 구분과 녹봉」, 『한국사연구』 99·
100합, 1997 참조.

24) 『高麗史』 卷68, 禮志 10, 嘉禮 牧都護知州員同坐儀, 中冊, 503쪽.

25) 『高麗史』 卷77, 百官志 2, 外職, 中冊, 700~701쪽 참조. 牧·都護의 판관 이
상은 6품 이상이며 知州·防禦鎭의 副使는 6품 이상, 判官은 7품 이상이다.
牧·都護의 司錄 겸 掌書記는 7품 이상이고 法曹는 8품 이상이며, 知州·防
禦의 法曹 역시 8품 이상이었다.

있다. 정부는 鎭將·縣令과 防禦鎭使 이상 牧·都護까지 포함되는 지
방행정구역을 구별했으며, 이러한 원칙이 당연히 公牒相通式에도 적
용되었고 그 차별성은 중앙에 직접 공문을 발송할 수 있는지 여부였던
것 같다.

그런데 지방관이 상주하는 지역에 별도로 사료 나-(2)의 사례와 같이
다양한 직함의 別衙들을 파견하여 보고를 받은 것은 무엇에 관한 것이
었을까.26) 당시 別衙이 중앙에 보고했던 公文을 통해 살펴보려 한다.

> 나-(4) 庚戌年(인종 8)에 交州防禦判官에 임명되었다. 부임하여 정사를
> 베푸는 데 삼가 직분을 받들며 백성의 어려움을 돌보는 데 힘썼다.
> 임기가 차서 비서성 교감에 제수되었다. 몇 년 후 交州 관내의 吏
> 民 1백여 명이 공의 치적을 적어 監稅使에게 고하였고, 감세사는
> 글을 올려 조정에 보고하였다. 왕이 이를 가상히 여겨 詹事府 錄事
> 로 발탁하였다.27)

> (5) (인종이) 공을 서북면 병마판관 겸 雲中道 監倉使로 삼았다. 사
> 람들이 행하던 □를 금지하고 백성의 고통을 덜어주었으며 수십 년
> 포탈된 役을 점검하여……빈 창고가 가득 차니 드러난 행실이 산과
> 같이 쌓였다. 저장하여 충족히 쓰니 변방의 백성이 편안하게 되었
> 다. 兵馬使가 그 치적을 아뢰니 왕이 가상히 여겨 殿中內給事에 제
> 수하였다.28)

---

26) 하현강, 「지방행정구조와 사회상태」, 『한국중세사연구』, 1988, 271~275쪽에
는 그 직함을 모아 놓은 자료와 함께 임무를 분석하였다. 이에 따르면 別衙
은 민정적, 군사적 임무와 왕실경비 조달 등 다양한 목적을 위해 파견되었는
데, 가장 기본적인 임무는 '察吏治'였지만 제도화된 법규에 근거하고 있지 않
아서 직책의 지속성과 직무 한계가 명백하지 않아 폐단의 근원이 되었다고
한다. 따라서 중앙에 대한 보고 내용도 파견 목적에 따라 다양했을 것이다.
27) 「金永夫墓誌銘」, 『高麗墓誌銘集成』, 217~218쪽.
28) 「李公升墓誌銘」, 『高麗墓誌銘集成』, 244쪽.

사료 나-(4)와 나-(5)는 인종대에 활동했던 金永夫와 李公升의 墓誌銘이다. 사료 나-(4)에서 상주하는 지방관이었던 교주 방어판관 김영부의 치적을 보고하는 데에도 일정한 절차가 있었음을 알 수 있다. 교주의 吏民, 즉 鄕吏와 백성들은 중앙정부에 직접 보고할 수 없었던 모양이다. 그래서 이들은 監稅使에게 공식 문건으로 공적을 기록하여 올렸다. 1백여 명이 고했다는 것으로 보아 이 문건은 1백여 명이 連名으로 서명하여 減稅使에게 제출되었던 것으로 추정된다. 감세사는 당시 지방에 파견된 別銜으로서 중앙에 직접 보고서를 보낼 수 있는 지위에 있었던 것 같다.

또한 지방관의 활동을 감찰하는 監倉使의 활동을 보다 상급의 別銜이 감찰하기도 했다. 사료 나-(5)에서 서북면 병마부사 겸 운중도 감창사 李公升에 대해서 兵馬使가 그 치적을 중앙에 보고하였다. 병마사는 지방관뿐 아니라 일부 別銜의 정사도 평가하여 중앙에 보고하였는데, 그 대상에 監倉使가 있는 것으로 보아 사료 나-(1)-②에서 함께 언급된 驛巡官도 포함된 것으로 추정된다. 그러한 지위로 인해 또 다른 別銜인 兵馬使의 감찰을 받아야 했던 것 같다.[29]

지방에 파견된 지방관과 別銜들은 중앙에 지방행정에 관한 보고서를 올렸고, 그 보고는 당연히 정부의 행정적인 조치에 자료가 되었다. 사료 나-(4)에서 金永夫가 詹事府 錄事로 발탁된 것이나 사료 나-(5)에서 李公升이 전중내급사에 제수된 것이 그 지역 감세사 또는 병마사 등 別銜의 보고에 따라 이루어졌음을 밝히고 있다. 중앙의 지방행정운영은 바로 지방관과 지방에 파견된 別銜의 보고에 근거하여 이루어질 수 있었다.

이같이 지방관과 별함은 중앙정부와 公文을 통해 직결되어 있었다.

---

29) 사료 나-(2)-④를 보면 兵馬使도 많은 別銜 중의 하나로 다루고 있다.

그리하여 公牒相通式에는 이들이 중앙에 보고할 때의 公文 書式이 규정되었던 것이다. 여기에는 중앙기관과 지방행정기관의 서열이 반영되었다. 지방관이 중앙에 공문을 발송할 때의 규정인 사료 나-(1)-①을 보면, 서경 유수만 姓을 붙여 草押하고 그 밖의 상주 지방관을 포함하여 지방에 파견된 다른 관리들은 3품 이상도 姓名을 쓰도록 하였다. 이는 중앙기관에서 6조가 3성에 공문을 발송할 때 어사·경 이상이 姓에 草押을 붙이도록 한 것과 대조가 된다.[30] 6조의 종3품 이상은 姓에 草押을 하면서 지방관은 3품 이상이더라도 姓名을 쓰게 하는 것은 중앙에서 이들을 차별하였음을 뜻한다.[31] 같은 官品이더라도 지방관과 別銜이 중앙 관료에 비해 하위 등급의 서명을 하도록 한 것은, 전체 행정체계에서 그들 소속 기관의 등급이 달랐기 때문이다.

현전하는 公牒相通式이 통용되던 시기에는 서명양식을 일일이 규정할 정도로 지방행정운영에서 別銜의 비중이 컸다. 하지만 고려후기의 기록에는 중앙에서 각 지방에 보내는 별함이 너무 많아 그 폐단이 심하다는 지적이 자주 보인다. 우왕 14년에 趙浚 등은 별명사신이 번다하여 역마를 이용하는 수가 너무 많아 부담이 크다고 하면서 그 개선방안으로 지방에 보내는 관리를 순문사와 안렴사로 제한하고 지방의 통치는 일체 순문사와 안렴사가 책임지도록 맡기자는 건의를 하였다.[32] 이는 지방행정운영에서 새로운 방식이 요구되는 국면으로 바뀌었음을 뜻한다. 이제는 더 이상 別銜을 보낼 필요가 없는데도 여전히 많은 별함이 파견됨으로써 오히려 폐단을 초래했던 것이다.

---

30) 『高麗史』卷84, 刑法志 1, 公式 公牒相通式 京官, 中冊, 837~838쪽 참조.
31) 서명양식의 등급에 관해서는 본서 제4장 주15) 참조.
32) 『高麗史』卷82, 兵志 2, 站驛, 禑王 14年 7月, 中冊, 804쪽.

2. 전달체계의 일원화와 행정운영

1) 尙書省과 地方官·別衛의 公文 授受 체계

전국의 지방행정구역에서 지방관과 別衛은 중앙에 지방행정에 대한 보고를 하였고, 중앙에서는 이를 바탕으로 적절한 조치를 취하였다. 따라서 중앙에 대한 보고를 제대로 시행하지 못했을 경우에는 그에 대한 처벌을 감수해야 했다.

> 長淵縣 백성 文漢은 신들렸다고 허튼소리를 하고, 미쳐서 그 부모를 죽이고 또 친 누이와 어린 아이 등 4명을 죽이니 시장거리에서 그를 죽였다. 尙書刑部가 아뢰기를, "縣令 崔德元과 縣尉 崔崇望 등은 善政으로 백성을 교화하지 못하고 不祥의 변을 일어나게 하였으며 또 보고한 것도 늦었으니 마땅히 파직하소서." 하니 이를 따랐다.[33]

위의 사료는 文宗 元年(1047)에 장연현에서 있었던 살해 사건과 관련된 사항이다. 문제는 살해의 원인이 장연현의 백성 文漢이 신들렸다고 하지만 실제로는 미쳐 있었다는 것이다. 그 결과 부모를 비롯해서 자기 친족을 4명이나 죽였다. 물론 당사자는 붙잡혀 시장거리에서 죽임을 당하였다.

그러나 이 사건에 대하여 장연현의 현령과 현위도 책임을 져야 했다. 그 중에 거론된 것이 '백성 교화'와 함께 바로 '보고한 시기'였다. 보고의 시기가 늦은 것도 파직 원인의 하나가 되었던 것이다.

그렇다면 이들 지방 파견 관리들이 보고를 해야 했던 중앙기관은 어디였을까. 이에 대하여 사료 나-(1)에서는 '申省狀'이라고 표현하였다.

---

33) 『高麗史』 卷7, 世家, 文宗 元年 7月 庚辰, 上冊, 143쪽.

다-(1) (현종 9년) 判하기를 "諸道의 外官이 戶長을 추천할 때 그 임명
된 해의 오래된 정도와 근무 연수를 상고하여, 모두 기록하여 아뢰
면 직첩 주는 것을 허락한다."고 하였다.[34]

(2) 예종 5년 9월에 判하기를 "製述 및 明經業에 처음 赴擧하려는
자는 국자감에 속하여 3년이 되고 관직에 나아가 300일이 찬 자라
야 각 시험의 監試에 赴擧함을 허락한다. 서경에서는 留守官이 選
上하고, 鄕貢은 東·南京, 8牧, 3都護 등의 界首官이 앞의 방식에
따라 시험 보아 선발하여 보고하도록 한다."고 하였다.[35]

(3) 鄭世裕가 계속 승진하여 刑部尙書가 되니 이때 叅知政事上將
軍 文章弼 등 장군들이 탄핵하기를, "……정세유가 尙書省에 있었
을 때 永州吏 崔安을 戶長에 署任함에 公牒이 이미 완성되었는데,
水州吏 崔少의 뇌물을 받고 永字를 고쳐 水字를 만들고 安字를 少
字로 만들어서 그 公牒을 崔少에게 주었습니다.……" 하였다.[36]

(4) 문종 2년 10월에 判하여 "각 州縣의 副戶長 이상의 손자와 副戶
正 이상의 아들로 製述 및 明經業에 赴擧하려는 자는 所在官이 시
험하여 京師에 貢擧하면 尙書省과 國子監에서 그들이 지은 詩賦
를 審考한다"고 하였다.[37]

전국의 지방관이 중앙에 공문을 보냈던 대표적 사례가 사료 다-(1)일
것이다. 戶長은 당시 지방사회에서 邑司의 주재자이며 지방행정의 실
무자였다. 호장을 임명하는 것은 중앙정부에서 지방통치에 관여하는

34) 『高麗史』 卷75, 選擧志 3, 鄕職, 中冊, 653쪽.
35) 『高麗史』 卷73, 選擧志 1, 科目 1, 中冊, 591쪽.
36) 『高麗史』 卷100, 列傳 13, 鄭世裕, 下冊, 228쪽.
37) 『高麗史』 卷73, 選擧志 1, 科目 1, 中冊, 590쪽.

중요한 수단이었다.[38] 이에 정부는 현종 9년에 향리의 정원을 정하는 한편 호장을 임명하는 데 지방관의 추천을 요건으로 하였다. 각 지역의 지방관들은 추천의 공문을 올렸을 텐데 이를 '申省'이라고 표현하고 있다. 또 현종 15년 12월에 각 州縣에서 해마다 일정한 인원을 貢擧하도록 했는데,[39] 界首官이 이를 맡아 중앙에 보고하였다. 이 역시 사료 다-(2)에서는 '申省'이라고 하였다.

이러한 지방관의 보고에 대한 중앙의 응답이 사료 다-(3)과 다-(4)였다. 사료 다-(3)은 水州의 鄕吏가 戶長이 되려고 尙書省에 뇌물을 바쳐 공문서를 위조한 사건인데, 지방관의 추천을 받아 호장을 임명하는 문서를 발급했던 기관은 尙書省이었음이 잘 나타나 있다. 그리하여 상서성에 의해 때로는 호장 임명이 바뀔 수도 있었다. 또한 사료 다-(4)는 지방관이 貢擧한 것을 심사하는 중앙기관이 상서성과 국자감이었음을 명시하고 있다. 지방관이 호장이나 과거 응시자의 추천 등 지방행정 업무를 公文으로 보고한 대상은 바로 尙書省이었다.

그렇다면 이러한 보고를 요구한 기관도 尙書省이었을 것이다. 중앙의 지방행정운영상 필요한 여러 가지 지시는 상서성을 통해 내려갔고, 따라서 그에 대한 보고도 상서성을 대상으로 이루어졌다고 보아야 한다. 상서성과 지방행정기관은 일상적으로 공문을 교류하였고, 당연히 그에 대한 규정이 公牒相通式에 마련되었다. 사료 나-(1)-①에서 지방행정기관과 別命使臣이 중앙에 발송한 '申省狀'의 수신대상도 尙書省임을 미루어 짐작할 수 있다.

尙書省은 상주하는 지방관뿐 아니라 각 지방에 파견된 別銜의 보고서가 모이는 곳이기도 했다. 사료 나-(2)-③의 8牧·2大都護府 諸道府

---

38) 이에 관한 자세한 내용은 강은경, 『高麗時代 戶長層 硏究』, 혜안, 2002, 66~80쪽 참조.
39) 『高麗史』卷73, 選擧志 1, 科目 1, 中冊, 590쪽.

官, 나-(2)-④의 中都護·知州 이하 諸道 外官, 나-(2)-⑥의 西京留守官
과 監軍使 등 당시 모든 등급의 지방행정기관과 公文을 授受했던 都
部署使의 사례에서 이를 확인할 수 있다.

> 다-(5) 日本國 對馬島 官人이 변방의 일로 東南海都部署에 공문을 보
> 내왔다. 都部署는 감히 결정하지 못하여 驛馬를 보내 소식을 조정
> 에 알리니, 兩府에서 의논한 후 尙書都省牒으로 回示하려고 하였
> 다. 李文鐸이 그것을 듣고 承制 李公升에게 말하기를 "그 대마도
> 관인은 邊吏이다. 이제 尙書都省牒으로 回示하는 것은 사태를 분
> 별 못하는 것이니 마땅히 都部署가 公文을 □回해야 한다."고 하였
> 다.[40]

사료 다-(5)는 李文鐸墓誌銘의 일부이다. 이문탁은 당시 都兵馬 錄
事로 활동하고 있어서 변방의 중대한 의논이 모두 맡겨졌다고 한다.
위의 일에 뒤이어 의종 16년(1162)에 금나라의 외교문서를 받고 고민하
던 중에 이문탁이 "대국은 측량하기 어려워 사람을 보내어 염탐하는
것이 낫다"고 대안을 내놓았다. 이 말을 듣고 그대로 시행하였는데 다
녀온 사신의 말에 금나라가 이전의 초적도 평정되고 새로운 황제가 올
랐음을 보고하였고, 덕분에 외교 관계를 활성화할 수 있었다. 이러한
가운데 사료 다-(5)의 사건도 일어난 것이다.

李文鐸은 인종대 및 의종대에 활동하였으므로 이 자료에는 고려전
기의 상황이 잘 나타나 있다. 당시 都部署는 독립된 관청건물도 갖고
있어 상주하는 지방관과 거의 다를 바 없었다.[41] 본래 水軍 관서였기

---

40) 「李文鐸墓誌銘」, 『高麗墓誌銘集成』, 239쪽.
41) 都部署에 관해서는 다음의 논문을 참조하였다.
   김남규, 「高麗都部署考」, 『사총』 11, 1966 ; 김남규, 『高麗兩界地方史硏究』,
   새문사, 1989 ; 金好鍾, 「東南海都部署의 설치와 그 기능」, 『민족문화논총』

때문인지 都部署에서 중앙정부에 보고한 사건은 주로 대마도와 관련된 것이었다.[42] 사료 다-(5)에서도 대마도 관리가 동남해도부서에 공문을 보내자 이를 중앙에 보고하였다. 대마도에서 보낸 공문의 내용을 알 수 없으나, 일단 공식 문서가 왔기 때문에 도부서에서는 중앙에 처리방법을 의논했던 것 같다.

都部署의 공문을 수신했던 기관도 지방관의 경우와 마찬가지로 尙書省이었던 것으로 보인다. 사안의 중요성에 비추어 兩府, 즉 중서문하성과 중추원에서 이를 의논하고 결정했지만 兩府로 공문이 직접 발송된 것은 아니었을 것이다. 그것은 尙書都省牒으로 회신하려고 했다는 데서도 짐작할 수 있다. 尙書都省牒이라는 것은 공문을 작성한 곳이 상서도성이었다는 말인데, 이는 都部署가 보고하고 그에 대한 응답을 기다린 기관이 바로 尙書都省이었음을 의미한다. 통상의 외교문서와는 다르게 尙書都省에서 작성했던 것은 別衙의 보고에 대한 회신이었기 때문이다.[43]

20, 1999 ; 변태섭, 「高麗按察使考」, 『고려정치제도사연구』, 일조각, 1971. 이들 연구에 따르면 동계에는 鎭溟都部署와 元興都部署, 북계에는 通州 · 압록도부서, 그리고 동남해도부서가 있었다. 이 중 東南海船兵都部署는 慶州 · 金州 지역에서 주로 대일본 관계를 맡은 水軍 관서로서, 兩界 都部署使에는 6품 이상이 임명되었던 것에 비해 東南海都部署使의 품계는 5품이었다. 『高麗史』百官志에는 按察使가 문종 18년에 都部署로 개정되었다가 예종 8년에 다시 안찰사로 되었다고 기록되어 있지만, 실제로는 안찰사와 도부서는 상당 기간 병존했다고 한다.

42) 『高麗史』 卷7, 世家, 文宗 3年 11月 戊午, 上冊, 148쪽 ; 『高麗史』 卷8, 世家, 文宗 14年 7月 癸丑, 上冊, 169쪽 ; 『高麗史』 卷9, 世家, 文宗 27年 7月, 上冊, 185쪽 ; 『高麗史』 卷10, 世家, 宣宗 4年 7月 庚午, 上冊, 206~207쪽 등에도 東南海都部署에서 일본국 대마도인이 내도했다고 보고한 사실이 기록되어 있다. 자세한 내용은 김남규, 위의 논문, 1966 ; 김호종, 위의 논문, 1999 참조.

43) 변태섭, 「고려시대 중앙정치기구의 행정체계」, 『고려정치제도사연구』, 24쪽에서는 사료 다-(5)를 근거로 상서도성이 국내 公貼과 같이 정부를 대표하여 외

한편 중앙 각 기관이 지방관청에 필요한 일을 지시하기 위해 공문을
발송할 때에도 임의로 할 수 없었다. 공문의 발송은 공적인 영역에서
이루어지도록 되어 있었다. 그 중의 하나가 상서성을 통한 공문의 발
송이었다. 이에 관해서는 현종대에 규정이 마련되었다.

다-(6) 현종 23년에 判하기를 서울의 所司에서 지방의 州府에 공문서
　　를 보낼 때는 반드시 상서성에 보고하여 가부를 확인한 후에 靑郊
　　驛館에 부쳐 전송하게 하고, 만약 所司 및 宮衙典에서 준행하지 않
　　는 자가 있으면 館驛使가 그 공문과 사유를 보고하여 그에 따라 죄
　　를 묻게 하였다.[44]

(7) 州府郡縣에 잔치를 베풀게 할 때에는 期日 전에 尙書禮部가 奏
　　하여 指揮를 받들고 尙書都省에 공문을 보내면, 都省에서 3京과
　　諸都護州牧에게 公文을 전하여 술과 음식을 베풀고 베와 곡식을
　　하사하는 것은 모두 前例에 준한다.[45]

사료 다-(6)은 고려의 지방지배체제가 본격적으로 정비되던 현종대

교문서의 발송을 관장했다고 하는데, '尙書都省牒'이라고 하는 것은 문서발
송기관이 아니라 문서작성기관을 명시한 표현이다. 또 현재 남아 있는 고려
의 외교문서로는 문종 33년(1079)의 '高麗國禮賓省牒'(노명호 외, 『韓國古代
中世古文書研究(上)』, 2000, 445~447쪽)과 고종 46년(1259)의 '高麗國禮賓省
牒'(같은 책, 448~449쪽) 등이 있는데, 전자는 수신자가 '大日本國大宰府'이
고 후자는 수신자가 '大宋國慶元府', 즉 남송의 지방관부인 慶元府이다. 수신
기관의 성격은 달라도 발신자는 모두 고려의 예빈성이었다. 따라서 사료 다
-(5)만을 근거로 상서도성첩을 외교문서로 보기는 어렵다. 오히려 김호종, 위
의 논문, 1999, 118쪽에서 東南海都部署使의 주 임무 중에 대외관계의 전담
이 있었다는 추정을 감안하면, 논의와 결정은 중앙에서 하지만 대마도에 대
한 실질적인 대응은 동남해도부서가 담당했던 것으로 보인다.

44) 『高麗史』卷82, 兵志 2, 站驛, 中冊, 802쪽.
45) 『高麗史』卷68, 禮志 10, 嘉禮 老人賜設儀, 中冊, 490쪽.

의 기록이다. 고려 초에는 각 기관이 필요에 따라 지방행정기관에 직접 공문을 보냈던 모양이다. 이에 정부는 중앙 각 기관이 지방에 공문을 발송할 때 상서성을 통하도록 했다.

그러나 尚書省은 지방으로 발송되는 공문을 단순히 취합하여 전송하는 관청이 아니었다. 사료 다-(6)을 보면 상서성은 문서의 발송에 대하여 가부를 결정하는 권한을 가지고 있었다. 즉 지방에 발송되는 문서에 대한 심의를 맡았던 것이다. 이것은 형식적인 권한이 아니었다. 지키지 않을 때에는 처벌하도록 그 절차까지 마련하였다. 임의로 각 지방에 공문을 발송할 때에는 靑郊驛 館驛使가 文貼 및 사유를 상서성에 보고하여 처벌하도록 하였다.[46] 과연 그 권한이 어느 정도 시행되었는지 의문이지만,[47] 이러한 조치는 지방에 보내는 공문서를 통제할 수 있는 장치를 마련했다는 점에서 그 의미가 있다.

尚書省은 중앙 각 기관의 공문 발송에 대하여 심의만 담당한 것 같

---

46) 『高麗史』 卷82, 兵志 2, 站役, 中冊, 799쪽에 靑郊道의 관할 15개 역 중 靑郊驛이 있는데 개성에 위치한 것으로 보아 청교도의 출발점이었다. 이는 신라의 京都驛(『三國史記』 卷38, 雜志 7, 職官)과 같이 관부이면서 驛이었던 것 같다(유선호, 「高麗 郵驛制 硏究」, 단국대 박사학위논문, 1992, 14~15쪽). 청교역 관역사는 "국초의 諸道 巡官이라 칭했는데 현종 19년에 왕의 이름을 피하기 위해 '巡'字를 바꾸어 '諸道 館驛使'로 고친 것"(『高麗史』 卷77, 百官志 2, 外職 館驛使, 中冊, 701쪽)으로, 이에 대하여 정요근, 앞의 논문, 2001, 14쪽에서 당나라의 館驛使는 兩京의 館驛을 다스렸던 황제 직속 御史臺의 監察御使가 겸임했던 관직명(『新唐書』 卷48, 百官志, 御史臺 監察御使 大曆十四年)에서 유래했다면서, 현종 19년에 토착적 성격의 巡官을 폐지하고 명실상부한 외관으로서 館驛使를 파견하여 각지의 驛道를 관장하게 한 것으로 보았다.

47) 고려후기에 이르러 공문서 발송과 관련하여 늘 지적되는 문제가 중앙에서 보내는 공문서가 지방행정기관에 직접 전달된다는 것이다. 이는 당시 공문서 전달체계가 문란했다고 볼 수도 있지만, 바꾸어 말하면 그만큼 공문서의 전달 경로가 여전히 중시되었음을 반증하는 게 아닐까 생각한다.

지는 않다. 사료 다-(7)을 보면 禮部에서 시행하는 행사지만 그 시행을
명하는 공문을 직접 각 지방행정기관에 발송하지 않고 尙書都省에 보
내도록 되어 있었다. 그러면 상서도성에서 공문을 각 지방에 보내도록
하였다. 상서성이 심의만 했다면 심의 후 이 공문은 예부에서 직접 각
지방에 보내면 될 것이다. 굳이 상서도성이 문서를 지방에 보내도록
한 것은 명령을 내리는 주체였기 때문이 아니었을까. 尙書省은 지방행
정체계에서 이를 통괄하는 지위에 있었던 것으로 보인다.[48]

　이와 같이 尙書省은 각 지방의 지방관 및 別銜에게 직접 지시를 내
리고 보고를 받는 주체였을 뿐 아니라, 중앙 각 기관이 지방으로 발송
하는 공문도 일괄 관장하였다. 중앙정부는 상서성의 이러한 역할을 통
해 각 지방의 행정을 통제하며 운영할 수 있었다.

　고려후기에는 都評議使가 상서도성을 대신하여 이 일을 담당하였지
만 기본 원칙에는 변함이 없었다.

　　다-(8) 충목왕 원년에 整理都監이 狀啓하기를 "……정동행성이 公事로
　　　　지방에 문서를 보낼 때는 도평의사에 보고하여 存撫使와 按廉使에
　　　　게 공문을 보내서 시행케 함이 상례인데, 근년 이래로 정동행성이

---

48) 최근 지방 각 州縣과 안찰사·병마사 등은 중앙기관을 거치지 않고 狀·表의
　　형식으로 국왕에게 直奏할 수 있었다는 견해가 있긴 하지만(박재우, 앞의 논
　　문, 1999, 76~82쪽), 지방과 중앙이 공문을 교류할 때 상서성의 역할이 있었
　　음을 인정하는 의견에 동의한다. 後者에서도 상서성의 지위에 대한 의견은
　　약간 다르다. 일찍이 상서성의 역할에 주목한 변태섭, 「고려시대 중앙정치기
　　구의 행정체계」, 『역사학보』 47, 1970 ; 변태섭, 『고려정치제도사연구』, 22~
　　26쪽에서는 지방에서 각 州縣은 6부에 직접 보고하는 체계였고 상서성은 다
　　만 공문을 일원적으로 관장했던 사무관청에 불과하다고 했으나 박용운, 「高
　　麗時代의 尙書都省에 대한 검토」, 『국사관논총』 61, 국사편찬위원회, 1995 ;
　　박용운, 『高麗時代 尙書省 硏究』, 경인문화사, 2000, 45~47쪽에서는 상서도
　　성은 중앙과 지방을 잇는 매개기관이며 지방의 州郡에 대해서 중앙을 대표하
　　는 기구의 위치에 있었다고 보았다.

宣使와 螺匠 등에게 牌字를 주어 발송시켜 민간을 소요케 합니다. 이제부터는 선사와 나장을 칭하고 폐를 일으키는 자는 칼을 씌워 서울로 보내게 하소서" 하였다.[49]

(9) 공민왕 20년 12월에 敎하기를 "百僚의 庶務는 都堂에서 결정하는 것인데 근년에 諸司는 무릇 公事가 있으면 마음대로 諸道의 存撫使와 按廉使에게 공문을 보내고 또 사람을 직접 보내어 징발하고 독촉한다. 심한 자는 州縣에 직접 공문을 보내므로 백성에게 매우 해가 크다. 이제부터 모두 都評議司에 禀告하여 처리하도록 하라.……"고 하였다.[50]

사료 다-(8)에서는 정동행성이 지방에 직접 宣使와 螺匠 등을 보내고 있음을 비판하고 있다. 원 간섭기에 정동행성은 원나라를 배경으로 막강한 지위를 갖고 있었지만, 공문서를 지방관청에 보낼 때에 원칙을 지키지 않으면 민간이 소요된다는 것이다. 원칙은 각 지방의 군현 단위로 일일이 공문을 보내는 것이 아니라, 반드시 도평의사에게 보고하여 存撫使와 按廉使에게 공문을 보내야 한다는 것이다. 만일 지키지 않을 경우 파견된 자들을 칼을 씌워 서울로 보내도록 하자고 건의하고 있다.

그것은 도평의사가 지방으로 공문을 보내는 통로이기 때문만은 아니었다. 중앙 각 기관이 지방에 보내는 공문서에 대하여 도평의사가 사료 다-(9)와 같이 결정 권한이 있었기 때문이다. 도평의사, 즉 都堂은 모든 관료의 업무를 결정할 권한을 갖고 있었으므로, 국가의 모든 업무는 일단 도평의사를 거쳐야 한다는 것이다. 따라서 개별적으로 관청 또는 관료가 지방 군현의 지방관에게 명령서를 보낼 수는 없었다.

49) 『高麗史』 卷84, 刑法志 1, 職制, 中冊, 846쪽.
50) 『高麗史』 卷84, 刑法志 1, 職制, 中冊, 847쪽.

비록 상서성에서 도평의사로 담당 기관이 바뀌긴 하였지만, 공문서의 전달체계를 통제하려는 방침은 변함없이 지속되었다. 그것은 사료 가-(7)과 가-(8)에서 보았듯이 왕의 직접적인 교서도 양부를 거치지 않고 내려오면 지방행정기관조차도 시행을 거부할 수 있었던 관행으로 자리잡았다. 그렇게 함으로써 백성들에게 직접 피해가 되는 일을 막을 수 있었다.

2) 傳送方法의 제도화, 皮角傳送과 懸鈴傳送

중앙과 지방 사이에서 오가는 공문서는 傳送 방법도 규정되었다. 현종대에는 발송 경로가 정해졌으니, 사료 다-(6)에서 보았듯이 중앙기관에서 지방으로 발송하는 공문서는 반드시 청교역을 통하도록 하였다. 규정에는 보이지 않지만, 지방에서 중앙으로 가는 공문서도 이와 같은 경로로 전송되었을 것이다. 그리고 靑郊驛 館驛使는 그 시행 여부를 상서성에 공식 문건으로 보고하도록 했다. 공식적인 문서를 통한 행정운영이 자리 잡히면서 청교역 관역사의 역할은 그만큼 중요성이 높아졌을 것이다.

靑郊驛이 중심이 되었다는 것은 공문서의 전달이 국가의 공식 교통로인 驛制를 이용하여 이루어졌음을 의미한다. 전근대사회에서 驛은 중요한 교통수단이면서 동시에 국가의 명령을 전달하는 체계이기도 했다. 고려에서도 일찍부터 驛制 정비에 박차를 가했고, 성종대에는 公廨田과 公須柴地를 지급받는 대상에 驛도 포함되었다.[51] 그에 따라

---

51) 驛制에 관한 연구는 다음의 논문을 참조하였다.
　內藤儁輔, 「高麗驛傳考」, 『歷史と地理』 34-4, 5, 1934 ; 內藤儁輔, 『朝鮮史硏究』, 京都大東洋史硏究會, 京都, 1961 ; 江原正昭, 「高麗時代の驛について」, 『鎭西學院短期大學紀要』 創刊號, 1970 ; 여은영, 「麗初 驛制形成에 대한 小考」, 『경북사학』 5, 1982 ; 강영철, 「高麗驛制의 성립과 변천」, 『사학연구』 38,

驛制를 이용한 공문서의 전송 방법도 제도화될 수 있었다.[52]

　라-(1)-① 懸鈴傳送(懸鈴은 가죽 전대에 文貼을 넣고 傳送하는 것을 말함)은 三急은 三懸鈴으로 하고 二急은 二懸鈴으로 하며 一急은 一懸鈴으로 하여 일의 긴급에 따라 이를 행한다.
　② 津驛의 皮角傳送은 2월부터 7월까지는 三急은 六驛, 二急은 五驛, 一急은 四驛으로 하며 8월에서 정월까지는 三急은 五驛, 二急은 四驛, 一急은 三驛으로 한다.[53]

　(2) 병조에서 계하기를 "전에는 議政府 舍人司와 刑曹, 司憲府에서 懸鈴을 사용하여 각도에 공문을 보내고 그 외는 없었습니다. 의정부에서 정무를 署理하지 않게 된 뒤로는 6조·한성부·사간원에서 모두 직접 문서를 보내면서 현령을 사용하지 않고 다만 종이봉투에 넣고 印封하여 본조에 보냅니다. 본조에서는 그 일의 緩急을 모르기 때문에 현령을 사용하지 않고 문서만을 傳送합니다. 이로 인하여 驛吏들이 소매 속이나 품안에 끼고 다녀 더럽혀지거나 훼손되고, 또 잃어버릴 뿐만 아니라 심지어 전하지 않기도 하니 매우 불편합니다. 이제부터 각 기관에서는 공사의 번거로움과 간략함을 나누고, 각각 방울을 다는 협판을 만들어 '某曹某司의 懸鈴俠板'이라

　　한국사학회, 1984 ; 조영옥, 「高麗時期 驛制의 정비에 대한 연구 - 22驛道를 중심으로」, 연세대 석사학위논문, 1986 ; 유선호, 「高麗 郵驛制 硏究」, 단국대 박사학위논문, 1992 ; 정요근, 「고려전기 驛制의 정비와 22驛道」, 『한국사론』 45, 서울대 국사학과, 2001.
52) 고려의 驛制는 초기에 미비했던 것을 원나라의 영향으로 완성된 것이 아니라 정요근, 위의 논문, 5~29쪽에서 지적한 대로 삼국시대부터의 전통을 계승하여 후삼국 시기부터 세력판도를 확장하면서 驛路網을 편성했다. 이를 바탕으로 顯宗代에는 供譯署를 통한 驛路網 운영체제를 정비할 수 있었는데, 이는 원활한 지방통치를 위한 실질적인 중간 전달체계로서 역로망의 기능을 강화한 것이다.
53) 『高麗史』 卷82, 兵志 2, 站驛, 中冊, 802쪽.

새기도록 하소서. 만일 보낼 공문이 있으면 일의 緩急에 따라 각
등급의 현령 협판에 담아 발송하는 日時를 써서 본조에 보내도록
하소서.……회답 공문과 각 기관에서 발송한 日時와 明文은 도로
현령 협판에 넣어서 回送하게 하여, 일정한 법식으로 삼도록 하소
서" 하니 그대로 따랐다.[54]

사료 라-(1)이 어느 시기의 자료인지는 분명하지 않아 이 방법이 고
려전기부터 사용되었는지는 확언할 수 없다. 다만 이를 통해 이 양식
그대로는 아니겠지만, 공문서를 전송하는 과정에서 포장방법까지도 통
일한 규정이 있었음을 짐작할 수 있다.[55]

사료 라-(1)-②에서 '皮角傳送'이라 하여 공문서를 가죽 자루에 넣도
록 했는데, 사료 라-(1)-①에서 '懸鈴은 가죽 전대에 文貼을 넣고 傳送
하는 것'이라고 한 것으로 보아 '懸鈴傳送'은 가죽 자루에 방울을 달도
록 한 것 같다. 그렇게 한 이유는 비록 조선 세종대의 기록이지만 사료
라-(2)에 잘 설명되어 있다. 가죽 자루에 넣는 것은 종이봉투에 넣을 경
우 문서가 더럽혀지거나 훼손될 위험이 있기 때문이며, 방울을 다는
것은 緩急을 표하기 위함이었다.

---

54) 『世宗實錄』卷27, 世宗 7年 正月 辛卯, 2집 649쪽.
55) '懸鈴'을 근거로 원나라 세조대에 시작된 急遞鋪 제도가 도입된 것으로 보지
만(內藤儁輔, 앞의 논문), 유사점은 있으나 그 운영방법과 용도는 달랐다. 예
를 들어 急遞鋪에서는 '凡鋪卒 皆革帶・懸鈴・持槍・挾雨衣 齎文書以行'이
라고 하여 방울을 문서가 아니라 鋪卒에게 달았는데, 이유는 '짐을 진 자들이
나 車馬가 방울 소리를 듣고 피할 수 있고 밤에는 虎狼을 놀라게 하기 위해
서'라고 한다. 또한 문서를 넣는 것도 평상시는 비단주머니(絹袋)를 사용했고,
국경의 긴급한 일의 경우 상자(匣子)를 사용하도록 했다(『元史』卷101, 兵志
4, 急遞鋪兵). 따라서 사료 라-(1)의 규정을 원나라에서 도입된 것으로 보기는
어렵다. 약간의 개정은 있었는지 모르겠으나, 고려정부는 이전부터 驛制를
통해 공문서를 안전하고 효율적으로 전송하기 위한 방법을 제도로 정착시켰
을 것으로 본다.

또한 전송 속도도 일정하게 조절되었다. 공문서는 그 완급에 의해 1급, 2급, 3급의 세 단계로 나누어졌고, 급수에 따라 다는 방울의 수와 거쳐야 할 역의 수가 달라졌다. 가장 급한 3급의 경우 3개의 방울을 달고 6개의 역을 가도록 했다. 즉 문서의 내용을 보지 않아도 방울의 수를 보면 그 긴급 정도를 판단할 수 있었고, 그에 따라 하루에 가야 할 역의 수가 정해지도록 했던 것이다. 역의 수는 계절에 따라서도 달랐다. 가을부터 겨울까지의 계절보다 봄부터 여름까지의 계절에 좀더 많은 역을 거치도록 하고 있는데, 이는 말을 갈아타고 가야 할 거리가 더 멀었음을 의미한다.

중앙과 지방의 공식적인 문서의 작성뿐 아니라 발송과 전달 방법까지 체계적으로 제도화되었다. 이를 바탕으로 公的인 文書를 통해 행정 운영도 할 수 있었다. 이러한 公文書 傳送體系는 지방과 중앙간의 문서 교류에만 한정된 것은 아니었다. 지방행정구역 내에서도 공적 업무를 위한 문서 교류에 적용되었다.

라-(3) 일찍이 3道를 按問할 때 문서를 발송하는 데 다만 鈴板만 사용하고 한번도 吏屬을 보내지 않았으나, 명령하면 시행되고 금하면 그쳤다.56)

(4) 공은 이미 밖으로는 按察使, 안으로는 選軍別監 등 크고 작은 簿書之務를 역임하였다.……충청도에서는 그때에 내가 廣州牧 司錄으로 있으면서 목도했는데……만일 府에서 알리고 맡길 일이 있으면 人便에 公文 보내는 것을 일체 금하고 단지 가죽 자루에 넣어 驛을 이용하여 보냈으나 오히려 슈을 어김이 없었다.57)

56)『高麗史』卷107, 列傳 20, 權旦, 下册, 359쪽.
57)「權旦墓誌銘」,『高麗墓誌銘集成』, 427쪽.

사료 라-(3)과 라-(4)는 원종대부터 충선왕대에 걸쳐 활동했던 權㫜[58] 이 공문서를 어떻게 처리했는지 기록한 글이다. 사료 라-(3)은 『高麗史』의 列傳인 만큼 개괄적으로 표현하고 있지만, 사료 라-(4)는 墓誌銘으로 권단이 안찰사로서 충청도에 있었을 때 墓誌銘 撰者 李瑱이 광주목 사록으로 직접 본 것이어서 더욱 구체적으로 묘사되어 있다.

權㫜이 3도 안찰사를 맡은 것은 충렬왕 이전이었다. 사료 라-(3)에서 '3道를 按問'했다는 것은 사료 라-(4)에서 전라도와 경상도, 충청도의 按察使를 역임한 것을 가리킨다. 또 사료 라-(3)에서 문서를 발송한다고 했는데, 사료 라-(4)에서는 그 문서가 '府에서 알리고 맡길 일'에 관한 공적인 문건임을 밝히고 있다. 이때의 '府'는 안찰사가 있는 관청을 의미하는 것으로 보인다.

그런데 공문을 보내는 방법이 사료 라-(3)에는 '鈴板을 사용했다'고 되어 있고, 사료 라-(4)에서는 '가죽 자루에 넣어 驛을 통해 보냈다'고 되어 있다. 전자의 鈴板은 사료 라-(2)의 '懸鈴俠板'으로 사료 라-(1)-① 의 '懸鈴傳送'에 해당하며, 후자는 원문대로 하면 '皮角傳遞'이므로 사료 라-(1)-②의 '皮角傳送'에 해당한다.

權㫜이 公文으로 令을 내린 대상은 그가 안찰사를 맡았던 전라도, 경상도, 충청도 등의 관할 郡縣이었다. 지방행정구역 내에서도 공적인 일을 알리고 지시하기 위한 공문을 보낼 때 사람을 보내지 않고, 사료 라-(1)의 '懸鈴傳送'과 '皮角傳送'의 방법을 적용했다. 즉 공문서를 안전한 가죽 자루에 넣고 완급을 표시하는 방울을 달아 역을 통해 보내는 傳送 규정 그대로 행한 것이다.

사료 라-(3)과 라-(4)에서 권단을 칭송하는 이유는 공식 규정대로 공문을 발송하고 吏屬이나 별도의 사람을 쓰지 않았다는 점이다. 그런데

---

58) 權㫜은 고종 16년(1229)부터 충선왕 4년(1312)까지 생존했다.

도 사료 라-(3)의 표현대로 하면 "그의 令이 어김이 없었고", 사료 라
-(4)의 표현대로 하면 "명령하면 시행되고 금하면 그쳤다"는 것이다. 두
자료는 모두 권단이 문서로만 명령을 내려도 그것이 제대로 시행되었
다는 점을 강조하고 있다.

이는 공문서 전송체계가 보편화되었음을 의미한다. 명령과 보고의
문서 때문에 일일이 관청의 관리를 오가게 한다면 그 대접에서도 큰
문제가 될 것이었다. 실제로 고려사회에서는 지방행정기관의 관리들이
오갈 때에 어떻게 대접할 것인지에 대해서 별도로 규정을 정해 놓고
있을 정도였다.59) 따라서 사람이 직접 오가게 하지 않는다면 각 관청
뿐 아니라 그 곳의 백성들에게도 큰 도움이 되었을 것이다.

공문서의 傳送體系는 중앙뿐 아니라 지방행정구역에도 적용되는 전
국적으로 통일된 규정이었다. 고려 정부는 공적인 문서를 통해 지방행
정을 통일적으로 운영하려고 했던 것이다.

라-(5) 우왕 14년 7월에 대사헌 조준 등이 상서하기를 "……조정의 문
서는 모두 懸鈴으로써 전달하고, 軍情으로 긴급한 중대사가 아니면
驛馬를 주지 말 것이며, 역마를 탄 자가 아니면 郡과 각 역에 들어
가 식사와 공급을 받지 못하게 하소서.……" 하였다.60)

사료 라-(5)는 고려 말 우왕 14년(1388)에 조준 등이 올린 개혁안 중

---

59)『高麗史』卷68, 禮志 10, 中冊, 499~504쪽에 '外官迎本國詔書儀' '三品使臣
按察使相會儀' '按廉諸別銜相會儀' '兵馬使及軍官拜坐儀' '北界營主副使及
幕下員相會儀' '兩界兵馬使廳行禮儀' '外方城上錄事謁宰臣及外官迎宰臣儀'
'諸道計點使中護評理尹使相會儀' 등 지방행정기관의 관리들이 중앙 또는 지
방행정기관의 관리들과 만나게 될 때의 경우를 대비하여 각종 규례가 마련되
어 있었다. 이것만 보아도 사람들이 오가며 문서를 전달하는 것이 얼마나 번
잡했을지 짐작할 수 있다.
60)『高麗史』卷82, 兵志 2, 站役, 中冊, 804쪽.

의 하나이다. 이에 따르면 지방에 내려가는 모든 공문서에 방울을 달아 발송하도록 하고, 긴급한 일이 아니면 역마를 이용하지 못하도록 하자는 것이다. 역마를 이용하지 않은 자는 각 지방에서 어떤 물자도 지원하지 못하게 함은 물론이다.

이러한 제안은 공문서의 전송 방법에서 새로운 것은 아니었다. 앞에서 확인했듯이 이미 지방행정구역까지 시행하고 있었으나 고려 말에 이르러 잘 지켜지지 않는 것을 다시 정비하자는 의미로 보아야 한다. 공문서의 전송방법은 고려 말에 이어 조선시대까지 지속되었다.

3. 지방행정기관의 公文 授受와 행정운영체계

1) 지방관 상호간의 公文 授受

公牒相通式 外官條에는 당시 지방관이 파견된 지역은 극히 일부분이었는데도 지방관이 상주하는 지방행정기관이 행정운영에서 주축이 되었다. 고려의 지방행정구역은 등차가 있어서 거기에 맞는 지방관이 각각 파견되었음은 잘 알려진 사실이다. 그렇다면 관품이 다른 지방관은 서로 어떻게 연결되었을까 궁금하다.

지방관 상호간의 공문 교류에 관해서는 公牒相通式의 外官條에 별도로 규정하지 않고 있다. 다만 別命使臣과 지방관의 공문 교류 규정에 일부 포함되어 있어서, 이를 추출하면 다음과 같다.

마-(1) 西京留守와 三軍兵馬使·東西都巡檢使·都部署가 8牧·2大都護府·諸道府官에 대해서는 모두 姓을 붙여 草押한다. 8牧·2大都護가 三軍兵馬使 및 西京留守官·監軍使·西都巡檢使·東西海巡察使에 대해서는 姓名을 쓰고, 諸都部署使에 대해서는 姓을 붙

258

여 草押하며, 副使 이하는 姓名을 쓴다. 中都護·知州 이하의 諸
道 外官이 兵馬使·西京留守官·東西都巡檢使·東西海巡察使·
都部署에 대해서는 姓名을 쓴다.[61]

(2) 鎭將·縣令·監倉·驛巡官은 防禦鎭使 이상의 官에 대해서 官
銜과 姓名을 쓴다.[62]

사료 마-(1)에서 지방행정기관을 西京留守官과 8牧·2大都護, 中都
護·知州 이하로 나누어 규정하고 있는데, 이는 앞서 살펴본 제2장 사
료 가-(6)의 일반 행정기관에 특별 행정기관인 西京留守官이 더해진
것으로 당시 지방행정기관의 기본적인 분류 체계임을 확인할 수 있다.
또한 사료 마-(2)의 鎭將·縣令은 지방행정기관에서 사료 마-(1)과는
또 다른 단계를 형성하고 있다.

이들의 공문 교류 관계를 표로 작성하면 다음과 같다.

<표 8> 지방관 상호간의 公文 授受

수신기관 \ 발송기관	西京留守官·監軍使	縣令·鎭將
8牧·2大都護	(出) 姓·草押 (入) 姓名	(出) 官銜·姓名
中都護·知州 이하	(出) 姓·草押 (入) 姓名	(出) 官銜·姓名

비고 : (出)은 발송기관의 발송 공문, (入)은 발송기관의 수신 공문

<표 8>에서 주목되는 것은 지방관 상호간의 공문 규정이 주로 西
京留守官과의 관계에 관한 것이고, 8牧·2大都護 및 中都護·知州 이
하 지방관의 상호 교류에 관한 규정은 보이지 않는다는 점이다. 그 대

61) 『高麗史』 卷84, 刑法志 1, 公式 公牒相通式, 中冊, 839쪽.
62) 『高麗史』 卷84, 刑法志 1, 公式 公牒相通式, 中冊, 839쪽.

신 앞의 사료 나-(1)-①과 나-(1)-②에서 보았듯이 西京留守官을 비롯해서 防禦鎭使 이상의 지방행정기관에서는 중앙과 직접 연결되는 문서 전달체계가 있었다.[63] 이는 지방관이 상주하는 防禦鎭使 이상의 지방행정기관은 명령과 보고를 하는 상하구조가 아니었음을 나타낸다.

반면에 서경유수관은 8牧·2大都護府는 물론이고 中都護·知州 이하와도 공문을 교류하였다. 이들 행정기관에 대하여 西京留守官은 가장 일반적인 서명양식인 姓을 붙여 草押하는데, 이들은 西京留守官뿐 아니라 監軍使에 대해서 그보다 아래 등급인 姓名을 쓰도록 하였다. 이는 일반 지방행정기관에서 가장 상위인 8牧·2大都護보다 서경유수관의 서열이 상위에 있었기 때문이다.[64]

공첩상통식이 시행되던 문종대까지 서경유수관은 단순히 서경이라는 지방행정구역에 한정된 지방관이 아니었던 것 같다. 중앙과 직접 명령체계를 구성하고 있는 다른 지방행정기관에 대해서도 상급 기관의 역할을 했는데, 그 범위는 성종 14년 이래 서경의 관할로 되어 있는 北界 지역이었을 것으로 추정된다.[65]

---

63) 이와 관련하여 중앙과 지방관청을 연결하는 존재로 界首官이 주목된다. 계수관은 상급행정구획이 아니라 대읍으로서 매우 제한된 역할을 담당했다는 尹武炳, 邊太燮, 金東洙 등의 견해와, 조부수취 및 역역 징발의 기초단위로서 중앙정부에 의해 직접 지배, 파악된 단위였다는 朴宗基의 견해로 나뉜다. 이는 계수관의 범위를 京·牧·도호부에 한정하는 것과 州縣까지 포함시키는 것에 따라 나뉜 것이다. 이에 대한 연구사 정리는 박종기, 「지방행정단위를 둘러싼 논쟁」, 『고려의 지방사회』, 푸른역사, 2002, 197~223쪽 참조. 그런데 중앙과의 공문서 교류와 관련해서 西京留守官, 2大都護府·8牧, 防禦鎭使 등은 公牒相通式에 해당 규정이 있으나 縣令과 鎭將은 그 대신 防禦鎭使 이상에 대한 공문서 발송 규정이 있다. 즉 防禦鎭使 이상만이 중앙과 직접 관계를 맺고 있었던 것으로 추정되는데, 이 점에서 후자의 입장이 고려할 만하다.

64) 西京留守의 官品에 관해서는 하현강, 「고려시대의 서경」, 『한국중세사연구』, 1988 ; 이진한, 앞의 논문, 2002, 47~49쪽 참조.

<표 8>을 보면 서경유수관에 대한 공문의 서명양식에서 8牧·2大都護나 中都護·知州 등은 그 차이가 없다. 하지만 사료 마-(1)에서 8牧·2大都護는 諸都部署使에 대해서 姓을 붙여 草押하고 副使 이하는 姓名을 쓰도록 했는데, 中都護·知州 이하의 諸道 外官은 都部署에 대해서 姓名을 쓰도록 하여 等差가 있었음을 알 수 있다.

같은 지방관이지만 縣令·鎭將에 대해서는 서경유수관의 공문 교류가 없었던 것 같다. 사료 마-(1)에서는 서경유수관이 공문을 발송하는 대상을 8牧·2大都護와 함께 '諸道府官'이라 했고, 서경유수관에 공문을 발송하는 기관을 中都護·知州 이하의 '諸道 外官'이라 했지만, 여기에 縣令·鎭將을 포함시킬 수는 없다. 만일 포함시키면 縣令·鎭將이 서경유수관에 대해서는 姓名을 쓰는데, 사료 마-(2)에 보이듯이 防禦鎭使 이상의 官에 대해서는 官銜과 姓名을 갖추도록 하였으므로 관품에 따른 서명양식의 원칙에 어긋난다.

가장 하부의 지방행정기관인 縣令·鎭將의 공문 교류는 防禦鎭使 이상의 일반 행정기관에 한정되었던 게 아닐까 짐작된다. 이는 지방행정체계에서 縣令·鎭將의 지위가 防禦鎭使 이상의 지방관과는 또 다른 等差가 있었음을 보여주는 것이라고 생각한다.[66]

---

65) 하현강, 「高麗西京의 行政構造」, 『한국사연구』 5, 1970, 58~62쪽에 의하면, 고려의 지방통치체제에서 서경유수관은 다른 2京보다 우대를 받았다. 예를 들어 知西京留守事는 서경의 최고 행정담당자로서 문종대의 녹봉규정에서 같은 3품관인 東京留守使보다 훨씬 많았으며, 副留守의 녹봉은 남경유수와 동일했다(『高麗史』 卷80, 食貨志 3, 祿俸 外官祿, 中冊, 755~756쪽). 더욱이 西京留守使는 정2품의 재상이 겸대하였는데, 西京뿐 아니라 北界를 관할하였으며(『高麗史』 卷58. 地理志 3, 北界, 中冊, 312쪽) 왕의 부재시에는 서경정부의 대표로서 역할을 담당했을 것으로 추정한 바 있다.

66) 고려의 정치체제에서 鎭將과 縣令은 7품 이상이고 防禦鎭使는 5품 이상으로 그 차이가 별로 없어 보이지만, 여기에는 叅上과 叅外의 경계가 있었다. 이에 관해서는 박용운, 「官職과 官階」, 『한국사』 14, 1993 ; 박용운, 『高麗時代 官

2) 지방관과 別命使臣의 公文 授受

公牒相通式 外官條는 지방행정구역에 파견된 지방관과 別命使臣을 망라하여 체계화한 것으로, 중앙정부가 지방관을 파견한 지역을 근간으로 지방행정을 운영하되 別命使臣을 매우 중시했음이 잘 드러난다. 公牒相通式 外官條에서 가장 비중이 큰 것은 지방관과 別命使臣의 공문 교류에 관한 것이라고 할 수 있을 정도이다.

무엇보다 西京留守官을 비롯한 상주 지방관뿐 아니라 都巡檢使, 都部署使 등의 別命使臣이 공문서를 주고받을 때 적용해야 할 규정이 주목된다.[67] 공문서의 교류는 행정운영의 실제적인 구현이다. 따라서 정부에서 그에 대한 양식을 마련했다는 것은 이들의 교류가 임시가 아니라 상시적으로 이루어지고 있었음을 의미한다. 이는 이들의 관계가 당시 지방행정운영의 한 축을 이루고 있었음을 나타내는 중요한 근거라고 생각한다.

고려정부는 지방행정에서 이들 다양한 지방관과 別命使臣을 어떠한 체계로 운영하였던 것일까 의문이다. 이를 밝히기 위해 중앙과 지방행정기관의 문서 규정을 분석하려고 한다. 물론 고려시대 공문서가 몇 건밖에 남아 있지 않은 지금, 이 규정이 그대로 지켜졌는지 확인하기는 어렵다. 하지만 규정에 포함된 다양한 중앙파견 관리들과 지방관의 관계를 파악한다면, 고려의 지방통치구조가 실제로 어떠한 모습이었는지 그 일단을 밝힐 수 있으리라 생각한다. 이는 고려국가의 통치구조를 이해하기 위한 하나의 방법이 될 수도 있을 것이다.

지방통치체제가 통일적으로 정비되지 않았던 시기에는 지방관이 상

階·官職 硏究』, 고려대출판부, 1997 ; 이진한, 「고려시대 叅上·叅外職의 구분과 녹봉」, 『한국사연구』 99·100 ; 강은경, 앞의 논문, 2003, 37쪽 참조.

67) 이들은 통상 別銜이라고 하며, 公牒相通式에서는 別命使臣으로 표기하고 있다. 別銜과 別命使臣에 관해서는 강은경, 위의 논문, 2003, 34~36쪽 참조.

주한 지방행정구역에도 다양한 관리들이 파견되었다. 특히 別命使臣은 중앙정부가 필요에 따라 파견한 관리들이었기 때문에 이들과 지방관의 관계에 대하여 개입할 필요가 있었다. 이들이 서로 문서를 授受할 때의 격식에 대하여 규정을 마련했다는 것은 그만큼 이들의 문서교류가 공식적으로 이루어져야 하는 관계였음을 의미한다. 별명사신은 지방통치구조에서 하나의 축을 이루고 있었던 것이다.

별명사신은 5품 이상은 물론이고 7, 8품까지도 가능했다. 같은 官品이라도 人吏下典 또는 記事下典 등 실무 관리들을 거느린 자도 있었지만, 단독으로 파견된 자도 있었다. 그야말로 직함과 직무가 천차만별이었다.[68] 『高麗史』外官條에 따르면 지방행정구역에 파견되는 책임자는 현령과 진장을 제외하면 대부분 최소한 5품 이상이었다. 그에 비해 별명사신은 8품도 있었으므로, 別命使臣과 지방관의 관계에 대하여 규정해 줄 필요가 있었을 것이다.

다음은 公牒相通式 外官條의 첫 부분이다.

바-(1)-① 別命使臣이 牧·都護에 대해서는 마땅히 '某使가 某牧 都護에게 貼한다'고 해야 한다. 奉使하는 일이 중요하고 記事下典을 갖추었으면 7품 이상의 使는 姓을 붙여 草押하고, 8품의 使는 姓名에 手決한다. 비록 6, 7품의 使이더라도 奉使하는 일이 중요하지 않고 人吏下典이 없으면 官銜을 갖추고 姓名을 쓰고 手決한다.

② 牧·都護가 7, 8품의 使에 대해서는 副使 이상은 姓을 붙여 草押하고, 그 이하는 姓名을 쓴다. 奉使하는 일이 重한 使者 및 常叅 이상의 獨使에 대해서는 姓을 붙여 草押하고, 副使 이하는 姓名을 쓴다.

③ 別命使臣이 中都護·知州·防禦·縣令·鎭將官에 대해서는

---

68) 그 종류에 대해서는 하현강, 「지방행정구조와 사회상태」, 『한국중세사연구』, 일조각, 1988, 272쪽 참조.

비록 記事下典이 없어도 6, 7품의 使이면 姓을 붙여 草押하고, 8품
의 使이면 姓名에 手決하고, 鎭將과 縣令에 대해서는 姓을 붙여
草押한다.
④ 中都護・知州・防禦・縣令・鎭將官이 7, 8품의 使에 대해서는
姓을 붙여 草押하고, 副使 이하는 姓名을 쓰고 手決한다. 奉使하는
일이 중요한 使者 및 常叅使에게는 모두 姓名을 쓴다.[69]

사료 바-(1)은 牧・都護・中都護・知州・防禦・縣令・鎭將官 등의
지방관과 別命使臣의 公文 授受에 관한 규정이다. 뒤를 이어 특정한
別命使臣 관련 규정이 나오는 것으로 보아, 사료 바-(1)은 지방관과 別
命使臣의 공문 수수를 규정한 총론에 해당한다. 公牒相通式이 그때그
때의 행정체계를 반영한 것임을 고려할 때, 이 부분은 개별 별명사신
관련 규정을 정비한 끝에 최종 정리된 것 같다. 몇몇 특정 별명사신과
지방관에 관한 규정은 앞의 조항에 대한 각론에 해당하는 셈이다.

그런데 별명사신과 공문을 수수하는 기관으로 언급된 牧・都護・中
都護・知州・防禦・縣令・鎭將官 등은 지방관이 상주한 모든 등급의
행정구역을 망라한 것이다.[70] 따라서 이 규정은 지방관이 파견된 모든
지방행정기관을 대상으로 제정된 것으로, 이 모든 지역에 별명사신이
파견될 수 있었음을 알려준다.

또한 사료 바-(1)-①에서 別命使臣은 공문에서 "某使가 某牧 都
護에게 貼한다"고 표기하도록 되어 있다. 즉 別銜은 지방행정기관에 직접
공문을 발송하였다. 양자가 공문을 수수한다는 것은 이들 사이에 협조
해야 할 공무가 있었음을 의미한다. 지방행정은 지방관 독자의 영역이

---

69) 『高麗史』卷84, 刑法志 1, 公式 公牒相通式, 中冊, 838쪽.
70) 『高麗史』卷77, 百官志 2, 外職條에는 대도호부・목・대도독부・중도호부・
    방어진・지주군・제현・제진 등으로 나타나 있는데 이 중 대도독부를 제외
    하고 모두 동일하다.

아니라 또 다른 관리인 別銜과 협조함으로써 이루어졌던 것이다. 별함이 지방행정기관에 보낸 공문은 '貼'이라 불렸는데, 하급 기관에 보내는 공문서 형식이었다.[71] 기본적으로 고려정부는 지방관에 대하여 별함의 지위를 상위로 인정했음을 알 수 있다.

사료 바-(1)을 보면 당시 別銜은 7, 8품까지 가능했다. 반면에 지방행정구역에 파견되는 책임자는 縣令과 鎭將을 제외하면 대부분 최소 5품 이상으로 규정되어 있었다.[72] 따라서 이들 지방관과 6품 이하 別銜의 관계에 대하여 법적으로 규정할 필요가 있었다. 그 결과 公牒相通式에서는 別銜이 牧·都護에 공문을 보낼 때에 奉使하는 일이 중요하고 記事下典을 갖춘 7품 이상의 사신은 姓을 붙여 草押하도록 한 반면, 목과 도호부에서는 7, 8품의 사신에 대하여 4품의 부유수사 또는 부사 이상이 姓을 붙여 草押하도록 했다.

게다가 사신의 일이 중요하거나 常然 이상의 獨使라면 3품 이상의 留守使가 姓을 붙여서 草押하고, 副使 이하는 姓名을 붙여야 했다. 3, 4품의 지방관이 7, 8품의 別銜과 동일한 격식을 취하도록 했던 것이다.

각 지방에 파견된 別銜은 지방관의 감찰뿐 아니라 실제적인 지방행정에도 참여하였다.

> 바-(2)-① 그 후 安東都護副使가 되었을 때 巡問使 宋國瞻이 공문을 보내서 庾碩에게 그 고을 산성을 수축하라 했고, 다시 공문을 보내

---

71) 조선의 『經國大典』에서는 7품 이하의 관청에 보내는 공문서의 형식을 貼이라 했으며, 고려시대 현전하는 문서 중에 貼의 형식을 띤 것으로는 '長城監務官貼'이나 '僧錄司貼' 등이 있다. 전자는 장성 감무관이 그 지역 邑司인 長城郡司에 보낸 공문이고, 후자는 중앙의 승록사에서 전라도 안렴사에게 보낸 공문으로 모두 하급 기관에 보낸 것이었다. 두 문서는 노명호 외, 『한국고대중세고문서연구(하)』, 2000, 도판 81쪽 및 91쪽 참조.

72) 본서 제4장 주66) 참조.

서 판관 申著와 더불어 의논하여 처리하라고 지시하였다.

② 다시 기용되어 동북면 兵馬使가 되었다.……그때에 守令이 경쟁적으로 侵漁하여 權貴에게 아첨하였으므로 庾碩이 공문을 보내어 이를 금하였다. 庾碩을 싫어하는 자가 그 공문을 최이에게 보이니 최이가 "庾碩이 나에게 바치지 않으면 족하지 굳이 道內에 금하느냐?" 고 하였다.[73]

사료 바-(2)는 고종 때의 자료로서 여기에는 남쪽 지역의 도호부와 순문사, 북쪽 지역의 수령과 병마사 등 지방관과 別銜의 관계가 잘 드러나 있다. 사료 바-(2)-①은 巡問使 宋國瞻이 안동도호부 副使인 庾碩에게 일을 지시하는 과정을 보여주고 있는데, 事案은 그 지역 산성 수축에 관한 것이었다. 순문사는 안동도호부사에게 일을 지시하는 지위에 있었다. 그런데 이 일은 판관과 의논할 필요가 있었던 모양이다. 순문사는 다시 공문을 보내서 판관과 의논하라고 지시한다. 이 모든 사안에 대해서 순문사는 공문을 통해 지시하였다.

사료 바-(2)-②에서는 반대로 유석이 동북면 병마사가 되었을 때의 사례이다. 당시 이 지역 수령들이 백성을 침탈하는 것이 심각하였는데, 유석은 이를 금하는 공문을 수령들에게 발송하였다. 이 공문은 당시 권력자 최이에게 전달되었다고 하므로, 공식으로 작성되어 전달된 문서였다. 그런데 이에 대하여 최이가 "굳이 道內에 금하느냐"고 했다는 것으로 보아, 유석이 공문으로 지시했던 대상은 道內의 수령이었음을 알 수 있다.

이들 別銜이 관할 지방관에게 지시하는 일이 公文을 통하여 시행되었다면, 그 방법은 앞서 살펴본 사료 라-(3)과 라-(4)에서 權呾의 사례처럼 통상 중앙정부가 제도화한 수단이었을 것이다. 즉 지시 사항을 공

73) 『高麗史』 卷121, 列傳 34, 良吏, 庾碩, 下冊, 642쪽.

문으로 작성하여 사료 라-(1)의 규정처럼 皮角에 懸鈴을 달아 驛馬를 통해 보냈을 것이다.

그런데 사료 바-(1)과는 별도로 이 조항에 뒤이어 개별 別命使臣에 대하여 일일이 규정하고 있음이 주목된다. 그것은 당시 별명사신을 총 망라한 것이 아니었으며, 대체로 특정 별명사신이 공통으로 나타난다. 이들은 公牒相通式이 시행되던 시기에는 대표적인 별명사신이었던 것 같다.

이 시기에 특정의 별명사신이 강조된 것은 어떤 이유에서였을까. 이들의 공통점을 살펴보기 위해 관련 규정을 간추리면 다음과 같다.

바-(3)-① 三軍兵馬使가 西京 留守官에 대해서는 判官 이상은 姓을 붙여 草押하고, 이하의 관원은 姓名을 쓴다. 東西巡檢使가 留守官에 대해서는 副使 이상은 姓을 붙여 草押한다. 留守官이 中軍兵馬使에 대해서는 留守는 草押을 하고 副留守는 姓名을 쓴다. 左右東西都巡檢使에 대해서는 副留守 이상은 草押을 하고 判官 이하는 姓名을 쓴다.
西京監軍使가 中軍兵馬使에 대해서는 姓을 쓰고, 東西巡檢使에 대해서는 草押을 한다. 西京留守와 三軍兵馬使가 監軍에 대해서는 判官 이상은 姓을 붙여 草押한다. 東西都巡檢使가 監軍에 대해서는 副使 이상은 姓을 붙여 草押한다.
西京留守와 三軍兵馬使·東西都巡檢使·都部署가 8牧·2大都護府·諸道府官에 대해서는 모두 姓을 붙여 草押한다. 8牧·2大都護가 三軍兵馬使 및 西京留守官·監軍使·西都巡檢使·東西海巡察使에 대해서는 姓名을 붙이고, 諸都部署使에 대해서는 姓을 붙여 草押하며, 副使 이하는 姓名을 쓴다. 中都護·知州 이하의 諸道 外官이 兵馬使·西京留守官·東西都巡檢使·東西海巡察使·都部署에 대해서는 姓名을 쓴다.[74]

② 慶尙道巡檢使·西海巡察使·猛州都知兵馬使가 西京留守 및 監軍使에 대해서 副使 이상은 姓을 붙여 草押하고, 이하는 姓名을 쓴다.

諸都部署가 西京留守官과 監軍使에 대해서 叅 이상의 관원이 都部署副使가 되면 副使 이상은 姓을 붙여 草押하고, 叅外의 관원이 副使가 되면 姓을 붙여 草押하며 副使 이하는 姓名을 쓴다. 留守官과 監軍使가 諸都部署에 대해서는 判官 이상은 姓을 붙여 草押하고 이하는 姓名을 쓴다.[75)]

사료 바-(3)-①과 바-(3)-②는 공첩상통식에 나타난 別命使臣과 지방관의 공문 수수시에 관한 규정이다. 별명사신은 지방관뿐 아니라 그들 사이에서도 공식적인 공문 교류를 통해 행정을 운영하였다. 公牒相通式에는 別命使臣 사이의 공문 수수에 관한 규정도 있다. 그와 관련된 규정은 다음과 같다.

바-(4)-① 中軍兵馬使가 左右軍·東界都巡檢使에 대해서는 判官 이상은 姓을 붙여 草押하고, 이하는 姓名을 쓴다. 左右軍·東界都巡檢使가 中軍兵馬使에 대해서는 使는 姓을 붙여 草押하고, 副使 이하는 姓名을 쓴다.[76)]

② 三道巡察使와 兵馬使가 中軍兵馬使에 대해서는 姓名을 쓰되 오직 3품 이상의 巡察使와 兵馬使는 姓을 붙여 草押한다.[77)]

③ 三軍兵馬使와 諸都部署가 慶尙道西海巡察使와 猛州都知兵馬使에 대해서 姓을 붙여 草押하고, 諸都部署가 三軍兵馬使에 대해서는 姓名을 쓰며, 左右軍兵馬使에 대해서는 3품 이상의 使가 大

74) 『高麗史』 卷84, 刑法志 1, 公式 公牒相通式, 中冊, 838~839쪽.
75) 『高麗史』 卷84, 刑法志 1, 公式 公牒相通式, 中冊, 839쪽.
76) 『高麗史』 卷84, 刑法志 1, 公式 公牒相通式, 中冊, 839쪽.
77) 『高麗史』 卷84, 刑法志 1, 公式 公牒相通式, 中冊, 839쪽.

將軍으로서 文班 卿監을 겸한 자이면 姓을 붙여 草押하고, 이하는
姓名을 쓴다.[78]

사료 바-(4)-①과 바-(4)-②는 어떠한 별명사신들이 주요 구성원이었
는지 제시해주고 있다.

다음은 사료 바-(3)과 바-(4)를 각각 표로 정리한 것이다.

<표 9> 지방관과 別命使臣의 公文 授受

기관별 별명사신	牧・都護	中都護 知州・防禦	鎭將・ 縣令	西京留守官	西京監軍使
三軍兵馬使	(出)姓名 (入)姓・草押	(入)姓・草押	(入)姓・草押	(入)判官이상 姓・草押 / 이 하 姓名・手決	(入)判官이상 姓・草押
中軍兵馬使				(出)留守 草押 / 副留守 姓名	(出)姓
左右軍兵馬使				(出)副留守이 상 草押 / 判官 이하 姓名	
兵馬使		(出)姓名	(出)姓名		
猛州都知兵馬使				(入)副使이상 姓・草押 / 이 하 姓名	(入)副使이상 姓・草押 / 이 하 姓名
東西(都)巡檢使	(出)姓名 (入)姓・草押	(出)姓名 (入)姓・草押	(出)姓名 (入)姓・草押	(出)副留守이 상 草押 / 判官 이하 姓名 (入)副使이상 姓・草押	(出)草押 (入)副使이상 姓・草押
慶尙道巡檢使				(入)副使이상 姓・草押 / 이 하 姓名	(入)副使이상 姓・草押 / 이 하 姓名

78)『高麗史』卷84, 刑法志 1, 公式 公牒相通式, 中冊, 839쪽.

(諸)都部署(使)	(出)副使이하 姓名 (入)姓·草押	(入)姓·草押	(入)姓·草押	(出)判官이상 姓·草押 / 이하 姓名 (入)衆上副使 姓·草押 / 衆外副使 姓·草押 / 이하 姓名	(出)判官이상 姓·草押 / 이하 姓名 (入)衆上副使 姓·草押 / 衆外副使 姓·草押 / 이하 姓名
東西海巡察使	(出)姓名	(出)姓名	(出) 姓名		
西海巡察使				(入)副使이상 姓·草押 / 이하 姓名	(入)副使이상 姓·草押 / 이하 姓名

비고 : (出)은 지방행정기관의 발송 공문, (入)은 지방행정기관의 수신 공문

<표 10> 別命使臣 상호간의 公文 授受

발송기관 수신기관	中軍兵馬使	三軍兵馬使	諸都部署
三軍兵馬使			(出) 姓名
左右軍兵馬使	(出) 判官이상 姓·草押 / 이하 姓名 (入) 使는 姓·草押 / 副使이하 姓名		(出) 3품이상 使가 大將軍 겸한 文班卿監이면 姓·草押 / 이하 姓名
兵馬使	(入) 姓名 / 3품이상이면 姓·草押		
猛州都知兵馬使		(出) 姓·草押	(出) 姓·草押
東界都巡檢使	(出) 判官이상 姓·草押 / 이하 姓名 (入) 使는 姓·草押 / 副使이하 姓名		
三道巡察使	(入) 姓名 / 3품이상이면 姓·草押		
慶尙道西海巡察使		(出) 姓·草押	(出) 姓·草押

비고 : (出)은 발송기관의 발송 공문, (入)은 발송기관의 수신 공문

사료 바-(3)-①과 바-(3)-② 및 <표 9>에서 지방관이 상주하는 행정기관은 제2장 <표 2>에서 보았던 牧·都護·中都護·知州·防禦·

縣令·鎭將官 등 외에 특수 지방행정구역으로서 서경유수관까지 포함
되어 있다. 그런데 이들 지방행정기관이 문서를 발송 또는 수신했던
別命使臣의 직함은 대체로 공통되고 있다. 바로 三軍兵馬使, 東西都
巡檢使, 都部署使, 東西海巡察使 등이다. 그 중에는 사료 나-(1)에서
대표적인 별명사신으로 적시했던 東西都巡檢使도 포함되었다. 따라서
이외의 다른 관리들도 別命使臣으로 보아도 별 무리가 없을 것이다.

이 중 中軍兵馬使, 左右軍兵馬使를 총칭하는 三軍兵馬使는 순수한
軍職이었다. 이는 전투에 동원하기 위한 조직으로 출전시에 임명하고
끝나면 해임하며, 그 중심은 中軍이었다.[79] 실제 기록에도 전쟁에 대
비하기 위해 그때그때 중군병마사, 좌우군병마사를 임명하는 사례가
보인다.[80] 전쟁에 대비하는 과정에서 임명된 만큼 이들의 권한은 거의
절대적이었을 것이다. 따라서 <표 9>의 서명양식에서 모든 지방행정
기관에 대하여 상급 기관으로서의 지위를 가질 수 있었다.

다만 西京留守官은 예외여서 <표 9>를 보면 중군병마사에 대해서
는 留守가 草押으로 서명하고, 左右軍兵馬使에 대해서는 副留守 이상
이 草押을 하도록 했다. 병마사 역시 3품관에게 주어지는 관직이었음
을 감안하면, 서경유수관이 삼군병마사에 대하여 절대적인 상위에 있
었음을 뜻한다.

---

79) 이에 관해서는 이기백, 「고려 군역고」, 『고려병제사연구』, 일조각, 1983 중판,
   136~138쪽 및 「고려 양계의 주진군」, 같은 책, 258쪽 참조.

80) 이기백, 위의 논문에서는 고려의 군대 편성이 5軍이었다고 하는데, 임명사례
   가 처음 나오는『高麗史』현종 원년(『高麗史』卷4, 世家, 顯宗 元年 10月, 上
   冊, 88쪽) 기록부터 예종대까지 매우 많은 사례가 보이는데, 군대 편성도 3軍
   이라고 되어 있으며 병마사 임명도 3군에 한정되었다. 의종 3년에 중군 병마
   사가 5군을 3군으로 개혁하자는 건의를 했다고 하나(『高麗史』卷81, 兵志 1,
   五軍, 中冊, 781쪽), 기록에서 전군 병마사와 후군 병마사가 등장하는 것은 고
   종대부터이다.

三軍兵馬使가 순수 軍職이었던 것과 달리, 이 시기가 되면 兵馬使는 군사적 기능뿐 아니라 민생도 관장했던 것으로 나타난다.[81] <표 9>에서 병마사의 공문서 전달체계는 中都護 이하 행정기관에 제한되었으며, 이들에 대해서는 상급 기관의 지위에 있었다. 그것은 병마사의 관할 지역과도 연관되는 것으로 보인다.

兵馬使 중에서도 猛州都知兵馬使는 지방행정기관 중에서는 서경유수관에 한정되어 공문 교류가 있었던 것 같다. 猛州는 현종 10년에 防禦使가 설치된 곳으로,[82] 군사적으로 중요한 지역이었던 만큼[83] 都知兵馬使가 파견되었다. 猛州都知兵馬使가 서경유수관과 밀접한 관계가 있는 것은 猛州가 北界에 있어 서경의 관할 지역에 해당하기 때문이 아닐까 생각한다.

특기할 만한 것은 기록에 극히 드물게 나타나는 東西都巡檢使, 都部署使, 東西海巡察使 등이 이 시기 주요 別命使臣으로 나타난다는 점이다. 그것은 본 公牒相通式이 지방제도가 정비되기 이전의 것이기 때문일 것이다.

이러한 사정을 잘 알 수 있는 사례가 <표 9>의 東西海巡察使와 <표 10>의 三道巡察使의 경우이다. 순찰사에 관한 기록은 문종대에 처음 보이는데, 문종 35년 4월에 민폐를 막기 위해 12개소의 監倉巡察使

---

81) 변태섭, 「고려 兩界의 지배조직」, 앞의 책, 1971, 209~217쪽 ; 김남규, 「고려 兩界의 監倉使」, 『사총』 17·18합, 1973 ; 김남규, 『高麗兩界地方史研究』, 새문사, 1989 참조. 이에 따르면 현종 10년까지만 해도 병마사는 군사적 기능만 담당하였는데 "현종 20년 7월에 東北面 兵馬使(李周佐)가 관내 19개 縣의 진휼을 청하는 것(『高麗史』卷94, 列傳 7, 李周佐, 下冊, 115쪽)"으로 보아 현종 후기부터는 民政의 성격을 띠는 것으로 추정하였다.

82) 『高麗史』卷58, 地理志 3, 北界 安北大都護府, 中冊, 315쪽.

83) 고려정부가 일찍부터 북방 경계지역으로 관심을 가져서 성종 14년에는 이곳에 665간의 성을 쌓았다고 한다. 『高麗史』卷82, 兵志 2, 城堡, 中冊, 808쪽 참조.

272

를 폐하자는 건의가 있었다.[84] 이전에 이미 순찰사가 존재했고 이때에
는 민폐가 되었던 모양이다. 기록에는 이 건의를 따랐다고 하므로 일
단 폐했던 것 같다. 기록에는 폐했다는 기사만 남아 있지만, 공첩상통
식에서는 비중 있게 언급되었던 것이다.[85]

  東西都巡檢使의 경우 목종 말년과 현종 초기 기록에만 나타나는데,
동북면과 서북면에 병마사가 설치되기 이전 그 역할을 담당했던 것으
로 이해되었다.[86] 실제로 현재 전하는 기록에서 東西都巡檢使의 역할
은 역시 군사지휘권과 관련된 것이다. 목종 12년에 康兆가 목종을 폐
하려고 했을 때 그는 서북면 도순검사로서 군사를 거느리고 있었고,[87]
현종 원년 거란이 침입하여 흥화진을 포위했을 때 당시 지휘관은 서북
면 도순검사 楊規였다.[88]

  하지만 사료 바-(3)-①을 보면 본 공첩상통식이 시행되던 시기에도
東西都巡檢使가 있어서 병마사와 공존했음을 알 수 있다. 오히려 서
명양식에서는 병마사보다 東西都巡檢使의 지위가 더 높고, 공문 교류
의 범위도 더 광범하게 나타난다. 康兆의 사례를 보면 西都巡檢使 또
는 서북면 순검사는 西京에 있었던 것으로 추정되는데, 그래서인지

---

84)『高麗史』卷95, 列傳 8, 文正, 下冊, 130쪽.
85) 폐지된 巡察使가 후대에 다시 설치되어 東西海巡察使에서 西北面都巡察使
    와 西海道都巡察使로, 3도 순찰사에서 6도 도순찰사로 변화한 것 같다. 관련
    기록으로는『高麗史』卷39, 世家, 공민왕 9년 정월 己丑, 上冊, 784쪽 ; 공민
    왕 10년 정월 戊辰, 上冊, 786쪽 ;『高麗史』卷40, 世家, 공민왕 11년 8월 甲
    寅, 上冊, 796쪽 ; 공민왕 12년 5월 壬辰, 上冊, 805쪽 ; 공민왕 13년 3월 丙戌,
    上冊, 809쪽 ;『高麗史』卷44, 世家, 공민왕 22년 정월 戊辰, 上冊, 851쪽 ; 공
    민왕 22년 10월 乙亥, 上冊, 858쪽 등 참조.
86) 변태섭,「고려 양계의 지배조직」, 앞의 책, 1971, 210~211쪽.
87)『高麗史』卷3, 世家, 穆宗 12年 正月 壬申, 上冊, 84쪽 ;『高麗史』卷127, 列
    傳 40, 叛逆 1, 康兆, 下冊, 758쪽.
88)『高麗史』卷90, 列傳 7, 楊規, 下冊, 103쪽.

<표 9>에서 西京留守官과는 상하관계가 분명하게 나타난다.

都部署는 관청건물도 별도로 갖고 있어[89] 상주하는 지방관과 거의 동일한 모습으로 나타나지만, 초기에는 주로 女眞이나 倭寇 등의 해적을 상대로 水軍으로서 역할을 담당하였다.[90] 현종 3년에 東女眞이 경상도 일대의 청하·영일·장기현에 침입했을 때 都部署의 文演·姜民瞻·李仁澤·曹子奇 등을 파견하면서 그들에게 주었던 임무는 "督州郡兵 擊走之"였다.[91] 비상시에 도부서는 관할 州郡의 지방군을 지휘하도록 되어 있었으며 東界, 北界, 東南海 등 거의 모든 변경에 파견되었다.[92] 그에 따라 <표 9>와 같이 서경유수관을 비롯해서 모든 단위의 지방행정기관과 공문서 전달체계를 갖추고 있어야 했다.

이상 <표 9>의 지방관과 別命使臣의 관계에서는 官品의 전제가 별로 없다는 것이 주목된다. 다만 도부서사의 경우 副使에 衆外官이 임명되기도 해서 별도의 규정을 두고 있을 뿐이다. 그 밖의 다른 별명사

---

89) 『慶尙道地理志』慶尙道, 慶州府, 아세아문화사, 1983 영인, 123쪽에서 고려 초에는 경주에 東南海都部署使 本營이 있었다고 하며, 같은 책, 晉州道, 金海都護府, 269~270쪽에 따르면 문종 32년(1078)에는 당시의 金州에 東南海都部署使 本營을 설치했다고 한다. 또 『高麗史』卷7, 世家, 문종 3년 11월 戊午, 上冊, 148쪽에 東南海船兵都部署司가 보이고, 『高麗史』卷13, 世家, 예종 9년(1114) 10월, 上冊, 276쪽 및 『高麗史』卷15, 世家, 인종 6년 12월 甲戌, 上冊, 317~318쪽 기사에 東京兵馬都部署司가 보인다.

90) 『高麗史』卷84, 刑法志 1, 職制, 中冊, 841쪽에서 外獄囚의 推檢 기관으로 西京의 分臺, 東西州鎭의 各界兵馬使, 關內西道의 按察使와 함께 東南海는 都部署가 담당하도록 했는데, 이를 근거로 도부서가 안찰사와 같은 행정기능을 담당하였다고 보는 견해도 있으나 병마사와 달리 이들이 민정적인 성격을 띠는 것은 좀더 후대의 일인 것 같다.

91) 『高麗史』卷4, 世家, 顯宗 3年 5月 己巳, 上冊, 91쪽. 이외에도 『高麗史』의 도부서 관련 기사는 본서 제4장 주89)를 제외하면 모두 군사적 기능에 관한 것이다.

92) 파견 지역에 대해서는 본서 제4장 주89) 참조.

신은 모두 그보다 상급의 관품, 즉 5품 이상의 관리였던 것 같다. 그렇지 않더라도 중요한 직무를 수행하는 제2장 <표 2>의 '重使'였기 때문에 관품의 제한을 받지 않았던 게 아닐까.

　그것은 이들의 관할 영역과도 관련되는 듯하다. 관할 영역이 지방관보다 넓은 만큼 권한도 보다 넓은 지역에 미칠 수 있도록 조치를 취했던 것이다. 따라서 이들 별명사신이 牧·都護 등 일반 행정기관에 공문을 발송할 경우 모두 姓을 붙여 草押하도록 하였다. 반면 牧·都護 등이 別命使臣에게 문서를 발송할 때는 대부분 기관장의 姓名을 서명하도록 하였다. 고려의 행정체제에서는 지방행정기관이 별명사신보다 대체로 하급 지위에 있었다.

　또한 이 시기 別命使臣의 특징으로 그 직함이 대체로 군사지휘권과 관련되었다는 점을 들 수 있다. <표 9>와 <표 10>에서 中軍兵馬使, 左右軍兵馬使는 물론, 兵馬使도 본래 軍職으로 설치된 것이고, 都部署 역시 본래는 수군 관서였다. 都巡檢使나 東西海巡察使는 자료가 극히 적으나 군사지휘권과 일정한 연관이 있었던 것 같다.[93]

　특히 三軍兵馬使는 <표 9>와 <표 10>에서 보이듯이 지방행정기관뿐 아니라 서로 긴밀히 연결되어 있었으며, 그 중심에는 中軍兵馬使가 있었다. 별명사신 중 중군병마사의 지위는 <표 10>에 잘 나타나 있다. 중군병마사는 좌우군병마사에 判官 이상이 姓을 붙여 草押하도록 했는데, 좌우군병마사는 중군병마사에 대하여 使가 姓을 붙여 草押하도록 하여 그 서열을 분명히 하고 있다. 뿐만 아니라 諸都部署의 경우 三軍兵馬使에 대해서는 姓名을 쓰지만 左右軍兵馬使에 대해서는

---

[93] 다만 巡察使의 경우 초기의 기록이 전혀 없어서 그 역할을 알 수 없지만, 『高麗史』 卷113, 列傳 26, 崔瑩, 下冊, 480쪽에 공민왕 22년에 최영이 6도의 순찰사가 되어 군호를 편적하고 전함을 만들게 했다는 기록으로 보아 군사지휘권과 일정한 연관이 있음을 짐작할 수 있다.

3품 이상의 使가 大將軍으로서 文班 卿監을 겸한 자이면 姓을 붙여 草押하도록 했다. 지방행정체계에서 중군병마사의 지위가 좌우군병마사보다 상위였음을 알 수 있다.

<표 10>을 보면 중군병마사는 좌우군병마사와 함께 都部署使와 慶尙道西海巡察使, 猛州都知兵馬使와도 공문 교류를 했고, 그 밖에 東界都巡檢使, 三道巡察使, 兵馬使 등과도 공문 교류를 하였다. 거의 모든 별명사신과 광범하게 연결되어 있었던 것이다.

그렇다면 公牒相通式에서 사료 바-(3)과 바-(4)는 군사적인 목적으로 파견하는 別命使臣에 좀더 중점을 둔 것이 아니었을까. 행정적인 목적으로 파견하는 별명사신은 앞서 살펴본 제2장의 <표 2>와 같이 주로 관품에 따라 공문서 양식을 정해도 되었지만, 군사적인 목적으로 파견되는 별명사신은 직함과 관품이 각각 다르더라도 상하관계가 분명해야 했다. 별도의 규정이 필요했던 것이다. 이는 또한 그만큼 이들의 역할이 중요했던 당시 시대상황을 반영하는 것이기도 했다.

국가 차원에서 기구와 관리를 두어 기록을 생산, 정리, 보존하는 것은 궁극적으로는 국가운영에 활용하기 위해서이다. 이에 제4장은 '기록의 전달과 행정운영'이라 하여 생산된 기록이 어떻게 상호 전달되며 어떠한 기능을 담당했는지를 다루었다. 기록물은 중앙관청 사이에서, 중앙과 지방관청 사이에서, 지방관청들 사이에서, 또 지방관청과 다양한 別衙 사이에서도 授受되었다. 이들의 상호 관계와 아울러 이러한 공문 교류를 가능하게 했던 전송방법도 살펴보려고 하였다.

정부의 행정운영은 공문서의 발송과 수신을 통해 실현된다. 제1절은 고려국가의 통치구조를 이해하기 위한 하나의 방법으로서 고려시대 공문서 규정인『高麗史』형법지의 '公牒相通式'을 분석하였다. 公牒相通式은 행정기관을 중앙과 지방으로 나누어 제정되었다. 먼저 중앙행정기관의 공문 교류를 살펴보면 기관의 등급에 따라, 또 관직자의 품

276

계에 따라 달라지고 있어, 당시 행정기관의 큰 틀을 이해할 수 있었다.

두 번째는 다양한 중앙파견 관리들과 지방관의 관계를 파악함으로써, 고려의 지방통치구조가 실제로 어떠한 모습이었는지 그 일단을 밝혀 보았다. 여기에는 중앙에 공문을 보낼 수 있는 관리로서 西京留守를 비롯하여 別命使臣 및 諸道의 外官 등을 거론하고 있다. 중앙의 지방행정운영은 지방에 상주하는 지방관뿐 아니라 別銜의 보고에도 근거하여 이루어졌음을 알 수 있다.

제2절은 等差가 다양한 행정구역으로 구성되었던 지방사회에 대하여 고려정부는 어떻게 정책을 관철시킬 수 있었는가 하는 의문점에서 출발하였다. 특히 지방행정기관에서 공적 업무를 수행하기 위해 중앙 또는 지방 기관에 발송하거나 수신했던 문서의 授受 관계와 그 傳送 방법 등 전달체계에 초점을 맞추었다. 공문서 규정이 제정되었다는 것은 전국적으로 보편화된 방식이 통용될 수 있는 행정체계가 있었음을 의미한다.

지방관과 別銜이 중앙에 공문을 발송할 때 수신대상은 尚書省이었다. 상서성은 지방행정운영에서 중요 사안에 대하여 최종 판단하고 통보하는 기관이었다. 정부는 상서성을 통해 각 지방의 행정을 통제, 운영할 수 있었다. 중앙 각 관청에서 지방에 공문을 발송할 때에도 임의로 할 수 없었다. 尚書省이 문서 발송에 대하여 가부를 결정하는 권한을 가지고 있었기 때문이다. 상서성은 지방행정체계에서 전체를 통괄하는 지위에 있었다.

중앙과 지방이 공문서를 발송할 때의 傳送方法은 제도로 정착되었다. 먼저 발송 경로가 정해져 국가의 공식 교통로인 驛制를 이용하되, 반드시 개경의 靑郊驛을 통하도록 하였다. 공문서의 포장방법도 규격화되어 공문서의 안전을 위해 가죽 자루를 사용하도록 한 '皮角傳送'과 완급을 표하는 방울을 달도록 한 '懸鈴傳送'이 보편화되었다. 懸鈴

에 따라 전송속도를 일정하게 조절할 수 있었다. 이로써 文書의 公的인 授受를 통해 행정운영을 할 수 있었다.

제3절에서는 지방행정기관의 공문 수수관계를 통해 지방행정의 실체를 밝히고자 하였다. 고려시대 각 지방행정구역에는 공문서의 교류를 통해 지방행정에 참여하는 관료들이 다양하게 존재했다. 公牒相通式 外官條는 바로 이들간의 공문서 교류를 주요한 내용으로 다루고 있다. 그만큼 이들의 公文 授受는 지방행정운영에서 비중이 매우 컸다. 公牒相通式이라는 일정한 書式의 公文을 통해 행정처리가 되었다는 것은 지방행정이 중앙의 전체적인 조율 속에서 체계화되었음을 의미한다.

이러한 과정을 통해 정부는 당시의 현실에 맞게 나름대로 공문서 관리체계를 갖추어 지방행정을 운영하였으며, 그 운영방식은 결코 불완전한 형태가 아니었음을 확인할 수 있었다. 하지만 公牒相通式이라는 자료의 한계상 지방관이 파견된 지역을 중심으로 살펴볼 수밖에 없었다. 이로 인해 지방행정기관에서 훨씬 많은 비율을 차지했던 屬縣과 모든 郡縣에 존재했던 邑司와의 관계는 누락되었다.

公牒相通式의 外官 조항에는 牧·都護·中都護·知州·防禦·縣令·鎭將官 등과 別命使臣의 문서 授受에 관한 규정이 나온다. 여기서 別命使臣은 바로 중앙에서 지방행정구역에 별도로 파견했던 특정관리, 즉 지방관 외에 파견했던 관리들을 총칭하는 것이었다. 別命使臣은 지방행정기관에 직접 공문을 보냈는데, 양자가 공문을 수수한다는 것은 이들 사이에 협조해야 할 공무가 있었음을 의미한다. 즉 지방의 행정은 지방관 독자의 영역이 아니라 또 하나의 관리인 이들 별명사신과 협조함으로써 이루어졌던 것이다. 정부는 중앙에서 파견한 별명사신의 지위를 행정체계에서 상주 지방관보다 상위에 두었다.

別命使臣의 직함은 대체로 동일하게 나타난다. 바로 三軍兵馬使,

東西都巡檢使, 都部署使, 東西海巡察使 등의 직함은 대체로 군사지휘권과 관련된 것이었고, 이들의 관할 영역은 지방관보다 더 넓기 때문에 그 권한도 지방관을 상회할 것으로 추정된다. 특히 이들은 군사지휘권을 가진 고위 관리로서 지방행정기관뿐 아니라 그 일대 다른 別命使臣과도 긴밀히 연결되어 있었다. 고려의 지방통치체제는 이들의 상호 연계 속에서 성립될 수 있었다.

제5장 결 론

본서는 고려시대 국가의 기록관리 체계를 현대 국가 기록관리 체계에서 통상적으로 이루어지는 기록의 생산, 정리, 보존, 활용의 단계를 고려하여 고찰하였다.

기록물의 회전에서 가장 먼저 이루어지는 부분이 기록의 생산이다. 제2장의 '기록의 생산과 관리'는 記錄을 생산하는 초기 단계에서 국가가 어떠한 규정을 마련하여 관리하고 있으며, 그러한 관리를 위해 다양한 人的 資源을 어떻게 육성, 배치하였는지 살펴보았다.

제1절에서는 공문서 생산의 원칙이 어떻게 정해졌으며 어떠한 원칙으로 운영되었는지 분석하였다. 이를 위해 현전하는 고려시대 공문서 규정인 『高麗史』刑法志의 '公牒相通式'을 보다 세밀하게 나누어 고찰하였다.

고려 국가의 행정체계가 정비되면서 그에 걸맞은 공문서 규정도 마련되었다. 국가가 체계적으로 운영되려면 중앙정부의 정책과 시행방침이 지방행정기관에 전달되고 그 시행에 대한 보고가 이루어져야 하며, 어느 기관이나 같은 형식의 문서를 작성하고 정해진 방식대로 교류해야 하기 때문이다. 公牒相通式은 행정기관을 중앙과 지방으로 나누어 제정되었다. 중앙기관의 서명양식을 분석하여 당시 공문서 작성의 원칙을 추론하였다. 公牒相通式의 京官條를 살펴보면, 공문서 규정은 적어도 현종대 이후 문종대까지 정비된 중앙관제 및 지방관제를 바탕으로 제정되었고, 제정 시기도 이에서 크게 벗어나지 않았던 것 같다.

고려시대 공문서를 작성할 때 지켜야 할 격식에서 서명양식은 매우 중요했다. 公牒相通式의 서명양식에서 주목되는 것은 중앙과 지방의 행정기관에 따라, 또 관리 개인의 官品에 따라 양식이 달라진다는 점이다. 官品에 따르는 차등화의 원칙은 고려시대 공문서 규정에서 중요한 요소였다. 규정에는 草押, 姓과 草押, 姓名, 官銜과 姓名 등 네 가지의 서명양식이 보이는데, 이는 단계별로 차등화된 것이었다.

공문서 양식의 세세한 규정은 관청별로 숙지되어야 했다. 그래야 서로 격식에 맞는 공문서를 주고받아 행정을 원활하게 운영할 수 있기 때문이다. 따라서 무엇보다 중요한 것은 이러한 여러 격식과 규정을 숙지하고 적용할 수 있는 실무 담당자를 배치하는 것이다. 아무리 좋은 제도를 마련하여도 이를 실행할 인력이 확보되지 않으면 그것은 무용지물이 된다.

이에 제2절에서는 고려국가가 어떠한 방법으로 문서를 관리할 인적 자원을 확보했으며 관리했는지 살펴보았다. 인적 자원은 크게 네 가지 부류로 나눌 수 있다. 최상급 科擧 출신의 文翰官, 국자감의 書學과 明書業 출신, 중앙행정기관의 하위직으로서 胥吏, 그리고 전국 지방행정기관에 분포되어 있던 鄕吏 등이 있는데 각각에 대해서 보다 입체적으로 그려보았다.

고려에서는 관리 선발이 科擧 시험보다는 蔭敍에 크게 의존했다고 하지만, 국가의 문서를 기록하고 관리하는 전담자는 주로 과거를 통하여 선발하였다. 똑같은 과거 출신이라도 글을 쓰는 것이 뛰어난 사람은 文翰官으로서 그 대우가 특별하였다. 과거 출신자는 대개 가문의 배경이 없는 한 지방의 기록 담당자로서 배치되었지만, 그의 문필이 알려지면 중앙의 문한직을 계속 담당하였다. 뛰어난 글 솜씨와 글씨를 쓰는 능력은 가문에서 대를 이어 이루어졌다.

그리하여 성격이나 정치에서 비판을 받는 인물일지라도, 문한관으로 등용된 사람은 왕의 문서를 생산하고 대외적인 국가 문서를 다루는 데 중용되었다. 여러 나라와 교섭을 하거나 너무나 강력했던 원나라의 지배를 받는 등 외국과의 교류에 민감했던 고려 정부에서는 이들 문한관의 능력이 매우 중요하였기 때문이다.

고려의 기록 관리에서 눈에 띄는 것은 국자감에 書學을 설치했다는 점이다. 서학은 8가지 글씨체를 배우게 되는데, 국자학생과 달리 8품관 이상의 자식과 서인에게 열려 있었다. 이는 하급 관리의 자식들을 대상으로 전문적으로 문서를 작성하는 훈련과정을 별도로 두었음을 의미한다. 科擧에 설치된 명서업 역시 이들을 상대로 하여 시행된 것으로 보인다.

무엇보다 공문서를 생산, 정리, 보존하는 관리체계에서 이를 전담했던 관원으로서 胥吏의 모습을 살펴보는 게 매우 중요하다. 건국 초부터 문서 작성을 담당하는 관리들이 설치되어 있었다. 태조 22년에 작성된 '都評省帖'의 경우 도평성의 史가 관련된 모든 문서를 보관, 정리하고 있었고 이를 근거로 결정을 통보하는 최종 문서를 작성했다. 행정운영에서 胥吏는 문서를 작성하여 품관직 관원에게 결재를 받아 처리하는 단순한 실무직이 아니라, 사안에 따라서는 독립적인 책임도 갖고 있었다.

행정체계가 정비되면서 공문서 생산에 참여하는 서리직도 다양해졌고, 그것은 당시 문서에 반영되었다. 경종 즉위년의 '金傅冊尙父誥'도 여러 단계를 거쳐 완성되었는데, 발급 담당자는 郎中과 그 휘하 主事, 書令史, 孔目이었다. 이들은 문서 처리과정에서 각각 구체적인 역할을 담당했으며, 모두 동일한 형식의 서명을 한 것을 보면 문서에 대한 책임의 비중이 동일했다. 그것은 문서의 효력에 대하여 동일한 책임을 갖고 있었음을 의미한다.

행정체계가 정비됨에 따라 공문서 규정도 더욱 세밀하게 제정되었다. 이러한 규정을 숙지하고 지키려면 훈련된 인원이 필요했다. 공문서 규정은 이를 실현할 수 있는 관리의 배치와 함께 정비될 수 있었다. 그리하여 각 관청에는 기록을 담당하는 관원이 별도로 설치되었다. 이들은 다 胥吏라 불렸는데 실제로 관직명은 매우 다양했다. 중앙의 행정기관에서 문서를 직접 작성하고 관리하는 임무를 담당했던 서리로서 主事·錄事·令史·書史·書令史·史, 그리고 記事와 記官 등이 있었고, 지방 행정기관에서는 鄕吏들이 기록을 담당했는데 이들을 記官이라 부르기도 했다.

당시 공문서에는 문서 작성에 관여한 胥吏를 명시하도록 요구했고, 이는 그 문서에 대한 책임의 표명이었다. 고려의 행정체계에서 胥吏의 역할은 그만큼 중요했다. 이러한 원칙은 고려 시기 내내 유지되는 가운데 서리의 책임은 더욱 강조되었다. 정부는 이들을 그저 각 부서 책임자의 지휘 아래 문서를 작성했던 실무자에 그치지 않고 그 문서에 대하여 책임을 져야 하는 책임자의 범주에 넣었던 것이다.

마지막으로 중앙의 文翰官과 明書業, 그리고 서리직으로 진출할 수 있는 거대한 토대로서 존재했던 지방사회의 鄕吏에 주목하였다. 특히 戶長層은 명서업 등 잡업으로 관직에 나아갔고, 고려 말에는 그러한 경향에 대한 대책이 강구되었음을 기억할 필요가 있다. 戶長層은 邑司를 중심으로 지방행정을 전담하고 있었는데, 오랜 세월에 걸쳐 대대로 익히고 닦은 이들의 능력은 고려의 기록 생산에서 상당히 중요한 역할을 담당하였다.

작성된 기록물은 체계 있게 정리되어야 편리하게 활용할 수 있는데, 고려 정부는 어떠한 방법으로 문서를 정리하고 보존했을까. 제3장의 '기록의 정리와 보존'에서는 그때그때 행정 실무를 위해 생산한 記錄

物을 이후의 필요성에 대비하기 위해 어떻게 정리하고 관리했는지에 관한 부분을 다루었다. 행정운영상의 필요에 따라 정리, 보존되었던 문서를 중심으로 그 정리방식, 보존 연한 등의 원칙이 어떠했으며 그러한 업무를 전적으로 담당한 기구는 어떤 것이 있었는지 살펴보았다. 그리고 현재 전하는 기록물을 중심으로 국가의 기록물 정리와 보존이 각 개인에게 어떠한 영향을 끼쳤는지도 분석하였다.

제1절에서는 행정실무에서나 후대의 필요성에 대비한 기록의 정리 방법이 어떤 것이 있었는지 주로 다루었다.

중앙 모든 행정기관에는 胥吏가 배치되어 있었는데, 각 기관의 기록 정리에서 바로 이들의 이름이 명기된 名貼이 있었다는 데 주목하였다. 그것은 문서 작성에서 서리의 역할이 중요했음을 보여주는 동시에 기록을 정리하는 방식에서도 이들의 역할을 주목할 필요가 있음을 보여준다. 행정운영상 생산된 문서들은 일시적 필요에 따라 작성되고 시효가 끝나면 폐기되는 것도 있지만, 보통은 이후의 필요성에 대비하여 일단 정리되었다. 고려시기에도 공문서를 정리하여 언제든지 참고할 수 있도록 보존하였다. 문서들을 대개 사안별로 장기간 보존되었으며, 각 문서에는 근거 문서가 모두 날짜와 함께 담당 胥吏의 이름으로 謄錄되었다.

고려의 행정운영은 문서를 통해서 이루어졌고 胥吏는 그 문서를 생산, 정리, 보존하는 데 필수적인 관리들이었다. 따라서 서리를 담당하기 위해서는 일정한 요건이 필요했다. 그렇기 때문에 문서를 담당하는 서리직은 상위 지배층의 자제들이 문음을 통해 진출하는 관직이었으며, 지방 향리의 자손들에게 제한적으로 개방되었던 것이다. 또 서리를 거치면 품관으로 진출할 수도 있었다. 이러한 역할과 지위가 보장되어 있었기 때문에 고려의 정치체제에서 서리를 품관과 단절된 직제로 운영할 수 없었다.

이같이 정리된 문서는 시대별로 '實錄'으로 정리되었다. 前王代의 각종 기록물을 모두 모으고 취사선택하여 하나의 자료로 만드는 작업인데, 이렇게 만든 '實錄'을 국가 차원에서 철저히 보존하도록 하였다. 따라서 실록의 편찬은 기록을 정리하는 수단이면서 동시에 기록을 보존하는 방법이기도 했다. 고려정부가 건국 초부터 史館을 설치한 것은 실록을 위한 자료를 보존하기 위해서였다. 이같이 기록물을 체계적으로 정리하고 보존한 결과 조선시대의 『高麗史』편찬의 자료를 제공할 수 있었으며, 나아가 實錄의 보다 철저한 보존을 꾀하여 오늘날까지 풍부한 역사자료로 남길 수 있었다. 實錄은 정리와 보존의 완결이라고 할 수 있을 것이다.

제2절에서는 고려시대에 우리 역사에서 처음으로 국가 주도의 체계적인 기록보존체제를 갖추었던 점에 주목하고, 그 기록물이 어떻게 관리되고 보존되었는지 관련 기구와 체제를 살펴보았다.

고려시대에 언제부터 국가 차원에서 행정 기록을 보존했는지 정확히 알 수 있는 자료는 현재 전하지 않는다. 다만 그 시초를 알 수 있는 것이 史館의 설치이다. 기구가 정비되기 이전 국초부터 史館을 설치하여 '정사를 기록하는 일을 관장하도록' 하였다. 하지만 史館은 기록을 담당한 것만은 아니었다. 史館에는 기록물을 보존하기 위한 구체적인 행동지침이 있었고, 불이 나는 등 위급할 때에는 직사관과 같은 담당 관리가 그 지침대로 산호정으로 대피시킬 수 있도록 했다.

국가의 중요한 기록물을 보존하는 일은 가각고에서도 담당하였다. 가각고가 언제부터 설치되었는지는 알 수 없으나, 충렬왕대 이전에 이미 있었다는 것은 확실하다. 가각고는 史館과는 달리 공문서를 거두어 저장하는 일만 전담하였다. 중앙과 지방행정기관에서 행정처리가 끝난 중요한 문서는 각 기관에서 한 부를 보존하고, 한 부는 가각고에 이관하여 영구 보존하도록 했다. 가각고에 별도로 보존하는 이유는 각 기관에서 소장하는 문서가 손상될 상황에 대비하기 위해서이기도 하지만, 또 한편으로는 그 문서들의 진위를 파악하기 위해서이기도 했다.

고려의 기록보존기구에는 사관과 가각고 외에도 다양한 기구들이 포함되어 있었다. 문덕전·장령전·어서방·비서각·비서성·연영전·추밀원·천장각 등에서는 서적뿐 아니라 국가의 주요 문서도 보조하였다. 고려 정부가 문서의 보존을 위해 여러 기구와 원칙을 마련했던 것이다.

史館에는 중앙뿐 아니라 지방 각 기관의 문서도 보고하도록 되어 있었다. 정부가 지방행정에 필요한 기록도 체계적으로 관리하였던 것이다. 그에 따라 각 지방행정기관에도 중앙의 가각고와 같이 중요 문서를 전적으로 보존하는 별도의 기구나 장소가 있었고, 그것은 州 단위로 설치되었던 것 같다. 그리고 이에 대하여 중앙정부는 가끔 감사를 시행함으로써 지방의 기록물까지 관리할 수 있었다.

각 지방행정기관에는 기록을 담당한 관리로서 司錄이 별도로 설치되었다. 司錄은 中都護府 이상의 지방행정기관에 설치되어 外史, 즉 지방의 역사를 담당했다. 사록에게도 중앙의 史官과 같이 역사의 기록뿐 아니라 그 기록의 보존 업무가 맡겨졌던 것으로 추정된다.

하지만 전쟁을 많이 겪었던 고려사회에서는 국가의 기록보존체제만으로는 기록물을 온전히 보존하기 어려웠다.『高麗史』各志의 서문마다 그러한 어려움을 토로하고 있다. 그럼에도 어느 정도 자료를 모을 수 있었던 것은 국가의 기록체제를 유지하려고 노력했던 관료들이 있었기 때문이다.

제3절에서는 기록의 실제적인 보존체제를 파악하기 위해 현재 전하는 기록물을 중심으로 실제로 국가의 기록 보존이 개인의 생활에 구체적으로 끼친 영향을 살펴보았다. 국가의 행정기관이 개인에게 발급했던 對民發給文書에 주목하고, 현재까지 어떠한 문서가 전하고 있으며,

이들 문서가 보존된 이유는 무엇이었는지 살펴보았다. 아울러 비록 개인에게 발급된 문서이지만, 그것이 국가의 기록물 관리와 어떻게 연관되는지 밝히고자 하였다.

고려가 멸망한 지 이미 6백여 년이 지난 오늘날, 現傳하는 문서도 매우 드물다. 다만 국가의 행정기관이 개인이나 사찰에 발급한 문서가 原文書 또는 轉寫, 轉載, 抄錄 등의 형태로 전하는 것이 간간이 발견될 뿐이다. 이에 국가 차원에서 보존하여 남긴 기사 기록뿐 아니라 對民發給文書를 중심으로 국가의 기록물 관리를 살펴보았다.

고려시대는 공문서의 양식과 전달방식을 비롯해서 보존에 이르기까지 국가 차원의 기록관리체제가 본격적으로 갖추어진 시기였다. 그럼에도 국가 차원에서 보존하였던 기록물이 어떤 것인지에 관해서는 구체적으로 밝혀진 바 없다. 현존하는 對民發給文書는 크게 호구, 인사, 소유권, 포장 등으로 나뉘는데, 주로 자신의 노비 소유권이나 토지에 대한 수조권을 위해서, 또는 자신의 신분을 확인할 수 있는 문서를 지배층의 집안이나 사찰에서 보존한 것이다.

그 중 가장 많은 것은 호구 및 인사 관련 문서이다. 현존하는 準戶口는 대부분 관인들의 것으로, 당시 관인층은 자신의 신분을 입증하기 위한 자료를 갖추어야 했음을 알 수 있다. 호적에는 그때그때 변화하는 상황이 매우 정확하게 반영되었는데, 관직의 이동이 빈번했던 시대에 각 戶에서는 호적이 작성될 때마다 준호구를 발급받아 새롭게 작성된 호적에 정확하게 올랐는지 확인할 필요가 있었다.

준호구는 현재뿐 아니라 과거에 대한 입증 자료로서 발급되기도 하였다. 통상적으로 발급되는 준호구의 형식은 4祖 戶口가 원칙이지만, 8祖 戶口 등 다양한 유형으로 상세하게 기재한 것은 신분관계를 입증해야 했던 목적이 있었기 때문이다. 발급받은 준호구는 때로 호적의 보완이나 확인의 근거가 되었다.

호구 및 인사 관련 문서가 주로 국가에 대하여 자신들의 권리나 지위를 입증하는 데 필요하였던 반면에, 토지 및 노비 관련 문서를 보존하는 것은 개인 상호간의 분쟁에 대비하기 위해서였다. 특히 상속 또는 그 외의 사유로 인한 所有權의 移轉이 있을 경우에는 분쟁이 발생하는 일이 많았다. 이에 소유권 이전 문서를 관청으로부터 인증 받는 절차를 밟아, 그 공문서를 함께 보존하였다. 만일 분쟁이 발생하면 이 문서를 증거로 관청에 판결을 요구할 수 있었기 때문이다.

오늘날까지 보존되고 있는 對民發給文書는 개인과 가문뿐 아니라 국가 차원에서도 중요한 안건이었다. 官吏의 人事 및 襃獎 관련 기록물은 정치운영에 필요한 인적 자원에 대한 기록물이었고, 토지와 노비 관련 문서는 국가의 경제 근간에 관한 기록물이었으며, 호구 관련 문서는 중세사회의 신분제를 유지하기 위해 생산된 기록물이었다. 사실 이러한 문서가 개인에게 중요했던 것은 때에 따라 국가에서 문서의 제시를 요구했기 때문이다. 따라서 국가 차원에서도 이를 관리하고 영구적으로 보존하기 위한 지침이 있었다.

그렇다고 해서 모든 對民發給文書의 원본을 중앙에서 직접 관리한 것은 아니었다. 중앙 관료의 인사 기록 외에 호구, 노비, 토지 관련 기록물과 僧職 기록물 등은 중앙정부에는 다만 보존을 위한 기록물을 남겨 두고, 실제적인 문서의 갱신과 확인 및 발급 업무는 각 郡縣의 지방 행정기관에서 담당하였다. 즉 변동사항에 대한 처리는 군현 단위, 좀더 구체적으로 말한다면 군현의 邑司를 단위로 이루어졌다. 그리고 對民文書는 행정구역의 책임자 명의로 발급되었다.

이와 같은 문서를 原文書 또는 轉寫本 및 轉載本으로 보존해온 집안이 결국 조선시대에 族譜를 만들 수 있는 가문을 형성했다는 점을 고려할 때, 이들 문서가 가문의 盛衰와 결코 무관하지 않음을 시사해 준다. 따라서 고려사회에서 국가의 기록물 관리는 개인의 일상적인 이해관계와 긴밀하게 연결되어 이루어졌다고 할 수 있다.

국가 차원에서 기구와 관리를 두어 기록을 생산, 정리, 보존하는 것은 궁극적으로는 국가운영에 활용하기 위해서이다. 이에 제4장은 '기록의 전달과 행정운영'이라 하여 생산된 기록이 어떻게 상호 전달되며 어떠한 기능을 담당했는지를 다루었다.

기록물은 업무에 따라 서로 교류되었다. 중앙관청 사이에서, 중앙과 지방관청 사이에서, 지방관청들 사이에서, 또 지방관청과 다양한 別衙 사이에서도 授受되었다. 기록이 교류되었다는 것은 그들 상호간에 업무의 지시와 시행상황의 보고, 그리고 업무 협조가 이루어졌음을 나타낸다. 이에 지방행정기관에서 공적 업무를 수행하기 위해 중앙 또는 지방 기관에 발송하거나, 또는 이들 기관으로부터 수신했던 문서의 授受 관계를 통해 중앙과 지방의 명령 및 보고 체계를 파악하려고 한다. 아울러 이러한 공문 교류를 가능하게 했던 전송방법도 살펴보려고 한다.

어느 시대에나 정부의 행정운영은 공문서의 발송과 수신을 통해 실현된다. 제1절은 고려국가의 통치구조를 이해하기 위한 하나의 방법으로서 고려시대 공문서 규정인 『高麗史』 형법지의 '公牒相通式'을 분석하였다. 公牒相通式은 행정기관을 중앙과 지방으로 나누어 제정되었다. 먼저 중앙행정기관의 공문 교류를 살펴보면 기관의 등급에 따라, 또 관직자의 품계에 따라 달라지고 있어 당시 행정기관의 큰 틀을 이해할 수 있었다.

두 번째는 다양한 중앙 파견 관리들과 지방관의 관계를 파악함으로써, 고려의 지방통치구조가 실제로 어떠한 모습이었는지 그 일단을 밝히려고 하였다. 이는 정부와 지방관, 또 지방관과 중앙 파견 관리들이 어떠한 방식으로 의사소통을 해야 하는지에 관한 규정이다. 여기에는 중앙에 공문을 보낼 수 있는 관리로서 西京留守를 비롯하여 別命使臣

및 諸道의 外官 등을 거론하고 있다. 중앙의 지방행정운영은 지방에 상주하는 지방관뿐 아니라 別銜의 보고에도 근거하여 이루어졌던 것이다.

제2절은 等差가 다양한 행정구역으로 구성되었던 지방사회에 대하여 고려 정부는 어떻게 정책을 관철시킬 수 있었는가 하는 의문점에서 출발하였다. 특히 지방행정기관에서 공적 업무를 수행하기 위해 중앙 또는 지방 기관에 발송하거나 수신했던 문서의 授受 관계와 그 傳送방법 등 전달체계에 초점을 맞추었다. 공문서에는 書式뿐 아니라 전달방식에 관해서도 일정한 규정이 필요하였다. 공문서 규정이 제정되었다는 것은 전국적으로 보편화된 방식이 통용될 수 있는 행정체계가 있었음을 의미한다. 이같이 중앙과 지방관청 사이에서 이루어졌던 문서의 전달체계를 분석함으로써, 정부가 전국의 행정을 어떻게 운영했는지 밝히고자 하였다.

지방관과 別銜이 중앙에 공문을 발송할 때 수신대상은 尙書省이었다. 상서성은 지방행정운영에서 중요 사안에 대하여 최종 판단하고 통보하는 기관이었다. 정부는 상서성을 통해 각 지방의 행정을 통제, 운영할 수 있었다. 중앙 각 관청에서 지방에 공문을 발송할 때에도 임의로 할 수 없었다. 尙書省이 문서 발송에 대하여 가부를 결정하는 권한을 가지고 있었기 때문이다. 상서성은 지방행정체계에서 전체를 통괄하는 지위에 있었다.

중앙과 지방이 공문서를 발송할 때의 傳送方法은 제도로 정착되었다. 먼저 발송 경로가 정해져 국가의 공식 교통로인 驛制를 이용하되, 반드시 개경의 靑郊驛을 통하도록 하였다. 공문서의 포장방법도 규격화되어 공문서의 안전을 위해 가죽자루를 사용하도록 한 '皮角傳送'과 완급을 표하는 방울을 달도록 한 '懸鈴傳送'이 보편화되었다. 懸鈴에 따라 전송속도를 일정하게 조절할 수 있었다. 이로써 文書의 公的인

290

授受를 통해 행정운영을 할 수 있었다.

공문서 양식의 세세한 규정은 각 관청별로 숙지되어야 했다. 그래야 서로 격식에 맞는 공문서를 주고받아 행정을 원활하게 운영할 수 있기 때문이다. 이 점은 지방 행정기관도 예외가 될 수 없었다. 제3절은 바로 이러한 지방행정기관의 공문 수수관계를 통해 지방행정의 실체를 밝히고자 하였다.

고려시대 각 지방행정구역에는 이같이 공문서의 교류를 통해 지방행정에 참여하는 관료들이 다양하게 존재했다. 公牒相通式 外官條는 바로 이들간의 공문서 교류를 주요한 내용으로 다루고 있다. 그만큼 이들의 公文 授受는 지방행정운영에서 비중이 매우 컸다. 지방행정운영에서 別銜은 지방관과 함께 하나의 축을 형성하였던 것이다. 또한 公牒相通式이라는 일정한 書式의 公文을 통해 행정처리가 되었다는 것은 지방행정이 중앙의 전체적인 조율 속에서 체계화되었음을 의미한다.

이러한 과정을 통해 정부는 당시의 현실에 맞게 나름대로 공문서 관리체계를 갖추어 지방행정을 운영하였으며, 그 운영방식은 결코 불완전한 형태가 아니었음을 확인할 수 있었다. 하지만 公牒相通式이라는 자료의 한계상 지방관이 파견된 지역을 중심으로 살펴볼 수밖에 없었다. 이로 인해 지방행정기관에서 훨씬 많은 비율을 차지했던 屬縣과 모든 郡縣에 존재했던 邑司와의 관계는 누락되었다.

公牒相通式의 外官 조항에는 牧·都護·中都護·知州·防禦·縣令·鎭將官 등과 別命使臣의 문서 授受에 관한 규정이 나온다. 여기서 別命使臣은 바로 중앙에서 지방행정구역에 별도로 파견했던 특정 관리, 즉 지방관 외에 파견했던 관리들을 총칭하는 것이었다. 別命使臣은 지방행정기관에 직접 공문을 보냈는데, 양자가 공문을 수수한다는 것은 이들 사이에 협조해야 할 공무가 있었음을 의미한다. 즉 지방

의 행정은 지방관 독자의 영역이 아니라 또 하나의 관리인 이들 별명
사신과 협조함으로써 이루어졌던 것이다. 정부는 중앙에서 파견한 별
명사신의 지위를 행정체계에서 상주 지방관보다 상위에 두었음을 알
수 있다. 중앙기관의 공문 授受에서 보았던 서명양식이 지방행정기관
에도 적용되었다.

公牒相通式에서 지방행정기관이 문서를 발송 또는 수신했던 중앙
파견 관리, 즉 別命使臣의 직함은 대체로 동일하게 나타난다. 바로 三
軍兵馬使, 東西都巡檢使, 都部署使, 東西海巡察使 등의 직함은 대체
로 군사지휘권과 관련된 것이었고, 이들의 관할 영역은 지방관보다 더
넓기 때문에 그 권한도 지방관을 상회할 것으로 추정된다. 특히 이들
은 군사지휘권을 가진 고위 관리로서 지방행정기관뿐 아니라 그 일대
다른 別命使臣과도 긴밀히 연결되어 있었다. 고려의 지방통치체제는
이들의 상호 연계 속에서 성립될 수 있었다.

이와 같은 연구에도 불구하고 여전히 고려의 기록을 이해하는 데는
부족한 점이 많다. 자료의 부족함도 있지만 무엇보다 기록물에 접근하
는 방법에서 아직 충분하지 못하기 때문이라고 생각한다. 이제 중세의
'고문서'가 아니라 고려의 '기록'으로서 각종 문서를 가까이 할 수 있다
면, 비로소 고려의 실체에 보다 가까이 갈 수 있지 않을까 기대해 본
다.

참고문헌

1. 자료

『經國大典』(아세아문화사, 1983 影印).

『慶尙道地理志』(아세아문화사, 1983 影印).

『慶州戶長先生案』·『(慶尙道)道先生案』(許興植 편, 『韓國中世社會史資料集』, 아세아문화사, 1972).

『高麗圖景』(아세아문화사, 1983 影印).

『高麗名賢集』(成均館大 大東文化硏究所, 1987 影印).

『高麗史』(연세대학교 동방학연구소, 1961 影印).

『高麗史節要』(아세아문화사, 1983 影印).

『錦城日記』(『朝鮮學報』 53, 1969 影印).

『老乞大·朴通事 諺解』(한국학문헌연구소 편, 아세아문화사, 1973 影印).

『(校勘)三國史記』(민족문화추진회, 1973 影印).

『三國遺事』(崔南善 편, 서문문화사, 1983).

『世宗實錄地理志』(아세아문화사, 1983 影印).

『新唐書』·『宋史』·『元史』·『遼史』·『金史』(中華書局 影印).

『新增東國輿地勝覽』(아세아문화사, 1986 影印).

『安東先生案』(『대구사학』 19, 1981 影印).

『掾曹龜鑑』(『朝鮮學報』 97, 1980, 天理圖書館所藏本 影印).

『曹溪山松廣寺史庫』(아세아문화사, 1977 影印).

『朝鮮王朝實錄』(국사편찬위원회, 1986 影印).

金東旭 편, 『古文書集眞』, 연세대 인문과학연구소, 1972.

金龍善 편, 『高麗墓誌銘集成』, 한림대 아시아문화연구소, 1993.

金炫榮 편, 『大丘月村丹陽禹氏文書 : 資料篇, 硏究·正書·解題篇』, 한국고문서학회, 1994.

민족문화추진회 역, 『국역 동문선』, 민족문화추진회, 1969.

노명호 외, 『韓國古代中世古文書硏究(上)·(下)』, 서울대학교출판부, 2000.

연세대 국학연구원 편, 『經濟六典輯錄』, 1993.

원천석 지음, 李仁在・許敬震 공역,『耘谷詩史』, 원주문화원, 2001/혜안, 2007.
李基白 편,『韓國上代古文書資料集成』, 일지사, 1987.
李樹健 편,『慶北地方古文書集成』, 영남대학교출판부, 1981.
정광 역주,『老乞大』, 김영사, 2004
『기록보존용어사전』, 정부기록보존소, 1988
『사무관리실무편람』, 총무처, 1996
정부기록보존소 편,『기록보존 업무편람』, 정부기록보존소, 2002.
朝鮮總督府 편,『朝鮮金石總覽』, 1919(아세아문화사, 1976 影印).
최정태 외 엮음,『기록관리학사전』, 한울 아카데미, 2005.
한국역사연구회 편,『譯註 羅末麗初金石文(上)』, 혜안, 1996.
許興植 편,『韓國中世社會史資料集』, 아세아문화사, 1972.
許興植 편,『韓國金石全文』, 아세아문화사, 1984.

2. 저서

강은경,『高麗時代 戶長層 硏究』, 혜안, 2002.
곽건홍,『한국기록관리의 이론과 실제』, 역사비평사, 2003.
구산우,『高麗前期鄕村支配體制硏究』, 혜안, 2003.
金南奎,『高麗兩界地方史硏究』, 새문사, 1989.
김상호,『기록보존론』, 아세아문화사, 1999.
김용선,『高麗 蔭敍制度 硏究』, 일조각, 1991.
김용선,『고려 금석문 연구 : 돌에 새겨진 사회사』, 일조각, 2004.
金炫榮,『고문서를 통해본 조선시대 사회사』, 신서원, 2003.
南權熙,『高麗時代 記錄文化 硏究』, 청주고인쇄박물관, 2002.
노명호・전덕재・윤선태・윤경진・임기환,『韓國古代中世 地方制度의 諸問題』, 집문당, 2004.
朴龍雲,『高麗時代 蔭敍制와 科擧制 硏究』, 일지사, 1990.
朴龍雲,『고려시대 開京 연구』, 일지사, 1996.
朴龍雲,『高麗時代 官階・官職 硏究』, 고려대출판부, 1997.
朴龍雲,『高麗時代 尙書省 硏究』, 경인문화사, 2000.
朴宰佑,『고려 국정운영의 체계와 왕권』, 신구문화사, 2005.
박종기,『고려의 지방사회』, 푸른역사, 2002.
朴贊洙,『高麗時代 敎育制度史 硏究』, 경인문화사, 2001.

邊太燮, 『高麗政治制度史研究』, 일조각, 1971.

사이타마현 지역사료보존활용연락협의회 엮음, 한명근 옮김, 『지역사료의 보존과 관리』, 한울, 2004.

양태진, 『기록보존학개론』, 법경출판사, 1993.

연세대 국학연구원 편, 『고려·조선전기 중인연구』, 신서원, 2001.

이기백, 『고려 귀족사회의 형성』, 일조각, 1990.

李樹健, 『韓國中世社會史研究』, 일조각, 1984.

李樹健, 『朝鮮時代 地方行政史』, 민음사, 1989.

李樹健, 『한국의 성씨와 족보』, 서울대학교출판부, 2003.

이수건 외, 『16세기 한국 고문서 연구』, 아카넷, 2004.

이원규, 『한국기록물관리제도의 이해』, 진리탐구, 2002.

이해준·정구복·박병호·김현영·이영훈, 『호남지방 고문서 기초연구』, 한국정신문화연구원, 1999.

李勛相, 『朝鮮後期의 鄕吏』, 일조각, 1990.

張東翼, 『元代麗史資料集錄』, 서울대학교출판부, 1997.

張東翼, 『宋代麗史資料集錄』, 서울대학교출판부, 2000.

張東翼, 『日本 古中世 高麗資料 研究』, 서울대학교출판부, 2004.

정구복, 『고문서와 양반사회』, 일조각, 2002.

蔡雄錫, 『고려시대의 국가와 지방사회』, 서울대학교출판부, 2000.

千惠鳳, 『신라 인쇄술의 연구』, 경인문화사, 1980.

최미정, 『고려 속요의 전승 연구』, 계명대출판부, 1999.

崔承熙, 『(增補版) 韓國古文書研究』, 지식산업사, 1989.

최정태, 『기록학개론』, 아세아문화사, 2001.

河炫綱, 『高麗地方制度의 研究』, 한국연구원, 1977.

河炫綱, 『韓國中世史研究』, 일조각, 1988.

河炫綱, 『韓國中世史論』, 신구문화사, 1989.

한국국가기록연구원 편, 『기록관리법에 대한 기록학적 분석 연구』, 한국국가기록연구원, 2002.

『외국의 기록보존제도』, 행정자치부 정부기록보존소, 1998

許興植, 『高麗科擧制度史研究』, 일조각, 1981.

許興植, 『한국의 古文書』, 민음사, 1988.

高野修, 『地域文書館論』, 岩田書院, 日本 神奈川縣, 1995.

安藤正人・靑山英幸,『記錄史料の管理と文書館』, 北海道大學圖書刊行會, 1995.

安藤正人,『記錄史料學の現代』, 吉川弘文館, 1997.

安藤正人,『記錄史料の管理と文書館』, 吉川弘文館, 1997.

作山宗久,『文書のライフサイクル』, 法政大學出版局, 1995.

全國歷史資料保存利用機關連絡協會議 監修,『文書館用語集』, 大阪大學出
　　　版會, 日本 吹田市, 1997.

Daniels, M.&T. Walch ed., *A Modern Archives Reader : Basic Readings on Archival Theory
　　　and Practice*, Washington D. C : National Archives and Records Service,
　　　1984.

Elizabeth Yakel, *Starting Archives*, SAA and The Scarecrow Press, Metuchen,
　　　N.J.&London, 1994.

Frank Boles in association with Julia Marks Young, *Archival Appraisal*, Neal-Schuman
　　　Publishers, Inc., New York, 1991.

Gail Farr, *Archives & Manuscripts* : Exhibits, SAA(Society of American Archivists) Basic
　　　Manual Series, Chicago, 1980.

H. W. Samuels, *VARSITY LETTERS - Documenting Modern Colleges and Universities*, SAA
　　　and The Scarecrow Press, Metuchen, N.J.& London, 1992.

Julian L. Mims Ⅲ, *Records Management - A Practical Guide For Cities and Counties*, CRM,
　　　CA, 1996.

Lewis J. Bellardo and Lynn Lady Bellardo, *A Glossary for Archivists, Manuscript Curators,
　　　and Records Managers*, SAA, Chicago, 1992.

William J. Maher, *The Management of College and University Archives*, SAA and The
　　　Scarecrow Press, Inc., Metuchen, N.J.& London, 1992.

T. R. Schellenberg, *Modern Archives : Principle and Techniques*, the University of Chicago
　　　Press, Chicago, 1957.

T. R. Schellenberg, *The Management of Archives*, Washington D. C. : National Archives
　　　and Records Service, 1984.

3. 연구 논문

강영철,「高麗 驛制의 성립과 변천」,『사학연구』 38, 한국사학회, 1984.

姜恩景,「高麗後期 戶長層의 변동과 '兩班鄕吏戶籍'의 정리 - 국보호적을 중
　　　심으로 - 」,『동방학지』 97, 연세대 국학연구원, 1997.

姜恩景, 「'李太祖戶籍原本'에 나타난 高麗末 鄕吏의 身分 變化」, 『실학사상 연구』 10·11합, 무악실학회, 1999.

姜恩景, 「고려초 州官의 형성과 그 구조」, 『한국중세사연구』 6, 한국중세사학회, 1999.

姜恩景, 「고려시대 공문서의 전달체계와 지방행정운영」, 『한국사연구』 122, 2003.

姜恩景, 「고려시대 지방사회의 제의와 공동체의식」, 『韓國思想史學』 21, 한국사상사학회, 2003.

姜恩景, 「『高麗史』 刑法志 公牒相通式에 나타난 지방통치구조」, 『동방학지』 123, 연세대 국학연구원, 2004.

姜恩景, 「고려시대 기록보존체제」, 『문명연지』 5-1, 한국문명학회, 2004.

姜恩景, 「고려시기 공문서 관리체계에서 胥吏의 地位」, 『역사교육』 89, 역사교육연구회, 2004.

姜恩景, 「고려시대 祀典의 제정과 운용」, 『韓國史硏究』 126, 2004.

姜恩景, 「고려시대 국가의 기록물 보존과 개인의 생활 - 對民發給文書를 중심으로 -」, 『학림』 25·26합, 연세대 사학연구회, 2005.

姜恩景, 「고려시대 국가, 지역 차원 祭儀와 개인적 신앙」, 『동방학지』 129, 연세대 국학연구원, 2005.

金慶洙, 「朝鮮 中宗代의 史官硏究」, 충남대 박사학위논문, 1996.

金慶洙, 「朝鮮時代 "家藏史草"의 一硏究」, 『서지학보』 21, 한국서지학회, 1998.

金慶洙, 「朝鮮前期 兼任史官의 運營과 그 性格」, 『조선시대사학보』 5, 조선시대사학회, 1998.

金慶洙, 「조선전기 史官과 實錄 編纂에 대한 연구 - 현황과 과제 -」, 『사학연구』 62, 한국사학회, 2001.

金慶洙, 「朝鮮前期 實錄 編纂에 대한 史學史的 考察」, 『조선시대사학보』 20, 조선시대사학회, 2002.

金光洙, 「高麗時代의 胥吏職」, 『한국사연구』 4, 1969.

金光洙, 「羅末麗初의 地方學校 問題」, 『한국사연구』 7, 1972.

金光洙, 「身分體制의 再編成 - 中間階層」, 『한국사』 5, 국사편찬위원회, 1975.

金光洙, 「羅末麗初의 豪族과 官班」, 『한국사연구』 23, 1979.

金光洙, 「高麗時代의 權務職」, 『한국사연구』 30, 1980.

金光洙, 「高麗 官班體制의 變化와 兩班戶籍整理」, 『역사교육』 35, 역사교육

연구회, 1984.

金光洙, 「新羅 官名 '大等'의 屬性과 그 史的 展開」, 『역사교육』 59, 역사교육
연구회, 1996.

金蘭玉, 「고려시대 驛人의 사회신분에 관한 연구」, 『한국학보』 70, 일지사,
1993.

金蘭玉, 「麗末鮮初 묘지명의 가계기록방식」, 『한국사학보』 21, 고려사학회,
2005.

金南奎, 「高麗都部署考」, 『사총』 11, 1966/『高麗兩界地方史硏究』, 새문사,
1989 재수록.

金南奎, 「高麗 兩界의 監倉使에 대하여」, 『사총』 17·18합, 역사학연구회(구
고대사학회), 1973.

金塘澤, 「고려시대의 衆職」, 『성곡논총』 20, 성곡학술문화재단, 1989.

金塘澤, 「『詳定古今禮文』의 편찬 시기와 그 의도」, 『호남문화연구』 21, 전남
대 호남문화연구소, 1992.

金塘澤, 「高麗 仁宗朝의 西京遷都·稱帝建元·金國征伐論과 金富軾의 ≪三
國史記≫ 편찬」, 『역사학보』 170, 2001.

김동욱, 「古文書의 樣式的 硏究 序說(I)」, 『인문과학』 17, 연세대 인문과학연
구소, 1967.

김동욱, 「李朝 古文書의 分類에 대하여 - 李朝 古文書의 樣式的 硏究 序說
(二)」, 『인문과학』 19, 연세대 인문과학연구소, 1968.

김동욱, 「坊刻本에 대하여」, 『동방학지』 11, 연세대 국학연구원(전 동방학연구
소), 1970.

金東賢·金東旭, 「朝鮮時代 史庫의 建築樣式」, 『史庫址調査報告書』, 국사편
찬위원회, 1986.

金相鉉, 「『三國遺事』의 刊行과 流通」, 『한국사연구』 38, 1982.

金相鉉, 「三國遺事의 書誌學的 考察」, 『三國遺事의 綜合的 檢討』, 한국정신
문화연구원, 1987.

金相淏, 「조선조 공문서의 작성 및 그 관리에 관한 연구」, 성균관대 석사학위
논문, 1986.

金相淏, 「조선시대의 공문서 관리」, 『서지학연구』 1, 서지학회, 1986/『기록보
존론』, 아세아문화사, 1999.

金成俊, 「高麗七代實錄編纂과 史官」, 『민족문화논총』 1, 영남대 민족문화연
구소, 1981.

金成煥, 「高麗時代 墓誌銘 新例－元瓘墓誌銘」, 『한국문화』 25, 서울대 규장각한국학연구원, 2000.

金英夏·許興植, 「韓國中世의 戶籍에 미친 唐宋戶籍制度의 影響」, 『한국사연구』 19, 1978.

金龍善, 「金仲文 墓誌銘」, 『고고미술』 24, 국립중앙박물관, 1979.

金龍善, 「高麗 墓誌銘 二例 : 高瑩中과 그의 孫女 高氏夫人 墓誌銘」, 『斗溪李丙燾博士九旬紀念 韓國史學論叢』, 지식산업사, 1987.

金龍善, 「新資料 高麗 墓誌銘 17點」, 『역사학보』 117, 1988.

金龍善, 「高麗 支配層의 埋葬地에 대한 考察」, 『동아연구』 17, 서강대 동아연구소, 1989.

金龍善, 「고려시대의 음서 시행 사례」, 『高麗 蔭敍制度 硏究』, 일조각, 1991.

金龍善, 「高麗時代의 家系記錄과 '族譜'」, 『李基白先生古稀紀念韓國史學論叢－古代篇·高麗時代篇』, 일조각, 1994.

金龍善, 「高麗門閥의 構成要件과 家系」, 『한국사연구』 93, 1996.

金龍善, 「고려 귀족의 결혼·출산과 수명」, 『한국사연구』 103, 1998.

金龍善, 「족보 이전의 가계기록」, 『한국사시민강좌－특집 : 족보가 말하는 한국사』 24, 일조각, 1999.

金容燮, 「高麗 忠烈王朝의 <光山縣詠詩序>의 분석」, 『역사학보』 172, 2001.

金潤坤, 「麗代의 按察使制度 성립과 그 배경」, 『교남사학』 1, 영남대 국사학회, 1985.

金潤坤, 「高麗大藏經의 彫成機構와 刻手의 性分」, 『碧史李佑成敎授定年退職紀念論叢－民族史의 展開와 그 文化(上)』, 논총간행위원회, 1990.

金潤坤, 「≪고려대장경≫의 각판과 국자감시 출신」, 『국사관논총』 46, 국사편찬위원회, 1993.

金潤坤, 「'江華京板 高麗大藏經'의 체제에 관한 一考」, 『부산여대사학』 10·11합, 부산여자대학교 사학회, 1993.

金潤坤, 「高麗國 分司大藏都監과 布施階層」, 『민족문화논총』 16, 영남대 민족문화연구소, 1996.

金潤坤, 「高麗大藏經의 東亞大本과 彫成主體에 대한 考察」, 『石堂論叢』 24, 동아대 石堂傳統文化硏究院, 1996.

金潤坤, 「고려 '國本' 대장경의 혁신과 그 배경」, 『민족문화논총』 27, 영남대 민족문화연구소, 2003.

金潤坤·宋聖安, 「高麗時代 寺院手工業에 관한 一檢討」, 『慶大史論』 10, 경

남대 사학회, 1997.

김익한, 「기록물 관리체제론 및 평가분류론의 새로운 흐름」, 『기록보존』 11, 국가기록원, 1998.

김익한, 「기록관리체제의 개혁과 기록과학의 과제」, 『정신문화연구』 75, 한국정신문화연구원, 1999.

김재순, 「한국근대 공문서관리제도의 변천」, 『기록보존』 5, 국가기록원, 1992.

김재순, 「조선총독부 공문서관리제도와 총무처 정부기록보존소 소장 일제문서」, 『역사와 현실』 9, 한국역사연구회, 1993.

김재순, 「일제의 公文書制度 장악과 운용의 실제」, 『한국문화』 16, 서울대 규장각한국학연구원, 1995.

김재순, 「역사기록 보존, 어떻게 할 것인가 - 세계 각국의 사례와 비교하여 한국 기록보존제도의 역사와 과제」, 『역사비평』 36, 역사문제연구소, 1997.

김재순, 「기록물관리법 제정과 학계의 협력과제」, 『역사와 현실』 31, 한국역사연구회, 1999.

김정하, 「중세의 문서관리에 관한 사례연구 : 13~16세기 이탈리아 시에나 국립문서보관소를 중심으로」, 『서양사론』 59, 1998.

김정하, 「이탈리아 르네상스시대(15~16세기)의 기록관리전통에 대한 연구」, 『서양중세사연구』 6, 2000.

김정하, 「역사기록물에 대한 고문서학 - 고서체학 연구 및 그 보존과 활용에 대한 기록관리연구」, 『고문서연구』 31, 한국고문서학회, 2000.

김정하, 「기록물관리와 문서고 설립에 관한 사례연구 : '원불교 총부 문서고'의 설립을 중심으로」, 『기록관리보존』 6, 한국기록관리협회, 2001.

김정하, 「시에나(Siena)의 '기록물관리법 시행령 확정안'(1584년)에 대한 연구」, 『서양중세사연구』 3, 2001.

김정하, 「기록물의 활용과 그 유형에 관한 연구」, 『정신문화연구』 92, 한국정신문화연구원, 2003.

김종철, 「일본의 지방공문서관과 지방기록관리 - 문서관과 역사자료관의 설립 과정을 중심으로 - 」, 『기록학연구』 11, 한국기록학회, 2005.

金炫榮, 「조선후기 中人의 家系와 經歷 : 譯官 川寧玄氏家 古文書의 分析」, 『한국문화』 6, 서울대 규장각한국학연구원, 1987.

金炫榮, 「17세기 안동지방의 惡籍, 「人吏諸官屬記過」에 대하여」, 『고문서연구』 1, 1991.

金炫榮, 「1530년 안동지방의 鄕案, 「(嘉靖庚寅)座目」의 분석」, 『擇窩許善道先生停年紀念韓國史學論叢』, 일조각, 1992.

金炫榮, 「朝鮮時代 實錄의 編纂과 政府記錄의 保存」, 『기록보존』 6, 국가기록원, 1993.

金炫榮, 「조선초기의 傳准에 대하여 - 1469년 '田養智妻河氏粘連文記'를 중심으로」, 『고문서연구』 9·10합, 한국고문서학회, 1996.

金炫榮, 「조선시대 지방 官衙에서의 기록의 생산과 보존」, 『고문서연구』 28, 한국고문서학회, 2006.

金好鍾, 「東南海都部署의 설치와 그 기능」, 『민족문화논총』 20, 영남대 민족문화연구소, 1999.

남권희, 「架閣庫考」, 『서지학연구』 1, 서지학회, 1986.

남권희, 「족보에 수록된 나말여초의 문서기록 Ⅱ」, 『서지학회 학술발표논집』 제1집, 2000.

남권희, 「淸州牧 元興社 刊行의 金剛般若波羅密經과 高麗時代의 金剛經 刊行」, 『고인쇄문화』 6, 청주고인쇄박물관, 2000.

남권희, 「麗末鮮初의 出版文化史 —考察 - 金秉九 所藏資料를 中心으로 - 」, 『고인쇄문화』 7, 2000.

남권희, 「慶州에서 刊行된 書籍硏究」, 『신라문화』 19, 동국대 신라문화연구소, 2001.

남권희, 「濟州道 刊行의 書籍과 記錄類」, 『고인쇄문화』 8, 2001.

남권희, 「15·16세기 경상도 지역의 刑獄 관련 문서와 牒呈 문서」, 『서지학연구』 23, 서지학회, 2002.

남권희, 「記錄物의 書誌記述」, 『고문서연구』 22, 2003.

남권희·여은영, 「충렬왕대 武臣 鄭仁卿의 政案과 功臣錄券 연구」, 『고문서연구』 7, 한국고문서학회, 1995.

남권희·임기영, 「淸難原從功臣錄券과 衛聖從功臣錄券에 관한 書誌的 考察」, 『고인쇄문화』 9, 2002.

盧明鎬, 「고려시대 戶籍 기재양식의 성립과 그 사회적 의미」, 『진단학보』 79, 1995.

盧明鎬, 「고려후기의 功臣錄券과 功臣敎書」, 『고문서연구』 13, 한국고문서학회, 1998.

노재봉, 「국가기록물 보존의 중요성」, 『기록보존』 10, 국가기록원, 1997.

마종낙, 「원 간섭기 등과유신과 유학사상의 동향」, 『한국사론』 41·42합, 서울대 국사학과, 1999.

문철영, 「麗末 新興士大夫들의 新儒學 수용과 그 특징」, 『한국문화』 3, 서울대 규장각한국학연구원, 1982.

문철영, 「고려중기 사상계의 동향과 新儒學」, 『국사관논총』 37, 국사편찬위원회, 1992.

문철영, 「고려후기 신유학 수용과 사대부의 의식세계」, 『한국사론』 41 · 42합, 서울대 국사학과, 1999.

朴龍雲, 「고려시대의 문산계」, 『진단학보』 52, 1981.

朴龍雲, 「고려시대 科擧의 考試와 체계에 대한 검토」, 『한국사연구』 61 · 62합, 1988.

朴龍雲, 「高麗時代의 科擧 : 明經科에 대한 檢討」, 『국사관논총』 20, 국사편찬위원회, 1990.

朴龍雲, 「고려시대의 紅牌에 관한 일고찰」, 『碧史李佑成敎授定年退職紀念論叢 - 民族史의 展開와 그 文化(上)』, 논총간행위원회, 1990/『高麗時代 蔭敍制와 科擧制 硏究』, 일지사, 1990 재수록.

朴龍雲, 「관직과 관계」, 『한국사』 14, 국사편찬위원회, 1993/『高麗時代 官階 · 官職 硏究』, 고려대출판부, 1997 재수록.

朴龍雲, 「고려후기의 必闍赤(필자적, 비칙치)에 대한 검토」, 『李基白先生古稀紀念韓國史學論叢 - 고대편 · 고려시대편』, 일조각, 1994.

朴龍雲, 「관직과 관계」, 『한국사』 14, 국사편찬위원회, 1993/『高麗時代 官階 · 官職 硏究』, 고려대출판부, 1997 재수록.

朴龍雲, 「고려시대의 尙書都省에 대한 검토」, 『국사관논총』 61, 1995/『高麗時代 尙書省 硏究』, 경인문화사, 2000 재수록.

朴龍雲, 「『高麗史』 百官志 譯註」, 『고려시대연구』 5, 한국정신문화연구원, 2002.

朴宰佑, 「고려전기의 국정운영체계와 재추」, 『역사학보』 154, 1997.

朴宰佑, 「고려전기 재추의 운영원리와 권력구조」, 『역사와 현실』 26, 1997.

朴宰佑, 「고려전기 政策提案의 주체와 提案過程」, 『진단학보』 88, 1999.

朴宰佑, 「고려시기의 告身과 관리임용체계」, 『韓國古代中世古文書硏究(下)』, 서울대학교출판부, 2000.

朴宰佑, 「고려초기 재신의 성격와 운영」, 『역사와 현실』 43, 2002.

朴宰佑, 「고려전기 國政의 결정과 회의」, 『한국문화』 30, 서울대 규장각한국학연구원, 2002.

朴宰佑, 「고려전기 국정의 결정과 시행」, 『한국사연구』 121, 2003.

朴宰佑, 「고려전기 왕명의 종류와 반포」, 『진단학보』 95, 2003.

朴宰佑, 「고려 政案의 양식과 기초 자료 - '鄭仁卿政案'을 중심으로」, 『고문서연구』 28, 한국고문서학회, 2006.

朴宰佑, 「고려전기 君臣의 위상과 역할에 대한 관념」, 『한국사연구』 132, 2006.

朴宰佑, 「15세기 인사문서의 양식 변화와 성격」, 『역사와 현실』 59, 2006.

朴宰佑, 「고려후기 所志의 처리절차와 立案 발급」, 『고문서연구』 29, 2006.

박종성, 「조선후기 탈춤의 부상과 향촌사회구조」, 『한국문화』 20, 서울대 규장각, 1997.

박종진, 「고려시기 吏屬職의 구조와 胥吏의 지위」, 『고려·조선전기 중인연구』, 신서원, 2001.

박종진, 「고려시기 안찰사의 기능과 위상」, 『동방학지』 122, 연세대 국학연구원, 2003.

박종진, 「고려시기 계수관의 기능과 위상」, 『역사와 현실』 56, 2005.

박찬수, 「高麗時代의 鄕校」, 『한국사연구』 42, 1983.

박찬수, 「高麗學式에 대한 재검토 : 儒學部를 中心으로」, 『국사관논총』 21, 국사편찬위원회, 1991.

박찬수, 「高麗前期 國子監의 成立과 興替」, 『민족문화』 14, 민족문화추진회, 1991.

박찬수, 「고려후기 國學의 변천」, 『태동고전연구』 10, 한림대 태동고전연구소, 1993.

배현숙, 「고려시대의 비서성」, 『도서관학논집』 7, 한국도서관정보학회, 1980.

邊太燮, 「高麗宰相考」, 『역사학보』 35·36합, 1967.

邊太燮, 「고려전기의 외관제」, 『한국사연구』 2, 1968/『高麗政治制度史研究』, 일조각, 1971 재수록.

邊太燮, 「高麗按察使考」, 『역사학보』 40, 1969/『高麗政治制度史研究』 재수록.

邊太燮, 「고려시대 중앙정치기구의 행정체계」, 『역사학보』 47, 1970/『高麗政治制度史研究』 재수록.

邊太燮, 「고려의 식목도감」, 『역사교육』 15, 1973.

邊太燮, 「고려의 정치체제와 권력구조」, 『한국학보』 4, 1976.

邊太燮, 「고려초기의 지방제도」, 『한국사연구』 57, 1987.

邊太燮, 「고려시대 지방제도의 구조」, 『국사관논총』 1, 국사편찬위원회, 1989.

邊太燮, 「중앙의 통치기구」, 『한국사』 13, 국사편찬위원회, 1993.

邊太燮, 「고려의 會議都監」, 『국사관논총』 61, 국사편찬위원회, 1995.

申炳周, 「'實錄形止案'을 통해 본 『조선왕조실록』의 관리체계」, 『국사관논총』 102, 국사편찬위원회, 2003.

申炳周, 「왕실에서의 기록물 생산과 보존」, 『고문서연구』 28, 한국고문서학회, 2006.

申炳周, 「朝鮮王朝實錄의 奉安儀式과 관리」, 『한국사연구』 115, 2001.

申炳周, 「<承政院日記>의 자료적 가치에 관한 연구」, 『규장각』 424, 서울대 규장각, 2001.

申奭鎬, 「朝鮮王朝實錄의 編纂과 保管」, 『史叢』 5, 역사학연구회, 1960.

신수정, 「高麗前期의 史館制度」, 『성신사학』 6, 성신여대 사학회, 1988.

양정석, 「송광사 왕명문서를 통해 본 고려 公式令 制誥規式」, 『한국사학보』 18, 2004.

양태진, 「왕조시대의 기록물 보존관리에 관한 고찰」, 『기록보존』 창간호, 국가기록원, 1987.

여은영, 「麗初 驛制形成에 대한 小考」, 『경북사학』 5, 1982.

吳英善, 「고려후기 호구자료의 기재내용과 형식에 대한 일고찰」, 『국사관논총』 87, 국사편찬위원회, 1999.

吳英善, 「고려말 조선초 호구자료의 형식 분류」, 『韓國古代中世古文書硏究 (下)』, 서울대학교출판부, 2000.

吳英善, 「조선초기 家系記錄에 대한 일고찰」, 『典農史論 - 松籃李存熙敎授停年紀念號』 서울시립대 국사학과, 2001.

吳英善, 「조선전기 한성부의 호적업무」, 『서울학연구』 20, 서울시립대 서울학연구소, 2001.

吳恒寧, 「史官制度 成立史의 제문제」, 『태동고전연구』 14, 한림대 태동고전연구소, 1997.

吳恒寧, 「조선초기 史官制度 연구」, 고려대 박사학위논문, 1998.

吳恒寧, 「여말선초 史官 自薦制의 성립과 운영」, 『역사와 현실』 30, 1998.

吳恒寧, 「조선초기 文翰官署의 정비와 史官制度」, 『한국사학보』 7, 고려사학회, 1999.

吳恒寧, 「조선초기 實錄編纂體裁의 변화에 관한 史學史的 고찰」, 『한국사학사학보』 1, 한국사학사학회, 2000.

吳恒寧, 「실록 : 謄錄의 위계」, 『기록학연구』 3, 한국기록학회, 2001.

吳恒寧, 「조선시대 時政記 편찬의 규정과 실제」, 『한국사학사학보』 8, 한국사
　　　　학사학회, 2003.

吳恒寧, 「實錄의 儀禮性에 대한 硏究 - 象徵性과 編纂慣例의 형성과정을 중
　　　　심으로 - 」, 『朝鮮時代史學報』 26, 조선시대사학회, 2003.

吳恒寧, 「朝鮮前期 春秋館 兼職制度의 성격」, 『史叢』 60, 역사학연구회,
　　　　2005.

劉善浩, 「고려시대 驛의 通營에 관한 연구 : 地方組織과 驛의 관계 및 驛의
　　　　운영요원을 중심으로」, 『논문집』 31, 서울산업대, 1990.

劉善浩, 「高麗 郵驛制 硏究」, 단국대 박사학위논문, 1992.

劉善浩, 「高麗時代 驛道 分析」, 『중재장충식박사화갑기념논총 역사학편』, 논
　　　　총간행위원회, 1992.

劉善浩, 「朝鮮初期의 驛路와 直路」, 『역사교육』 70, 1999.

尹京鎭, 「高麗前期 鄕史制의 구조와 戶長의 직제」, 『한국문화』 20, 서울대 규
　　　　장각한국학연구원, 1998.

尹京鎭, 「고려전기 戶長의 기능과 外官의 성격 - 지방행정체계상의 상관성을
　　　　중심으로 - 」, 『국사관논총』 87, 국사편찬위원회, 1999.

尹京鎭, 「고려시기의 지방문서행정체계」, 『韓國古代中世古文書硏究(下)』, 서
　　　　울대학교출판부, 2000.

尹京鎭, 「古文書 자료를 통해 본 고려의 지방행정체계」, 『한국문화』 25, 2000.

尹京鎭, 「慶州戶長先生案』舊案(慶州司首戶長行案)의 분석 : 1281년~1445년
　　　　부분을 중심으로」, 『신라문화』 19, 동국대 신라문화연구소, 2001.

尹京鎭, 「나말려초 城主의 존재양태와 고려의 대성주정책」, 『역사와 현실』
　　　　40, 2001.

尹京鎭, 「고려 군현제의 운영원리와 州縣-屬縣 領屬關係의 성격」, 『한국중세
　　　　사연구』 10, 한국중세사학회, 2001.

尹京鎭, 「고려 성종 14년의 군현제 개편에 대한 연구」, 『한국문화』 27, 서울대
　　　　규장각한국학연구원, 2001.

尹京鎭, 「고려초기 在地官班의 정치적 위상과 지방사회 운영」, 『한국사연구』
　　　　116, 2002.

尹京鎭, 「고려후기 先生案 자료를 통해 본 外官制의 변화」, 『국사관논총』
　　　　101, 국사편찬위원회, 2003.

尹京鎭, 「고려전기 界首官의 설정원리와 구성 변화 - 『고려사』 지리지 계수관

연혁의 補正을 겸하여 - 」,『진단학보』96, 2003.

尹京鎭, 「고려전기 界首官의 운영체계와 기능」,『동방학지』126, 연세대 국학
연구원, 2004.

尹京鎭, 「고려 界首官의 제도적 연원과 성립과정 - 9州·12牧과의 연결성을
중심으로 - 」,『한국문화』36, 서울대 규장각한국학연구원, 2005.

尹京鎭, 「14~15세기 고문서 자료에 나타난 지방행정체계 - ‘陳省’의 발급과
송부체계를 중심으로」,『고문서연구』29, 한국고문서학회, 2006.

윤병태, 「충청지방 인쇄문화 研究序稿」,『도서관』40-2, 국립중앙박물관, 1985.

윤병태, 「기록보존의 발전방향」,『기록보존』1, 국가기록원, 1987.

윤병태, 「문헌정보기관에서의 고문서정리」,『정신문화연구』15권 1호, 한국정
신문화연구원, 1992.

윤훈표, 「조선초기 공기록물 관리제의 개편」,『기록학연구』2, 한국기록학회,
2000.

李炅龍, 「한국의 근현대 記錄管理制度史 연구 - 1894~1969년-」, 중앙대 박사
학위논문, 2002.

이기백, 「고려 귀족사회의 형성」,『한국사』4, 국사편찬위원회, 1974/『고려 귀
족사회의 형성』, 일조각, 1990.

이수건, 「조선조 鄕吏의 一研究 - 戶長에 대하여 - 」,『문리대학보』3, 영남대
문리과대학, 1974.

이수건, 「고문서를 통해 본 朝鮮朝社會史의 一研究 : 慶北地方 在地士族을
중심으로」,『한국사학』9, 한국정신문화연구원, 1987.

이수건, 「고려시대 「邑司」연구」,『국사관논총』3, 국사편찬위원회, 1989.

이수건, 「조선전기 지방통치와 향촌사회」,『대구사학』37, 대구사학회, 1989.

이수건, 「朝鮮前期 姓貫體系와 족보의 편찬체제」,『한국사학논총(상)』, 박영석
교수화갑기념논총간행위원회, 1992.

이수건, 「麗末鮮初 土姓吏族의 성장과 분화 : 安東權氏를 중심으로」,『李基
白先生古稀紀念韓國史學論叢 - 고대편·고려시대편(상)』, 간행위원
회, 1994.

이수건, 「高麗時代 支配勢力과 鄕吏」,『계명사학』8, 계명사학회, 1997.

이수건, 「조선시대 身分史 관련 자료의 비판 - 姓貫·家系·人物 관련 僞造
資料와 僞書를 중심으로 - 」,『고문서연구』14, 한국고문서학회,
1998.

李淑京, 「고려시대 지방관청부속지에 대한 일고찰 - 公須田·紙田·長田을

중심으로 - 」,『동아연구』 17, 서강대 동아연구소, 1989.

이승휘, 「중국의 도시건설기록관(城建檔案館)의 기록관리」,『기록학연구』 13, 한국기록학회, 2006.

이영훈, 「<太祖賜給芳雨土地文書>考」,『고문서연구』 1, 한국고문서학회, 1991.

이완우, 「고려시대 글씨와 송·원대 서풍」,『고려 미술의 대외 교섭』, 예경, 2004.

이우성, 「高麗朝의 '吏'에 대하여」,『역사학보』 23, 1964.

이정훈, 「高麗前期 三省制와 政事堂」,『한국사연구』 104, 1999.

李鎭漢, 「고려시대 祿上·祿外職의 구분과 녹봉」,『한국사연구』 99·100합, 1997.

李鎭漢, 「고려시대 守令職의 제수자격」,『사총』 55, 역사학연구회, 2002.

이해준, 「조선후기 촌락문서의 생산과 관리」,『고문서연구』 28, 한국고문서학회, 2006.

이현희, 「고려시대의 국사편찬과 사고의 기능」,『국회도서관보』 13-5, 1976.

李勛相, 「掾曹龜鑑의 編纂과 刊行」,『진단학보』 53·54합, 1982.

李勛相, 「彰忠祠의 건립과 居昌 愼氏 吏族」,『동아연구』 4, 서강대 동아연구소, 1984.

李勛相, 「고려중기 향리제도의 변화에 대한 일고찰」,『동아연구』 6, 서강대 동아연구소, 1985.

李勛相, 「朝鮮後期 慶州의 鄕吏와 安逸房」,『역사학보』 107, 1985.

李勛相, 「『安東鄕孫事蹟通錄』의 刊行과 朝鮮後期의 安東鄕史 : 朝鮮後期 鄕吏集團의 地域과 家系에 따른 重層的 構造의 形成과 그 意義」,『한국사연구』 60, 1988.

李勛相, 「朝鮮後期의 鄕吏集團과 탈춤의 演行 : 朝鮮後期 邑權의 運營原理와 邑의 祭儀」,『동아연구』 17, 서강대 동아연구소, 1989.

李勛相, 「朝鮮後期 吏胥集團과 武任集團의 組織運營과 그 特性 : 全羅道 南原의 各種 先生案」,『한국학논집』 17, 계명대 한국학연구원, 1990.

李勛相, 「朝鮮後期 邑治 社會의 構造와 祭儀 : 鄕吏集團의 正體性 혼란과 邑治 祭儀의 遊戲化」,『역사학보』 147, 1995.

李勛相, 「조선후기 地方 吏胥組織의 비교사적 고찰」,『진단학보』 90, 2000.

李勛相, 「19세기 전라도 고창의 鄕吏世界와 申在孝 - 申在孝 가문 소장 古文書 자료를 통하여 본 申在孝의 사회 지위와 판소리의 발전 I - 」,『고문서연구』 26, 한국고문서학회, 2005.

308

任昌淳,「고려시대의 인쇄술」,『東洋學』6, 단국대 동양학연구소, 1976.

任昌淳,「韓國의 印本과 書體」,『민족문화논총』4, 영남대 민족문화연구소, 1983.

林學成,「조선후기 漢城府民의 戶籍자료에 보이는 '時入'의 성격 - 漢城府 주민의 주거 양상을 구명하기 위한 ―試論 - 」,『고문서연구』24, 한국고문서학회, 2004.

林學成,「조선왕조의 국가기록보존소 강화도 - 史庫의 설치와 實錄의 보존」,『인천역사』1, 인천광역시 역사자료관 역사문화연구실, 2004.

林學成,「現存 16, 17세기 호적대장의 특징들과 新 발견 1666년도 '濟州牧丙午式戶籍大帳'」,『고문서연구』26, 한국고문서학회, 2005.

張東翼,「惠諶의 大禪師告身에 대한 검토」,『한국사연구』34, 1981.

張東翼,「金傅의 冊上父誥에 대한 一檢討」,『역사교육논집』3, 역사교육학회, 1982.

張東翼,「麗末鮮初 田畓·奴婢관계 古文書 硏究」,『嶠南史學』1, 영남대 국사학회, 1985.

張東翼,「麗·元文人의 交遊 - 性理學 導入期 高麗文人의 學問的 基盤 檢討를 위해」,『국사관논총』31, 국사편찬위원회, 1992.

張東翼·韓相俊,「安東地方에 전래된 고려 古文書 七例 檢討」,『경북대학교 논문집』33, 1982.

鄭求福,「고려시대의 史館과 실록편찬」,『제3회 국제학술회의논문집』, 한국정신문화연구원, 1984.

鄭求福,「朝鮮初期의 春秋館과 實錄編纂」,『擇窩許善道先生停年紀念韓國史學論叢』, 일조각, 1992.

鄭求福,「古文書 硏究의 現況과 問題點」,『정신문화연구』15-1, 한국정신문화연구원, 1992.

鄭求福,「朝鮮朝의 告身(辭令狀) 檢討」,『고문서연구』9·10, 한국고문서학회, 1996.

鄭求福,「조선시대 자문[尺文]에 대한 연구 - 수령이 새로 임용될 때의 비용 - 」,『고문서연구』11, 한국고문서학회, 1997.

鄭求福,「한국 고문서의 특징 - 명칭문제를 중심으로 - 」,『고문서연구』22, 한국고문서학회, 2003.

鄭多函,「조선초기 習讀官 제도의 운영과 그 실태」,『진단학보』96, 2003.

정요근,「高麗前期 驛制의 정비와 22驛道」,『한국사론』45, 서울대 국사학과,

2001.

정종윤, 「정부기록보존제도의 현황과 과제」, 『기록보존』 1, 국가기록원, 1987.

조영옥, 「高麗時期 驛制의 정비에 대한 연구 - 22驛道를 중심으로」, 연세대 석사학위논문, 1986.

車勇杰, 「朝鮮王朝實錄의 編纂態度와 史官의 歷史意識」, 『韓國史論』 6, 국사편찬위원회, 1979.

車勇杰, 「實錄·史官·史庫에 대하여」, 『史庫址調査報告書』, 국사편찬위원회, 1986.

車長燮, 「朝鮮前期의 史官 - 직제와 정치적 역할」, 『慶北史學』 6, 경북대 사학과, 1983.

車長燮, 「史官을 통해 본 朝鮮前期 士林派」, 『慶北史學』 8, 1985.

車長燮, 「『五臺山史庫謄錄』과 五臺山 史庫의 운영실태」, 『朝鮮史硏究』 12, 조선사연구회, 경산, 2003.

蔡雄錫, 「高麗時代 香徒의 社會的 性格과 變化」, 『국사관논총』 2, 국사편찬위원회, 1989.

蔡雄錫, 「여말선초 향촌사회의 변화와 埋香 활동」, 『역사학보』 173, 2002.

蔡雄錫, 「여말선초 泗川 지방의 埋香活動과 地域社會」, 『한국중세 泗川 지역사회 연구 - 2005 한국중세사학회 학술발표대회』, 한국중세사학회, 2005.

崔承熙, 「戶口單子·准戶口에 대하여」, 『奎章閣』 7, 서울대 규장각, 1983.

崔承熙, 「韓國 古文書에 대하여 - 조선시대 公文書를 중심으로 - 」, 『기록보존』 1, 국가기록원, 1987.

崔承熙, 「'公車文'類의 所藏狀況과 그 史料價値」, 『한국문화』 10, 서울대 규장각한국학연구원, 1989.

崔承熙, 「朝鮮後期 古文書를 통해 본 高利貸의 實態」, 『한국문화』 19, 서울대 규장각한국학연구원, 1997.

崔承熙, 「'土地明文', '奴婢明文', '粘連文記'라는 古文書名稱의 適否與否」, 『고문서연구』 25, 한국고문서학회, 2004.

최연식, 「고려시대 국왕문서의 종류와 기능」, 『국사관논총』 87, 국사편찬위원회, 1999.

崔永好, 「13세기 경주지역 分司東京大藏都監의 설치와 운영형태」, 『신라문화』 27, 동국대 신라문화연구소, 2006.

崔壹聖, 「고려 外史庫의 변천과 忠州史庫」, 『사학연구』 62, 한국사학회, 2001.

310

崔濟淑, 「高麗翰林院考」, 『한국사논총』 4, 성신여대, 1981.

河炫綱, 「高麗 地方制度의 一硏究」, 『사학연구』 13·14합, 한국사학회, 1962/ 『韓國中世史研究』, 일조각, 1988 재수록.

河炫綱, 「高麗 西京考」, 『역사학보』 35·36합, 1967.

河炫綱, 「고려 西京의 행정구조」, 『한국사연구』 5, 1970.

河炫綱, 「『三國史記』와 『三國遺事』의 史觀」, 『한국중세사론』, 신구문화사, 1989.

河炫綱, 「지방통치조직의 정비와 그 구조」, 『한국사』 13, 국사편찬위원회, 1993.

韓㳓劤, 「朝鮮前期 史官과 實錄編纂에 관한 연구」, 『진단학보』 66, 1988.

許興植, 「高麗戶口單子의 新例(光山 金璉·金積)와 國寶戶籍과의 比較分析」, 『사총』 21·22합, 역사학연구회, 1977.

許興植, 「1262년 尙書都官貼의 분석(上)」, 『한국학보』 27, 일지사, 1982.

許興植, 「1262年 尙書都官貼의 분석(下)」, 『한국학보』 29, 1982.

許興植, 「東文選의 編纂動機와 史料價値」, 『진단학보』 56, 1983.

許興植, 「1349년 淸州牧官의 이두문서」, 『한국학보』 38, 1985.

許興植, 「고려시대 戶籍 記載樣式의 성립과 그 사회적 의미」, 『진단학보』 79, 1995.

許興植, 「13~15세기 戶籍資料의 보완과 비판」, 『고문서연구』 9·10합, 한국고문서학회, 1996.

許興植, 「高麗時代의 書籍刊行」, 『국사관논총』 71, 국사편찬위원회, 1996.

江原正昭, 「高麗時代の驛について」, 『鎭西學院短期大學紀要』 創刊號, 1970.

內藤儁輔, 「高麗驛傳考」, 『歷史と地理』 34-4·5, 1934/『朝鮮史研究』, 京都大東洋史研究會, 京都, 1961.

末松保和, 「『旧三國史』と『三國史記』」, 『朝鮮學報』, 39·40, 天理大學 朝鮮學會, 奈良縣, 1966.

任昌淳, 「松應寺の高麗文書」, 『朝鮮研究年報』 15, 朝鮮研究會, 日本 京都, 1973.

田中俊明, 「『三國史記』撰進と『旧三國史』」, 『朝鮮學報』 83, 天理大學 朝鮮學會, 1977.

James Gregory Bradsher and Michele F. Pacifico, "History of Archives Administration", *Managing Archives and Archival Institution*, Mansell, London, 1988.

Luciana Duranti, "The Odyssey of Records Managers", *Canadian Archival Studies and the Rediscovery of Province*, The Scarecrow Press, Metuchen, 1993.

찾아보기

314

【ㅇ】

318